DOUIN 1968

# LA
# FRANCE HÉRALDIQUE

IMPRIMERIE EUGÈNE HEUTTE ET Cie, A SAINT-GERMAIN
rue de Paris, 80.

LA

# FRANCE HÉRALDIQUE

PAR

## Ch. POPLIMONT

chevalier de l'Ordre des saints Maurice et Lazare.

TOME VII

PATRAS DE CAMPAIGNO. — RUZÉ.

SAINT-GERMAIN
IMPRIMERIE EUGÈNE HEUTTE ET Cie
80, RUE DE PARIS, 80

1874

# LA FRANCE HÉRALDIQUE

RÉDACTION, COMMUNICATIONS, ABONNEMENTS

70, Boulevard Montparnasse, 70

A PARIS

## RÉIMPRESSION DU TOME 1er.

REVU, CORRIGÉ, AUGMENTÉ

---

La publication de *la France héraldique* entièrement terminée, comporte huit volumes in-8°, de 320 à 340 pages chacun. Elle contient, pour toutes les familles de la noblesse de France, actuellement représentées, la description des armes, l'origine, des données sommaires ou étendues et même des généalogies complètes.

Le tome 1er, imprimé à Bruxelles en 1869, totalement épuisé, est aujourd'hui sous presse, corrigé et augmenté. Nous avons l'honneur de soumettre l'épreuve qui les concerne, à toutes les personnes qui s'y trouvent citées.

Les changements auxquels cet examen donnera lieu devront nous parvenir dans un strict délai de DIX jours, afin que l'impression définitive suive une marche régulière et prompte.

Les changements sont cotés à raison d'un franc la ligne ou fraction de ligne *ajoutée*, ou *supprimée*, sous réserve des concessions offertes aux abonnés, anciens ou nouveaux, cités dans le 1ᵉʳ volume, à l'exclusion de tous les autres noms de l'ordre alphabétique.

## ABONNEMENTS

Le prix de la *France héraldique* est de 80 francs pour les huit volumes.

Le tome 1ᵉʳ, ou tout autre volume, acheté séparément, coûte vingt francs.

Les abonnés à l'ouvrage complet, cités dans le 1ᵉʳ volume, recevront comme prime soit un second exemplaire du volume, soit la gratuité de dix lignes de développements, soit une remise de dix francs sur le prix de l'abonnement.

Les abonnés au volume isolé auront droit à l'insertion gratuite de cinq lignes, sans autre remise.

Les communications verbales seront reçues de 2 à 6 heures de l'après-midi au domicile de l'auteur, boulevard Montparnasse, 70, à Paris.

CH. POPLIMONT.

Imp. Eugène HEUTTE et Cᵉ, à St-Germain.

# LA FRANCE HÉRALDIQUE

RÉDACTION, COMMUNICATIONS, ABONNEMENTS

70, Boulevard Montparnasse, 70

A PARIS

La publication de *la France héraldique*, dont le tome I$^{er}$ a été imprimé en 1869, et qui a été interrompue par la guerre, est reprise aujourd'hui, à Paris, avec une grande activité.

Le tome VII terminé, nous avons l'honneur de soumettre une épreuve aux différents membres de la noblesse de France, mentionnés dans la feuille ci-jointe du tome VIII, avec prière de la retourner corrigée, s'il y a lieu, dans un strict délai de quinze jours, la marche régulière et prompte de la publication, exigeant impérieusement que l'impression définitive soit effectuée le dix-septième jour qui suit l'envoi des épreuves aux personnes citées.

Les projets de notice, dont nous adressons ci-joint les épreuves, ont été communiqués en manuscrit à tous les intéressés, c'est-à-dire, à toute personne citée, sans exception, et nous avons tenu bon compte de leurs observations. Nous ne sommes donc nullement responsables du silence gardé sur nos précédentes communications, car de ce silence, nous avons dû forcément conclure que ces communications ne donnaient lieu à aucune observation. Dès lors, il est de toute justice que les rectifications demandées sur épreuve, ne soient pas à la charge de l'auteur.

Toute *rectification* ou *suppression* est comptée à *un franc par ligne rectifiée ou supprimée en tout ou en partie.*

Les *augmentations de texte* sont comptées à raison d'un franc la ligne de cinquante lettres et les *suppressions* occasionnées par des changements de texte, ne sont pas admises en déduction des *augmentations*; les fractions de lignes sont comptées comme lignes entières.

Les augmentations de texte, c'est-à-dire, les développements aux notices, ne sont admises qu'avec indication des *preuves, des sources où elles sont puisées,* et à la condition qu'elles seront accompagnées d'*une demande d'abonnement,* soit à l'ouvrage entier, soit au volume contenant la notice développée.

Les demandes de rectifications et de développements doivent être accompagnées du taux de la dépense, soit en espèces, soit en bons sur la poste de Paris. Le souscripteur devra, en outre, supporter les frais de poste nécessités par des demandes d'éclaircissements, ou des réclamations sur l'insuffisance de ses propres évaluations. Il recevra, *avant le tirage définitif, de nouvelles épreuves corrigées.*

Il ne peut être donné suite *à aucune demande, à aucune indication* qui ne se produirait pas dans les conditions ci-dessus déterminées.

## ABONNEMENT

L'ouvrage contiendra de sept à dix volumes.

L'abonnement à l'ouvrage complet est de *dix francs* par volume, payables à réception de chaque volume.

Un volume isolé coûte vingt francs.

Les souscripteurs à l'ouvrage complet, ou au volume isolé, pourront seuls obtenir, sur demande préalable, des bonnes feuilles contenant leur notice, au prix de deux francs cinquante centimes la bonne feuille.

Les communications verbales seront reçues de 2 à 6 heures de l'après-midi, boulevard Montparnasse, 70, à Paris.

CH. POPLIMONT.

---

Imprimerie Eugène Heutte et Cᵉ, à Saint-Germain.

# P

**PATRAS DE CAMPAIGNO.** *Gascogne, Picardie.*

Parti : au 1 de gueules à la croix d'argent ; au 2 d'argent au lion d'azur, armé, lampassé et couronné de gueules.

Cette famille, qui subsiste dans les contrées où sa noblesse a été légalement constatée, a trois représentants : le comte Patras de Campaigno, officier de la Légion d'honneur, à Toulouse ; Hilaire-Victor Patras de Campaigno, à Saint-Léonard, par Boulogne, département du Pas-de-Calais ; Patras de Campaigno, au château de Cahusac, par Condom, département du Gers.

**PATRY.** *Languedoc, Normandie.*

De gueules à trois quintefeuilles d'argent.

Cette famille, dont les armes sont blasonnées dans l'*Armorial général* sous le nom de Patry-Calouin, a deux représentants : de Patry, au château de Mont-Edeline, par Gournay, département de la Seine-Inférieure ; de Patry, à Bayeux, département du Calvados.

**PATURAL** (DU). *Lyonnais.*

De sable à la fasce d'argent, accompagnée de trois étoiles à six rais d'or.

Cette famille a deux représentants : le comte du Patural, au château de Chilly, par la Ferté-Saint-Aubin, département du Loiret ; du Patural, à son château, à Grandrif, par Ambert, département du Puy-de-Dôme.

**PATY** (DU). *Normandie.*

Écartelé : aux 1 et 4 d'argent à deux ancres de sable passées en sautoir ; aux 2 et 3 d'azur à deux fasces d'or.

Ancienne et distinguée, cette famille n'est plus représentée que par du Paty, notaire à Saint-Puy, par Condom, département du Gers.

**PAUL.** *Provence.*

PAUL. D'argent au palmier de gueules.

PAUL DE LAMANON. *Provence, Toscane.* D'azur au chevron d'argent accompagné en pointe d'un croissant du même.

*L'Armorial général* ne blasonne point d'autres armes pour les deux seules familles du nom de Paul qu'il reconnaisse en France. Une autre famille du même nom, divisée en deux branches, celle de Boislaville et celle des Héberts, appartenant à la Normandie, revendique pour armes d'azur, au chevron d'or, accompagné de trois roses du même, deux en chef, une en pointe.

**PAVANT.** *Champagne.*

D'argent à trois fasces de gueules ; au chef échiqueté d'or et d'azur.

A cette famille appartient Pavant de Ceccaty, chevalier de la Légion d'honneur, conseiller à la Cour d'appel, à Besançon.

**PAVÉE DE VENDEUVRE.** *Champagne, Ile-de-France.*

D'or au paon au naturel ; au chef cousu d'azur, chargé d'une croisette d'or entre deux étoiles du même.

C'est encore dans la contrée dont elle est originaire qu'on retrouve cette famille représentée par de Pavée de Vendeuvre, à son château de Vendeuvre, département de l'Aube.

**PAVET DE COURTEILLE.** *Gascogne.*

D'azur au monde d'or.

Cette famille, dont les armes sont blasonnées sous le nom de Pavet de Montpeyran, a trois représentants : Pavet de Courteille, chef de bureau au ministère de l'intérieur, à Paris ; Pavet de Courteille, professeur au Collége de France, à Paris ; Pavet de Courteille, médecin, à Paris.

**PAYAN.** *Comtat-Venaissin, Dauphiné.*

D'azur au chevron d'or, accompagné de trois molettes du même.

Cette famille, qui a donné des conseillers aux parlements de Provence, de Dauphiné et d'Orange, des conseillers à la Chambre des comptes d'Aix et de Grenoble, plusieurs généraux, des colonels, relevait le titre de baron de la Garde, éteint le 6 juin 1863, mais revendiqué par l'héritier féodal Charles-François-Félix-Ernest Payan-Dumoulin, conseiller à la Cour d'appel, à Aix. Il a trois fils et une fille.

Payan d'Augery, avocat à Marseille, et Payan de

Péan, proprement dit, est représenté par de Péan, à Rennes ; de Péan, au château de Tiemblais, par Dinan, département des Côtes-du-Nord ; de Péan, à Saint-Samson, même département.

Péan de Pontfilly a son unique représentant attaché à l'administration des lignes télégraphiques, à Trouville.

Une autre famille du nom est représentée par de Péan de Saint-Gilles, à Paris.

**PEBERNAD DE LANGAUTIER.** *Languedoc.*

D'azur au mont de six coupeaux d'or, sommé d'un loriot, becqué et membré d'argent.

Cette famille a deux représentants : l'un sans fonctions et sans titre, à Toulouse ; l'autre, sous-lieutenant au 7ᵉ régiment de hussards.

**PECHPEYROU-COMMINGES DE GUITAUT.** *Quercy, Bourg.*

Écartelé : aux 1 et 4 d'or au lion de sable, armé et lampassé et couronné de gueules, qui est de Pechpeyrou ; aux 2 et 3 de gueules à quatre otelles d'argent adossées en sautoir, qui est de Comminges.

Cette grande et belle famille, renommée dans l'histoire, a pour chef de nom et d'armes Athanase-Charles-François de Pechpeyrou-Comminges de Guitaut, comte de Guitaut, marquis d'Époisse, à son château d'Époisse, département de la Côte-d'Or. De son mariage avec Louise Soult de Dalmatie, il a un fils Charles, et une fille Brigitte ; il a trois sœurs : Anne-Charlotte-Élisabeth-Marie, vicomtesse d'Irrumberry de Salaberry ; Anne-Joséphine-Marie, marquise de la Rochethulon ; Antoinette-Marie-Mathilde. Il a aussi un frère Philippe-Paul-Bertrand, sans alliance.

La seconde branche a pour chef Alphonse-Charles-

Joseph René de Pechpeyrou-Comminges de Guitaut, à son château de Souhey, par Semur, marié à Carlotta de Fitz-Patrick. Il a deux sœurs : Louise-Charlotte et Jeanne-Henriette-Marthe.

### PEGUEIROLLES (DE JULIEN DE). *Languedoc.*

Écartelé : aux 1 et 4 d'azur à trois molettes d'éperon d'argent ; au chef d'or ; aux 2 et 3 emmanché d'or et d'azur ; sur le tout d'azur, à la gerbe d'or, surmontée de deux étoiles du même.

Cette famille a deux représentants : le marquis de Julien de Pegueirolles, à son château de Calmont, département de l'Aveyron ; le comte de Julien de Pegueirolles, au château de Pegueirolles et au château de Trois-Fontaines, par Plaissan, département de l'Hérault.

### PELERIN. *Languedoc.*

D'azur au bourdon de pèlerin d'or, posé en bande, accompagné de trois coquilles du même.

Cette famille est représentée par de Pelerin, substitut au tribunal de Carpentras, et par de Pelerin, au château du Colombier, par Alais, département du Gard.

### PELET DE LA LOZÈRE. *Languedoc.*

D'azur à trois bandes d'or, la dernière surmontée d'un lionceau d'argent ; à la bordure de sinople ; au franc-quartier d'azur chargé d'une montagne à trois coupeaux d'argent, surmontée d'un soleil d'or.

L'unique représentant du nom, comte Pelet de la Lozère, officier de la Légion d'honneur, réside à Paris.

### PELETIER D'AUNAY (LE). *Ile-de-France.*

Écartelé : aux 1 et 4 d'azur, à la croix pattée

d'argent, chargée en cœur d'un chevron de gueules et en pointe d'une rose du même boutonnée d'or ; ledit chevron accosté de deux molettes de sable sur la traverse de la croix, qui est le Peletier ; aux 2 et 3 d'argent, au lion de sable, lampassé et couronné d'or, qui est de Mesgrigny.

Cette famille a deux représentants : Octave, comte le Peletier d'Aunay, officier de la Légion d'honneur, député, maire de Cervon, qui a sa résidence d'été à Clamecy, département de la Nièvre, et sa résidence d'hiver à Paris ; le Peletier d'Aunay, chevalier de la Légion d'honneur, conseiller à la Cour d'appel, à Paris.

**PELISSIER.** *Languedoc.*

D'azur à seize étoiles d'argent rangées par quatre ; au lion du même, armé et lampassé de gueules, brochant sur le tout.

Cette famille, qui a donné trois capitouls à Toulouse en 1421, 1524 et 1613, est représentée par Joseph-Maurice, comte de Pelissier, à son château de Joncquières, près Lavaur, département de Tarn, et à Toulouse. Il a un fils, Henry de Pelissier.

**PELISSIER DU GRÈS.** *Languedoc.*

Écartelé : aux 1 et 4 de gueules, à la croix alésée d'or ; à la bordure d'or, chargée de douze tourteaux de gueules mis en orle ; aux 2 et 3 d'azur, à l'écusson d'argent en abîme ; à trois bandes de sable, la première chargée d'un besant d'argent, mises en chef.

L'unique représentant du nom, de Pelissier du Grès, sans fonctions et sans titre, réside à Castres, département du Tarn.

**PELISSIER DE FELIGONDE.** *Bourgogne, Auvergne.*

D'azur à la houppe d'or ; au chef d'argent, chargé de trois mouchetures d'hermines de sable.

Cette famille a quatre représentants : de Pelissier de Feligonde, au château de Villeneuve, par Issoire, département du Puy-de-Dôme ; de Pelissier de Feligonde, au château de Châtelard, à Ébreuil, département de l'Allier ; de Pelissier de Feligonde, auditeur au conseil d'État, à Paris ; de Pelissier de Feligonde, conseiller à la Cour d'appel, à Riom.

**PELLAN.** *Bretagne.*

D'azur au soleil d'or. — D'hermines à deux haches adossées de gueules.

De ces deux familles il ne reste qu'un représentant : de Pellan, au château de Bissin, par Guérande, département de la Loire-Inférieure.

**PELLEGRAIN DE L'ÉTANG.** *Touraine.*

D'azur à la tour d'argent, accolée d'une bisse de sinople.

Cette famille a pour unique représentant mâle : Louis le Pellegrain de l'Étang.

**PELLEPORT.** *Bordeaux.*

Coupé : au 1 parti : *A* de gueules, à la croix alésée d'argent ; *B* de sinople, à une ancre en bande et une épée brochante en barre, passées en sautoir, le tout d'argent ; au 2 d'or, au sphinx de sable.

Devise : *Non aere, sed aere.*

Cette famille, qui obtint commission du titre de baron le 25 août 1809, et de vicomte le 17 août 1823, est représentée par le vicomte de Pelleport, chevalier de la

Légion d'honneur, ancien vice-président au Conseil de préfecture, à Bordeaux.

### PELLERIN DE GAUVILLE (LE). *Normandie.*

D'or au chevron échiqueté de gueules et d'argent de trois tires ; au chef de sable, chargé de trois coquilles d'argent.

Cette famille a sept représentants : le marquis le Pellerin de Gauville, à Paris ; le comte le Pellerin de Gauville, à Versailles ; le comte le Pellerin de Gauville, maire à Valailles, par Bernay, département de l'Eure ; le baron Pellerin de Gauville, trésorier-payeur général à Tarbes ; le Pellerin de Gauville, payeur aux finances ; le Pellerin de Gauville, au château de l'Hermitière, par le Theil, département de l'Orne ; le Pellerin de Gauville au Mans.

### PELLETAN DE KINKELIN. *Montpellier, Montauban.*

De gueules au pélican d'or avec ses petits du même, sur une terrasse de sinople.

Cette famille n'est représentée que par de Pelletan de Kinkelin, médecin, à Paris.

### PELLETERA. *Bourgogne.*

D'azur au chevron d'or, accompagné de trois croissants du même, deux en chef, un en pointe.

L'unique représentant du nom, Pelletera de Borde, est maire à Châtillon-sur-Chalaronne, département de l'Ain.

### PELLETIER DE CHAMBURE. *Bourgogne.*

D'azur au chevron d'or accompagné de trois pommes de pin du même et d'une étoile d'argent en chef.

Devise : *Stella ducet.*

Cette famille, dont il est parlé dans l'*Armorial général* de Courtepée, est représentée par Andoche-Eugène Pelletier de Chambure, membre du Conseil général de la Nièvre, au château de Lachaux, par Saulieu, département de la Nièvre.

**PELLETIER (LE).** *Bourgogne.*

D'azur à la bande d'or, chargée de trois écrevisses de gueules et accompagnée de trois molettes du second.

Cette famille, dont les armes sont décrites dans l'*Armorial général* sous le nom de le Pelletier d'Escrots d'Estrée, a deux représentants : le baron le Pelletier, au château de Silly-la-Poterie, par la Ferté-Milon, département de l'Aisne ; le Pelletier de Saint-Remy, officier de la Légion d'honneur, administrateur de la banque coloniale, à Paris.

**PELLETIER DE GLATIGNY.** *Ile-de-France.*

D'azur à la fasce d'argent chargée d'un croissant de gueules et accompagnée de trois étoiles d'or.

Cette famille a pour unique représentant le Pelletier de Glatigny, au château d'Etry, par Blaye, département de la Seine-Inférieure.

**PELLETIER DE MOLANDÉ.** *Normandie.*

D'azur à trois losanges d'argent ; au chef d'or chargé de trois roues de gueules.

Le Pelletier de Molandé, unique représentant du nom, réside au château de Veil, par Secondigny, département des Deux-Sèvres.

**PELLETIER DE MONTMARIE (LE).** *France.*

Coupé : au 1 d'azur, au canon sur son affût d'or ; au

2 d'or à trois bombes de gueules emflammées du même.

Cette famille est représentée par le Pelletier de Montmarie, commandeur de la Légion d'honneur, général de brigade, à Besançon.

**PELLISSIER.** *Comtat-Venaissin, Dauphiné.*

D'or au lion de sinople armé et lampassé de gueules, surmonté d'une étoile de gueules en chef.

Famille ancienne du Comtat-Venaissin qui remonte par filiation au xii<sup>e</sup> siècle. Étienne, Ismidon et Bertrand de Pellissier étaient chevaliers du Temple en la commanderie de Richerenches en 1172. Gerald de Pellissier, leur frère, fut père de Rostaing, qui testa à Visan, le 27 avril 1220; et aïeul de Bertrand de Pellissier, chevalier, qui prit part à la huitième croisade.

Elle a pour unique représentant aujourd'hui le baron de Pellissier-La Coste, qui réside à Valréas, département de Vaucluse.

**PELOUX** (DU). *Vivarais.*

D'argent au sautoir engrêlé d'azur.

D'ancienne chevalerie, originaire du Haut-Vivarais où elle possédait d'importantes seigneuries et était grandement alliée, cette famille a neuf représentants : James, comte du Peloux de Saint-Romain, au château de Saint-Romain, département de la Haute-Loire; il a deux fils : Joseph, père de deux fils et d'une fille, et Louis, capitaine au 89<sup>e</sup> régiment d'infanterie; Francisque, vicomte du Peloux de Saint-Romain, capitaine d'état-major, qui a deux fils; Gabriel, vicomte du Peloux, au château de Noires-Fontaines, près Bourg, département de l'Ain, qui a un fils; Francisque, baron du Peloux, ancien officier de cavalerie, à Lyon ; Alphonse du Peloux ; Auguste, comte du Peloux de Praron, ancien garde du corps, ancien conseiller à la Cour d'appel de Lyon, au château de Bretail, par Roanne, département de la Loire, qui a une fille ; Alphonse, vicomte du Peloux, au château de Grangeneuve, par Annonay, département de l'Ardèche, qui a un fils ; Louis, baron du Peloux, au château de Pugetville, département du Var, qui a une fille ; Louis du Peloux d'Allevard, chef de la branche cadette, à Grenoble.

**PENANSTER** (HUON DU PLESSIX DE). *Bretagne.*
D'argent à trois chevrons de gueules ; à la fasce d'azur brochante sur le tout.

Cette famille est représentée par Huon du Plessix de Penanster, au château de Guernabacon, par Perros-Guirée, département des Côtes-du-Nord.

**PENET DE MONTERNO.** *Bresse, Principauté de Dombes.*
D'azur au chef d'or, accompagné d'un vol d'argent.
Devise : *Tendunt ad cœlestia pennæ.*

La branche aînée est représentée par Charles, comte Penet de Monterno, ayant pour fils Gabriel et Henri, au château des Avaneins, par Thoissey, département de l'Ain. Elle est aussi représentée par Jacques, vicomte de Monterno, au château de la Condamine, par Bourg-Argental, département de la Loire.

La branche cadette a pour chef Alexandre-Jacques-Marie, vicomte Penet de Monterno, ancien garde du corps de Sa Majesté Louis XVIII, capitaine aux cuirassiers de Berry, démissionnaire en 1830. Il a un fils, Joseph.

**PENFEUTENIOU.** *Bretagne.*

Burelé d'argent et de gueules de dix pièces.

Cette famille se divisait en deux branches ; la première était représentée par le général de Penfeuteniou de Cheffontaines, commandeur de la Légion d'honneur, mort en 1874 à Paris ; la seconde, par Auguste et Henri de Penfeuteniou de Kervereguen, lieutenants de vaisseau.

**PENGUERN.** *Bretagne.*

D'azur au poignard d'argent, la garde d'or, mis en bande. — D'or à une fleur de lis de gueules, accompagnée de trois pommes de pin du même.

Devise : *Doué da guenta (Dieu d'abord).*

Cette famille n'est plus représentée que par de Penguern, au château de Barbouinais, par Maure-de-Bretagne, département d'Ille-et-Vilaine.

**PENGUILLY** (LE BEL DE). *Bretagne.*

D'argent à trois fleurs de lis de gueules.

Cette famille est représentée par le Bel de Penguilly, au château de Penguilly, par Montcontour, département des Côtes-du-Nord.

**PÉNIGAULT,** OU DE PÉNIGAULT. *Berry.*

Citée dans l'*Armorial général* de d'Hozier, cette famille, qui subsiste dans le Berry depuis plus de deux siècles, florissait en Touraine plus de deux siècles auparavant. Carré de Busserolles cite Pierre Pénigault en qualité de cinquième maire, officier au grenier à sel de Tours, chambellan de Louis XI, en 1437, portant d'or au sautoir alaisé de gueules, cantonnées de quatre merlettes de sable.

Le procès-verbal des coutumes de Touraine de l'an

1550 mentionne Jehan de Cigogne (nom d'un fief de la famille), écuyer, seigneur de la Barillère, paroisse d'Orbigné, et Jean Pénigault, châtelain et procureur de Jean Chateigner (Preuilly).

Des papiers de famille établissent que :

II. Philippe Pénigault fut lieutenant de la baronnie de Levroux en 1628 et épousa Jeanne Aubin, dont deux fils, savoir :

A. Charles, qui suit, III.

B. Charles Pénigault (l'aîné), de Maison-Neuve, épousa Catherine Thomas, dont il eut une fille : Anne Pénigault qui épousa François Huard de Boisrenault (1).

III. Charles Pénigault, sieur de Cigogne, qui épousa, Marie Guesnier, dont un fils, Jehan, qui suit, IV.

IV. Jehan Pénigault, inscrit en 1665 dans d'Hozier, manuscrits, portant : de sable à l'écusson d'argent, chargé d'un pin de sinople posé en bande.

Docteur en médecine à Levroux, Jehan Pénigault de Lavau, épousa Catherine Chaureau, dont il eut cinq fils, savoir :

A. Joseph Pénigault de Bois l'Abbé.

B. Silvain Pénigault de Villegourdin.

C. François-Joseph Pénigault, chanoine prébendaire de l'église collégiale de Saint-Silvain, de Levroux.

D. Jean Pénigault de Lavau, conseiller du roi, eut deux fils : 1° Jean-Silvestre Pénigault, docteur en l'un et l'autre droit, à Vierzon ; Silvestre Pénigault, docteur en médecine, à Levroux.

E. Silvestre, qui suit, V.

V. Silvestre Pénigault, lieutenant de la baronnie de Châtillon (Indre actuellement), conseiller du roi,

(1) Voir t. VI, p. 44.

épousa, le 26 août 1730, demoiselle Dupont de la Charlerie, dont deux enfants, savoir :

A. Auguste-Jean-Silvestre, qui suit, VI.

B. Anne Pénigault, née en 1736, épousa en 1759 Jules-Amand Cottereau, avocat au présidial de Tours.

VI. Auguste-Jean-Silvestre Pénigault, conseiller du roi et son procureur à Châtillon, épousa en 1765 Marguerite-Élisabeth Ray, dont trois enfants, savoir :

A. Auguste Philibert, qui suit, VII.

B. Marie-Geneviève, née le 16 juillet 1776, morte sans postérité, épousa Arnaud du Breuil (1).

C. Auguste Pénigault de Cigogne, né le 29 octobre 1779, mort sans alliance, à Châtillon, en 1855.

VII. Auguste-Philibert Pénigault, né en 1767 à Châtillon, paroisse de Toiselay, épousa à Palluau, en 1793, Anne Fagnet, dont trois enfants, savoir :

A. Auguste, qui suit, VIII.

B. Joseph-Jules, qui suit, VIII *bis*.

C. Alexandrine Pénigault, née en 1813, épousa en 1838 Aimé David, chevalier de la Légion d'honneur, maire et conseiller général, au Blanc (Indre).

VIII. Auguste Pénigault, né à Châtillon en 1796, épousa en 1821 Victorine Hérault, d'où quatre enfants dont un fils qui suit :

IX. Léocade Pénigault, né en 1832, épousa à Buzançais (Indre) demoiselle Belléoux de la Pinotières, d'où cinq enfants dont deux fils.

VIII *bis*. Joseph-Jules Pénigault, né en 1798, épousa, le 16 janvier 1827, demoiselle Bonneau d'Alençon (2), fille de Pierre Bonneau d'Alençon et de demoiselle

---

(1) Voir tome II, p. 102.
(2) Voir tome II, p. 8.

Louise-Marie-Julie Baucheron de l'Écherolles (1) d'où sont issus :

A. Félicité, née en 1828, sans alliance.

B. Élisa Pénigault épousa à Issoudun, le 21 février 1865, Frédéric-Victor Chevalier, vicomte d'Almont, maire d'Ennordres (2).

C. Auguste-Émile-Henri Pénigault, maire de Feings (Loir-et-Cher), propriétaire à Issoudun (Indre).

D. Laure, sans alliance.

E. Nelly Pénigault épousa Armand de Marcillac, ex-officier de dragons (3).

**PENNELÉ** (LE BIHAN DE). *Bretagne.*

D'or au chevron de gueules, issant d'une mer d'azur.

Cette famille est représentée par le comte le Bihan de Pennelé, au château de Ker-Saint-Gilly, département du Finistère, et par son cousin, le Bihan de Pennelé, juge de paix à Saint-Malo.

**PEPIN.** *Montpellier, Montauban.*

D'or au pin de sinople ; écartelé d'argent à trois étoiles d'azur posées en bande.

Cette famille est représentée par de Pepin d'Escurac, avocat à Lesparre, département de la Gironde, et par de Pepin d'Orville, au château de Foucaud, par Marmande, département de Lot-et-Garonne.

**PERCIN NORTHUMBERLAND.** *Gascogne.*

Écartelé : aux 1 et 4 d'or à la tour d'azur maçonnée d'argent, sommée de trois donjons du même ; aux

---

(1) Voir tome I<sup>er</sup>, p. 168.
(2) Voir tome III, p. 48 à 59.
(3) Voir tome VI, p. 44.

2 et 3 de gueules au lion rampant d'or, qui est de Moléon ; sur le tout d'azur au cygne d'argent, nageant sur des ondes du même ; au chef cousu du fonds, chargé de trois étoiles d'argent, qui est de Percin.

Cette famille est représentée, dans les Colonies et en France, par Percin Northumberland, maire à Vauclin, Martinique ; Percin Northumberland, juge à Fort-de-France, et Percin Northumberland, commandeur de la Légion d'honneur, colonel au 1$^{er}$ régiment de chasseurs d'Afrique.

**PERCY.** *Normandie.*

D'azur à deux barbeaux adossés d'argent, accompagnés en chef d'une fleur de lis d'or.

Cette famille a deux représentants : de Percy, sous-inspecteur des douanes à Colmar ; de Percy, receveur particulier à Semur, département de la Côte-d'Or.

**PERICAUD DE GRAVILLON.** *Lyonnais.*

De gueules au lion d'or ; au chef d'argent, chargé de trois étoiles d'azur.

Cette famille est représentée par de Pericaud de Gravillon, à Lyon, et par de Pericaud de Gravillon, grand officier de la Légion d'honneur, colonel d'état-major en retraite, à l'Hôtel des invalides à Paris.

**PERIER DE LA GENNEVRAY.** *Normandie.*

De sable au chevron d'argent, chargé de trois roses de gueules et accompagné de trois croissants d'or.

Le comte Perier de la Gennevray est conseiller général du département de l'Orne.

**PERIER.** *France.*

D'argent à la fasce de sinople, accompagnée de quatre quintefeuilles du même.

Cette famille est représentée par de Perier, au château de la Madeleine, par Vernon, département de l'Eure.

**PERIER** (DU). *Béarn, Bretagne, Provence, Périgord, Guyenne, Anjou.*

BÉARN, BRETAGNE, PROVENCE, PÉRIGORD, GUYENNE. D'azur à trois poires d'or posées 2 et 1 ; à l'oiseau d'or en cœur, posé sur un écot du même.

BRETAGNE, PROVENCE, ANJOU. D'azur à la bande d'or accompagnée en chef d'une tête de lion arrachée du même, lampassée de gueules et couronnée d'argent ; à la bordure dentelée de gueules.

Sous le nom générique on retrouve quatre représentants : le baron du Perier, au château de Monestrol, par Nailloux, département de la Haute-Garonne ; Charles du Perier d'Hauterive, commis de marine à l'île de la Réunion ; du Perier de la Hittole, directeur de la maison centrale de force, à Nantes ; du Perier du Salvert, juge de paix à la Basse-Terre, Guadeloupe.

**PERIGNON.** *Lorraine, Guyenne, Languedoc.*

LORRAINE, GUYENNE. D'azur au bélier passant, contourné d'argent, accorné d'or, la tête sommée d'une croix de Lorraine du même.

LANGUEDOC. D'or au poirier de sinople ; au chef d'or chargé de trois étoiles d'argent.

Cette famille est représentée par le baron de Perignon, à Paris ; de Perignon, au château de Muravat, par Mauvezin, département du Gers.

**PERILLAULT DE CHAMBEAUDRIE.** *Touraine.*

D'azur à deux fasces d'or.

Charles-Louis-Delphin Perillault de Chambeaudrie, chef de nom et d'armes, au château de Chemillé-sur-Indrois, par Montrésor, département d'Indre-et-Loire, a neuf enfants, deux fils et sept filles.

**PERNOT DU BREUIL.** *Bourgogne, Lorraine.*

BOURGOGNE. D'argent à trois bandes de sable, au chef d'azur chargé d'une aigle éployée d'or.

LORRAINE. D'azur, au lion d'argent, la queue passée en sautoir, armé, lampassé de gueules, couronné d'or, tenant une épée d'argent emmanchée d'or; à la bordure engrêlée du même.

ARMES MODERNES; aux termes d'un titre nouveau délivré le 13 mars 1819 : d'argent à trois bandes de sable, au chef d'or chargé d'une aigle éployée de sable.

Cette famille, originaire de Bourgogne, s'est fixée en Lorraine vers l'an 1700, et ne tarda pas à s'allier aux premières familles de cette province. Elle est aujourd'hui représentée par M. Pernot du Breuil, ancien officier de cavalerie, ancien adjoint au maire de Nancy, chevalier de la Légion d'honneur, et par ses deux fils : M. Jules Pernot du Breuil, demeurant à Malans (Haute-Saône), château Sainte-Marie, et M. Auguste Pernot du Breuil, juge au tribunal civil d'Épinal (Vosges).

Les membres de cette famille descendent par les femmes de Nicolas Fournier de Neydeck, plénipotentiaire du duc Charles IV de Lorraine à la diète de Ratisbonne, et créé baron du Saint-Empire, par S. M. I. Ferdinand III, empereur d'Autriche, le 13 mai 1654. Ils ont le droit de se prévaloir de ce titre transmissible, aux termes du diplôme, à l'infini à toutes les branches masculines et féminines.

En ce qui concerne ce titre, la descendance s'établit comme suit :

1° Nicolas-François Fournier de Neydeck, conseiller intime, secrétaire du duc de Bar et de Lorraine, premier chambellan, directeur général des postes de Lorraine, plénipotentiaire à la diète de Ratisbonne près l'empereur et les princes de l'empire, créé baron par l'empereur Ferdinand III d'Autriche, le 13 mai 1654, — a pour fils :

2° Nicolas Fournier, baron de Neydeck, gentilhomme ordinaire du duc de Lorraine, marié à Barbe Rousselot d'Hédival, — a pour fille :

3° Anne-Thérèse Fournier, baronne de Neydeck, mariée à Claude-Antoine Fisson, seigneur du Montet (contrat de mariage de 1682), — a pour fille :

4° Marie-Anne Fisson du Montet, mariée à Étienne-Henri de Mailliart, seigneur de Villacourt et Labeuville, conseiller d'État et maître des comptes de Lorraine, — a pour fille :

5° Jeanne-Catherine de Mailliart, mariée à Nicolas-François Raulin, écuyer, seigneur des fiefs de Maixe et Lebeuville, doyen des avocats en la cour souveraine, né le 15 février 1694, décédé le 21 mars 1777, — a pour fille :

6° Barbe-Françoise Raulin, mariée le 30 janvier 1764 à Jean-Joseph Bertin de Fligny, seigneur de Broussey en Blois, et des fiefs de Rambucourt et Ressoncourt, morte le 28 septembre 1774, — a pour fille :

7° Marie-Marianne-Christine Bertin de Fligny, née le 20 août 1767, mariée le 16 juin 1801 à François-Thomas Pernot du Breuil, ancien capitaine au régiment de Beaujolais, chevalier de Saint-Louis, mort le 18 avril 1826, — a pour fils :

8° J.-B.-Édouard Pernot du Breuil, né le 20 mai 1802, ancien officier de cavalerie, ancien adjoint au maire de Nancy, chevalier de la Légion d'honneur, marié à sa cousine germaine Louise-Françoise d'Husson de Prailly, — a pour enfants :

1° Jules-Paul Pernot du Breuil, demeurant à Malans (Haute-Saône), château Sainte-Marie ;

2° Auguste-Étienne Pernot du Breuil, juge au tribunal civil d'Épinal (Vosges) ;

3° Sidonie-Marie, mariée à M. Mathieu de Vienne, juge d'instruction au tribunal civil de la Seine.

Les barons de Neydeck portent (titre du 13 mai 1654) : l'écu d'or présentant quatre obélisques d'azur disposés en quinconce, et, au milieu d'eux, six tourteaux de gueules, ordonnés dans le sens de la longueur, et de chaque côté de l'écu une tête de lion d'or, couronnée, la gueule béante, et la langue, de gueules, largement tirée, tournée à dextre du spectateur.

Au centre dudit écu majeur est un autre petit écu, ou pectoral, de gueules, représentant le cornet des courriers en or. Sur l'écu principal, un casque penché, ouvert ou vulgairement dit grillé, les bords et les barres d'or, le collier et les franches d'azur, d'or et de gueules tombant de chaque côté avec une légère ondulation dans le circuit, et une couronne ornementale d'or pour cimier, sur ledit écu et entre les deux obélisques d'azur (sur la droite desquels la tête de lion d'or couronné, la gueule béante et la langue de gueules largement tirée, et sur la gauche un pal d'or interplacé au milieu du globule, supportant trois tourteaux de gueules) l'aigle impériale noire à deux têtes, l'une et l'autre couronnées, les pennes et les serres largement écartées, portant sur la poitrine un petit écu de gueules soutenant la lettre initiale de notre nom en or avec trois colonnes allégoriques et signifiant Ferdinand III.

(Traduit sur le titre lui-même écrit en langue latine.)

**PÉRONNE.** *Picardie.*

De gueules au chef d'or, chargé de trois molettes d'éperon, à cinq pointes, de sable.

Robert de Péronne, qualifié fils de Bernard, comte de Senlis, dans le traité des nobles de la maison de Coucy, par François de Laloucette, était seigneur en partie de la ville de Péronne, de Bray-sur-Somme et de Capy, en 1028. Dans plusieurs chartes des comtes de Vermandois, il est qualifié prince de Péronne. Sa descendance a formé plusieurs branches et l'une de ces branches est représentée par Jules de Péronne, conservateur des contributions directes à Senlis, département de l'Oise; Félix de Péronne, directeur des contributions directes à Caen, département du Calvados; Édouard de Péronne, propriétaire, et Berthilde de Péronne, rentière, à Épinal, département des Vosges.

**PÉRONNEAU.** *Flandre.*

De gueules à une aigle d'argent.

Cette famille a deux représentants: de Péronneau, à Tours; de Péronneau, à Versailles.

**PERRAUDEAU DE BEAUFIEF.** *Pays d'Aunis, Saintonge.*

De sinople à la cigogne d'argent; au chef cousu d'azur chargé de trois pepins d'or.

Perraudeau de Beaufief, unique représentant du nom,

est maire à Mazeray, département de la Charente-Inférieure.

**PERRAULT DE JOTEMPS.** *Bourgogne.*

D'azur à la croix à double traverse d'or, élevée sur trois annelets du même ; parti d'azur à trois bandes d'or.

Claude Perrault, écuyer, seigneur des Fontaines, des Tourelles, la Morlaye, Magnagne et autres lieux, dépendant des paroisses de Saint-Aubin, Chanay et Gohard, dans l'évêché de Rennes, vivant en 1390, est la tige de cette famille, aujourd'hui représentée par de Perrault de Jotemps, à Courtils-sous-Burnaud, département de Saône-et-Loire.

**PERRÉE DE LA VILLESTREUX.** *Bretagne, Paris.*

D'azur au croissant d'or, accompagné en chef de deux étoiles et en pointe d'une ancre, le tout d'or.

Cette famille dont il est parlé dans Burdin, Duguay-Trouin, Duclos, La Roque et de Barthélemy, a cinq représentants : le marquis de la Villestreux, à Fontainebleau ; le comte de la Villestreux, ancien garde du corps de Charles X, à Paris ; le vicomte de la Villestreux, mort premier secrétaire d'ambassade, à Florence, laissant deux fils, et le baron de la Villestreux, fils du comte, ancien attaché au cabinet du ministre des affaires étrangères, à Paris.

**PERRELLE** (DE LA). *Normandie.*

De sable à la fasce d'or, accompagnée de trois coquilles de même métal, deux en chef et une en pointe.

Cette famille, reconnue par Chamillart le 28 mars 1671, a un représentant : de La Perrelle, au château de

Haute-Chèvre, près Torigny-sur-Vire, département de la Manche.

**PERRENEY DE CHARREY.** *Bourgogne.*
D'azur semé d'étoiles d'or.
Perreney de Charrey, unique représentant du nom, réside au château de Charrey, par Saint-Jean-de-Losne, département de la Côte-d'Or.

**PERRET.** *Lyonnais, Bourgogne.*
D'azur au vol d'or ; au chef du même.
Cette famille a deux représentants : le chevalier Perret de la Menne, à Lyon; Francisque Perret de la Menne, à Lyon.

**PERREUSE** (BAUYN DE). *France.*
D'azur au chevron d'or, accompagné de trois mains dextres d'argent, mises en fasce, 2 et 1.
L'unique représentant du nom, marquis Bauyn de Perreuse, chevalier de la Légion d'honneur, réside à Paris.

**PERRIEN.** *Bretagne.*
D'argent à cinq fusées de gueules en bande.
Cette famille emprunte son nom à un château et à une terre situés dans le duché de Tregnier. Elle remonte à Guillaume du Perrien, fils d'Alain et de Tiphaine du Chastel, vivant en 1454, et elle compte trois représentants : le vicomte de Perrien, au château de Lannouan, près Landevant, département du Morbihan ; le vicomte de Perrien, au château de Locunolay, par Hennebon, département du Morbihan ; le vicomte de Perrien, à Paris.

**PERRIER.** *Lyonnais, Toulouse.*

LYONNAIS. De gueules au chevron d'argent, chargé de deux rameaux d'olivier de sinople, accompagnés en pointe d'une aigle essorée d'or, fixant un soleil du même, mouvant du franc-canton dextre.

TOULOUSE. D'azur à la bande d'or, chargé de trois poires de gueules branchées de sinople, accompagnées d'un soleil agissant d'or, cantonnée en chef à sénestre.

Cette famille a quatre représentants : le baron de Perrier, à Toulouse ; Perrier de la Bathie, avocat, conseiller général, à Albertville, département de la Savoie ; Perrier de Rouville, à Lyon ; Perrier de Saint-Germain, à Toulouse.

**PERRIER DE LARSAN** (DU). *France.*

D'azur à la bande d'or, accompagnée en chef d'une tête de lion arrachée d'or, lampassée de gueules, couronnée d'argent ; à la bordure dentelée de gueules.

Du Perrier de Larsan, unique représentant du nom, réside au château de Barrière, par Cussac, département de la Gironde.

**PERRIÈRE** (DE LA). *Nivernais, Saintonge, Lyonnais.*

D'argent à la fasce abaissée sous trois têtes de léopard abaissées du même, lampassées et couronnées d'or.

De la Perrière, unique représentant du nom, réside à Besançon.

**PERRIN DE JONCQUIÈRES.** *Provence.*

D'azur au chevron d'or ; au chef d'or chargé de trois quintefeuilles de gueules.

Jacques Perrin de la ville d'Arles obtint du roi Louis XIV des lettres patentes de noblesse, au mois de mars 1653, enregistrées le 26 novembre 1654 ; sa descendance est représentée par Louis-Gabriel-Casimir Perrin de Joncquières, qui a sa résidence d'été au château de Figarès, par Albaron, département des Bouches-du-Rhône, et sa résidence d'hiver à Arles.

**PERRIN DE LA TOUCHE.** *Bretagne.*

D'argent au lion de sable, armé, lampassé et couronné de gueules.

La famille qui porte ces armes, indice d'une ancienne noblesse, n'a plus d'hoir mâle. Elle est représentée par Mademoiselle Perrin de la Touche, à Rennes.

**PERROCHEL DE MORAINVILLE.** *Ile-de-France, Maine.*

D'azur à deux croissants d'or en chef et une étoile de même en pointe.

Originaire de l'Ile-de-France et passée l'an 1500 au Maine où elle possède depuis ce temps la terre de Grandchamp, cette famille a deux représentants : le marquis Perrochel de Morainville, à Angers ; Perrochel de Morainville, au château de Morainville, par Auneau, département d'Eure-et-Loir.

**PERROT.** *France, Bourgogne, Bretagne.*

FRANCE. D'azur à deux croissants adossés d'argent, l'un montant et l'autre renversé ; au chef d'or chargé de trois aigles de sable.

BOURGOGNE. De sable à deux rochers accostés d'argent, au chef d'or chargé d'un lambel de trois pièces de gueules. — D'argent à un pin de sinople.

BRETAGNE. De sable à trois pièces de gueules.

On compte trois représentants du nom : Perrot de Chaumeux, au château de Prissac, département de l'Indre; Perrot de Chaumeux, avocat à Paris; Perrot de Chezelles, lieutenant au 20ᵉ régiment de dragons.

**PERROT.** *Bourbonnais.*

D'argent, au perroquet de sinople posé sur un rocher de trois monts sur lequel il y a un croissant d'argent; au chef de gueules chargé de deux étoiles d'or.

On compte cinq représentants du nom : B. Perrot de Chezelles, conseiller à la Cour de cassation; C. Perro de Chezelles, conseiller à la Cour d'appel de Paris; E. Perrot de Chezelles, juge d'instruction au tribunal de la Seine; L. Perrot de Chezelles, à Paris; M. Perrot des Gozis, avocat à Montluçon.

Branches éteintes : Perrot d'Estivareilles; Perrot des Modières; Perrot des Chalais; Perrot des Volives; Perrot de Saint-Angel; Perrot de Chamblanc; Perrot des Lices; Perrot de Fontenouille.

**PERROTIN DE BELLEGARDE.** *Dauphiné.*

De gueules à deux épées d'argent, la garde et la poignée d'or, passées en sautoir; au croissant montant d'argent en chef.

L'unique représentant du nom, Perrotin de Bellegarde, réside au château de Beaujeu, par Gap, département des Hautes-Alpes.

**PERRY.** *Limousin.*

D'argent à deux lions léopardés l'un sur l'autre; au chef de gueules.

Cette famille a sept représentants : de Perry, au château de Masferrat, par La Barre, département de la Haute-Vienne; de Parry, médecin à Pronzac, département de la Charente; Parry de Mallerand, à Pau;

Parry de Mallerand, Chevalier de la Légion d'honneur, officier en retraite, à Yvrac-Malerond, par La Rochefoucauld, département de la Charente ; Perry de Nieuil, au château de Rodevilain, par Genzay, département de Vienne ; Perry de Saint-Auvent, au château de Saint-Auvent, par Saint-Laurent, département de la Haute-Vienne.

### PERSAN (DOUBLET DE). *Beauce.*

D'azur à trois doublets d'or, posés deux et un, volants en bande.

Le marquis Doublet de Persan, unique représentant du nom, réside à Paris.

### PERSONNE DE SONGEONS (LA). *Picardie.*

De gueules à trois pattes de griffon d'or.

Cette famille, dont était Michel de la Personne, vicomte d'Huisy, dans l'élection de Soissons, qui produisit ses titres de cinq degrés depuis l'an 1530, est représentée par de la Personne de Songeons, chevalier de la Légion d'honneur, conseiller général, maire à Songeons, département de l'Oise.

### PERTHUIS. *Ile-de-France, Normandie.*

D'azur à la croix ancrée et disjointe d'argent.

Le premier de cette famille, dont il est parlé dans l'*Armorial général de la France*, registre II, est Ivon de Perthuis, seigneur de la Franchise, au pays de Gisors et de la Goulardière, près de Châtillon-sur-Loing, écuyer de l'écurie du roi en 1471. Elle était alors divisée en deux branches encore représentées par cinq hoirs mâles : le marquis de Perthuis, au château de Soran, par Rioz, département de la Haute-Saône ; le comte de Perthuis, colonel d'état-major en retraite, officier de la Légion d'honneur ; le vicomte Hippolyte de Perthuis, commandeur de la Légion d'honneur, payeur central de France, en retraite ; Léon de Perthuis, fils du vicomte de Perthuis de Launoy, décédé ; de Perthuis de Lallevault, conseiller référendaire à la Cour des comptes, à Paris.

### PESANT DE BOISGUILBERT (LE). *Maine.*

D'azur au chevron d'or, accompagné en chef de deux têtes de lion arrachées, couronnées en pointe d'un cœur, le tout d'or.

Cette famille a pour unique représentant le Pesant de Boisguilbert, au château de Pinterville, par Louviers.

### PESCHART D'AMBLY. *Champagne.*

Écartelé : aux 1 et 4 coupé d'argent et de sable au lion de l'un en l'autre, qui est de Peschart ; aux 2 et 3 d'argent à l'aigle de sable, qui est des comtes de Vienne.

Cette famille a trois représentants : de Peschart d'Ambly, chevalier de la Légion d'honneur, ingénieur de la marine à Toulon ; Peschart d'Ambly, chevalier de la Légion d'honneur, sous-ingénieur des constructions navales à Toulon ; Peschart d'Ambly, chevalier de la Légion d'honneur, ingénieur en chef des mines à Rodez, département de l'Aveyron.

### PESCHER DE BRANVILLE (LE). *Bourgogne.*

D'argent à une main de carnation, tenant une ancre double de sable.

Cette famille est représentée par Le Pecheur de Bainville, ingénieur civil, à Paris.

**PESSEMESSE.** *Languedoc.*

D'azur à l'étoile d'argent en abîme, accompagnée de trois roses d'or, deux en chef, une en pointe.

Cette famille est représentée à Toulouse par Ernest de Pessemesse qui a un fils, Édouard.

**PETAU-GRANDCOUR.** *Orléanais.*

Écartelé : aux 1 et 4 d'azur à trois roses d'argent, posées deux en chef et une en pointe; au chef d'or chargé d'une aigle naissante de sable; aux 2 et 3 de gueules, à une croix pattée d'argent.

Gabriel Petau-Grandcour, unique représentant du nom, membre du conseil général du Loiret, a sa résidence d'été au château des Prateaux, département du Loiret, et sa résidence d'hiver à Orléans.

**PETIET.** *France.*

Coupé : au 1 parti A d'azur à l'étoile d'or; B de gueules à l'épée d'argent et à une palme d'or passée en sautoir; au 2 d'argent semé d'hermines de sable.

Victor, baron Petiet, chevalier de la Légion d'honneur, chef de nom et d'armes, ancien sous-préfet, à Sedan, département des Ardennes, est l'unique représentant de cette famille de noblesse d'empire, par diplôme de baron expédié le 31 novembre 1814.

**PETING DE VAULGRENANT.** *Bourgogne.*

D'azur à un chevron d'or, accompagné de trois roses de même.

Peting de Vaulgrenant, officier de la Légion d'honneur, unique représentant du nom, chef d'escadron d'artillerie, est officier d'ordonnance du maréchal de Mac-Mahon, duc de Magenta.

**PETINIAUD DE CHAMPAGNAC.** *Limousin.*

D'argent à un arbre de sinople, terrassé du même, chargé à dextre sur la plus haute de ses branches d'un nid d'or, vers lequel vole en barre un oiseau de sable portant en son bec de la becquée à ses petits de même.

Petiniaud de Champagnac, chevalier de la Légion d'honneur, unique représentant du nom, est sous-préfet à Saintes, département de la Charente-Inférieure.

**PETIT.** *Languedoc, Beauce, Normandie, Bourgogne, Touraine, Picardie.*

LANGUEDOC, BEAUCE, NORMANDIE. De gueules au dragon d'argent, le dard de gueules, la queue en sautoir, d'où sortent trois têtes de serpent d'argent.

BOURGOGNE. D'azur au lion d'or.

TOURAINE. D'argent à trois tourteaux d'azur, accompagné de neuf mouchetures d'hermines de sable, trois en chef, trois en fasce, deux en flancs et une en pointe.

PICARDIE. D'azur à une aigle d'or, le vol abaissé, accompagnée en chef de deux étoiles du même.

La Chenaye-Desbois mentionne neuf familles distinctes du nom de Petit ou Le Petit. Les armoiries qu'il donne pour les Petit en Languedoc, Beauce, Normandie et Bourgogne, sont conformes à celles que nous décrivons.

Sous le nom générique de Petit ou Le Petit on trouve seize représentants : Petit d'Hauterive, avocat au Havre, département de la Seine-Inférieure ; le baron Petit de la Fosse, officier de la Légion d'honneur, trésorier-payeur général à Rodez, département de l'Aveyron; Petit de Gatines, avocat à Paris; Auguste Petit d'Hesincourt, commis de marine à l'île de la Réunion; Petit de Leudeville, au château de Leudeville, par Arpajon, département de Seine-et-Oise; Petit de Leudeville, au château de Villers, par Ferté-Fresnel, département de l'Orne; Petit de Maisons, à Rennes; Petit de Meurville, chevalier de la Légion d'honneur, consul à Saint-Sébastien, Espagne ; Petit de Reimpré, notaire à Soissons, département de l'Aisne; Petit de la Rhodière, à Saint-Pierre, île de la Réunion; Petit des Rochettes, au château de Garnière, par Aigrefeuille, département de la Loire-Inférieure; Petit de la Saussaye, chevalier de la Légion d'honneur, à Paris; Petit de Thuilerie, à Rennes, département de la Loire-Inférieure; Petit de Vigneau, au château de Claveau, par Lhermerault, département de la Vendée ; Petit de Villeneuve, à Paris; Petit de Voizes, capitaine en retraite, à Rennes.

**PETIT DE SERANS.** *Normandie.*

D'azur à la fasce d'argent surmontée d'un léopard d'or.

Originaire de Caen, cette famille, dont était Jean Le Petit, seigneur de Bellaunay, né le 25 juillet 1739, fils de Jean-Baptiste, auditeur des comptes de Rouen, et de Françoise-Marie-Barbe Néel, est représentée par Petit de Serans, au château de Serans, par Écouché, département de l'Orne.

**PETITJEAN DE MARCILLY.** *Champagne, Bourgogne.*

D'argent à un bourdon d'azur posé en pal.

Devise : *Vagus per orbem, sto in virtute.*

Cette famille, dont les représentants habitent Dijon

et d'autres localités du département de la Côte-d'Or, a pour chef de nom et d'armes Petitjean de Marcilly, président du tribunal civil à Vassy, département de la Haute-Marne.

**PETITOT DE TAILLY.** *Champagne, Lyonnais.*

De gueules à la bande d'or, chargée de trois ancrées de sable.

L'unique représentant du nom, éteint dans ses hoirs mâles, est M<sup>me</sup> la douairière de Petitot de Tailly, au château de Frampas, par Montierender, département de la Haute-Marne.

**PETITPAS DE LA VASSELAIS.** *Artois.*

De sable à trois fasces d'argent.

Petitpas de la Vasselais, unique représentant du nom, sans fonctions et sans titre, réside à Brest.

**PETIT-THOUARS** (AUBERT DE SAINT-GEORGES DU). *Poitou, Anjou, Touraine.*

D'azur à un haubert d'or.

Cette famille a deux représentants : le vicomte Aubert de Saint-Georges du Petit-Thouars, au château d'Andheux, par Rouvray, département de la Côte-d'Or ; Aubert de Saint-Georges du Petit-Thouars, au château du Petit-Thouars, par Montsoreau, département d'Indre-et-Loire.

**PETTOLAZ** (DE). *Lyon et le Lyonnais.*

D'or à deux barres d'azur, accompagnées en chef d'un cœur de gueules sommé d'un demi-vol de sable. Cimier : un demi-vol de sable.

Devise : *Ubi fides vis.*

Cette famille, d'origine suisse, est l'une des plus anciennes familles du patriciat de Fribourg, en Suisse. Elle est devenue française depuis la fin du siècle dernier.

Jean-Antoine-Marie-Félix, comte de Pettolaz, camérier secret de Sa Sainteté, seul représentant du nom, réside dans le Lyonnais, à Saint-Igny-de-Vers.

**PEYRE.** *Languedoc.*
D'argent à l'aigle éployée de sable. — Écartelé : aux 1 et 4 d'azur à la croix alésée d'or ; aux 2 et 3 d'or à la fleur de pensée au naturel, feuillée de sinople.

Cette famille a deux représentants : de Peyre, conseiller à la Cour des comptes, à Paris ; de Peyre, au château de Rossiels, par Cahors, département du Lot.

**PEYRIÈRE** (de la). *Rouergue.*
D'azur à un château à trois tours d'argent.

De la Peyrière, unique représentant du nom, réside à son château de Lacépède, par Clairac, département de Lot-et-Garonne.

**PEYRONNET.** *Guyenne.*
D'argent au chevron de gueules, accompagné de trois étoiles d'azur, celle en pointe surmontée d'un croissant du second ; au chef du troisième, chargé d'une épée d'argent, garnie d'or, en fasce.

Cette famille a deux représentants : le comte de Peyronnet, chef de nom et d'armes, à Paris ; le vicomte de Peyronnet, au château de Sans-Souci, par Sézanne, département de la Marne.

**PEYRONNY.** *Guyenne, Normandie, Lyonnais.*

D'argent à trois tours de sable posées 2 et 1.

Cette famille, qui remonte à Arnaud de Peyronny, capitoul de Toulouse en 1226, a quatre représentants : de Peyronny, maire à Ribagnac, par Bergerac, département de la Dordogne; de Peyronny, au château de Lande d'Yron, par Villedieu, département de la Manche; de Peyronny, ancien magistrat, à Lyon; de Peyronny, à Paris.

**PEYROUSE.** *Lyonnais.*

De gueules au lion d'or surmonté d'une tour du même.

De Peyrouse, unique représentant du nom, réside au château de Chatel, par Saint-Pourçain, département de l'Allier.

**PEYROUX** (DU). *Marche.*

De gueules à trois chevrons d'or et au pal du même brochant sur le tout.

Cette famille, qui tient depuis le XI$^e$ siècle son nom du fief du Peyroux, a des représentants en Auvergne, en Bourbonnais et en Picardie.

La branche d'Auvergne a pour chef le comte du Peyroux de Salmayne, colonel d'artillerie.

La branche du Bourbonnais a pour chef le comte du Peyroux des Mazières, membre du conseil général du Cher.

La branche de Picardie a pour chef le marquis du Peyroux de Contalmaison.

**PEYTES-MONTCABRIER.** *Languedoc.*

Écartelé : aux 1 et 4 d'azur à trois fasces d'or, accompagnées en pointe de deux croisettes d'argent, qui est de Peytes ; aux 2 et 3 de gueules à la montagne d'argent, sommée d'un arbre à sept branches du même, surmontée d'une chèvre aussi d'argent; au chef d'azur, chargé de trois fleurs de lis d'or, qui est de Montcabrier. Couronne : de comte. Cimier : un heaume de chevalier, orné de ses lambrequins aux émaux et couleurs de l'écu.

Devise : *Pro fide pugnavi et vici.*

Originaire du Poitou, la famille de Peytes-Montcabrier s'est établie en Languedoc au retour de la croisade à laquelle elle prit part avec Adhémar de Poitiers. Elle est mentionnée dans les anciennes chartes, dans des titres nombreux et figure notamment dans les maintenues de 1242, 1271, 1272. Vers l'an 1350 elle se divisa en trois branches et la seule qui subsiste aujourd'hui, celle des seigneurs de Montcabrier, a donné aux armées de terre et de mer des officiers supérieurs distingués, entre eux deux contre-amiraux. Plusieurs membres de cette famille ont occupé de hautes charges dans les finances, l'administration et la magistrature. Ils ont donné des chevaliers de Saint-Louis et même un grand-croix de cet ordre respecté. Ils ont aussi donné des chevaliers et des officiers de la Légion d'honneur et des titulaires nombreux d'ordres étrangers.

Cette belle famille se divise aujourd'hui en deux branches ; l'aînée a deux représentants : Paul, comte de Peytes-Montcabrier, qui a deux fils ; Henri, vicomte de Peytes-Montcabrier.

La seconde branche a deux représentants : Marie-Alphonse de Peytes-Montcabrier, qui a quatre fils et une fille. L'aîné, capitaine de cavalerie, est chevalier de la Légion d'honneur.

Louis-Gustave de Peytes-Montcabrier, comte romain,

commandeur de l'ordre de Pie IX, a deux fils et une fille : Albert de Peytes-Montcabrier, ancien capitaine aux zouaves pontificaux, médaillé de Mentana, chevalier de l'ordre de Pie IX, chevalier de la Légion d'honneur ; Pons-Gaston, ancien caporal aux zouaves pontificaux.

**PHARAMOND.** *Languedoc.*

De gueules au lion d'or ; au chef cousu d'azur, chargé de trois étoiles du second.

De Pharamond, unique représentant du nom, réside au château de Fonlogue, à Caussade, département de Tarn-et-Garonne.

**PHILIPPES DE GERBROIS.** *Champagne.*

D'azur à un lion d'or et un chef cousu de gueules, chargé d'un croissant d'or accosté de deux étoiles du même.

L'unique représentant du nom, Philippes de Gerbrois, est maire à Château-Thierry, département de l'Aisne.

**PHILPIN DE PERCEY.** *Lorraine, Champagne.*

D'or, au pin de sinople ; au chef de gueules chargé d'une croix pattée d'argent.

Plusieurs représentants. Chef de nom et d'armes, Léonce de Philpin, au château de Piépape, par Longeau (Haute-Marne) ; branche cadette, Louis de Philpin de Rivière, à Lyon.

**PHIQUEPAL D'ARUSMONT.** *Guyenne.*

D'azur à une croix d'argent cantonnée de quatre trèfles de même.

Cette famille a deux représentants : Phiquepal d'Arusmont, conseiller à la Cour d'appel d'Agen, département de Lot-et-Garonne ; Phiquepal d'Arusmont, vérificateur de l'enregistrement à Marmande, même département.

**PICARD.** *Bourbonnais.*

De gueules à la tête de cheval d'argent, bridée du même ; à la bordure du second chargée de huit croisettes de sable.

Cette famille a quatre représentants : Picard de Beaupoirier, au château de Blancperrier, par Brueil ; Picard du Chambon, au château de Vesvre, par Digoin ; Octave Picard de Chambon, ancien officier supérieur, à Moulins, trois localités du département de l'Allier ; Picard de Luzan, percepteur à Pouilly, département du Loiret.

**PICART (LE).** *Ile-de-France, Picardie.*

ILE-DE-FRANCE, PICARDIE. D'azur au lion d'or, armé et lampassé de gueules.

PICARDIE. D'azur à deux haches d'armes d'argent, emmanchées d'or, adossées et passées en sautoir, accompagnées en chef de deux merlettes d'argent.

Cette famille a quatre représentants : le Picart de Perigny, au château d'Angervilliers, par Dourdan, département de Seine-et-Oise ; le Picart de Perigny, officier de la Légion d'honneur, percepteur à Versailles ; le Picart de Perigny, à Paris ; le Picart de Fresselles, au château de Hamancourt, par Doullens, département de la Somme.

**PICAULT DE LA FERRAUDIÈRE.** *Touraine.*

De sinople à trois têtes de coq arrachées d'argent. — *Alias*, d'azur à une tour d'or.

Picault de la Ferraudière, unique représentant du

nom, est substitut du procureur de la république, à Château-Gontier, département de la Mayenne.

**PICHARD.** *Guyenne.*

D'azur à trois pichards (poissons) d'argent posés en pals 2 et 1 ; le dernier naissant d'une rivière du même, ombrée de sinople, mouvante de la pointe.

Cette famille a deux représentants : de Pichard, avocat à Bordeaux, département de la Gironde ; de Pichard-Latour, juge à Bordeaux.

**PICHAULT DE LA MARTINIÈRE.** *Poitou.*

De gueules au lion d'argent chargé sur l'épaule d'un lion d'azur.

Cette famille a deux représentants : Pichault de la Martinière, auditeur à la Cour des comptes, à Paris ; Pichault de la Martinière, directeur des contributions indirectes à Vesoul, département de la Haute-Saône.

**PICHER DE GRANDCHAMPS.** *Orléanais.*

D'argent à trois picheurs ou pintées de sable, posées deux en chef et une en pointe.

Cette famille a deux représentants : Picher de Grandchamps, juge de paix à Saint-Étienne, département de la Loire ; Gustave Picher de Grandchamps, conseiller référendaire à Paris.

**PICHON** (*originaire de Touraine*). *Paris et Normandie.*

D'or à deux fasces de gueules, surmontées et soutenues de trois billettes d'azur ; au lion du même, armé, allumé et lampassé de gueules, brochant sur le tout.

Devises : *J'y tiendrai. — Memor fui dierum antiquorum.*

Le baron Jérôme-Frédéric Pichon, ancien auditeur au Conseil d'État, deuxième fils du baron Louis-André Pichon et d'Alexandrine-Émilie Brongniart, né le 3 décembre 1812, a épousé, le 8 mars 1841, Rosalie-Nanine-Amélie Clarmont, dont deux filles et un fils : 1° Rosalie-Geneviève-Louise, mariée en 1863 à M. Adam, beau-frère du général Bourbaki ; 2° Jean-Séverin-Étienne, né le 17 avril 1846, marié le 20 avril 1868, à Marie-Philomène Béatrix de Cassagne de Beaufort de Miramon, qui porte d'azur, au lion d'or ; à la cotice de gueules brochante sur le tout, filleule de M. le comte de Chambord. De ce mariage sont nés (1874) deux fils et deux filles. M. Étienne Pichon est sous-préfet de Dreux (1874) ; 3° Marie-Charlotte-Émilie, mariée en 1868 à M. Victor Hennecart, lieutenant de vaisseau. (Hennecart porte : parti au 1 d'azur, au lion d'or surmonté de deux étoiles d'argent ; au 2 de gueules, à l'agneau pascal d'argent ; au chef cousu de gueules, chargé d'une comète d'argent à dextre.)

M. le baron Jérôme Pichon a sa résidence d'été au château de Montessart, près Honfleur, département du Calvados, et sa résidence d'hiver à Paris.

M. le baron Pichon (André-Théodore), né le 6 juin 1805, ministre plénipotentiaire en retraite, commandeur de la Légion d'honneur, etc., frère aîné du baron Jérôme Pichon, a épousé en 1838 M<sup>lle</sup> de Mornard, dont trois fils et une fille. Il habite sa terre de Tournedos, près Louviers, en Normandie.

**PICHON.** *France, Guyenne, Touraine.*

FRANCE. D'azur au chevron échiqueté d'argent et de gueules ; au chef échiqueté des mêmes émaux.

GUYENNE, TOURAINE. D'azur au chevron d'or, accompagné en chef de deux molettes du même et en pointe d'un agneau d'argent, surmonté d'un croissant du même.

Originaire du Languedoc, Pichon en Guyenne et en Touraine a donné au parlement de Toulouse plusieurs conseillers et présidents. Elle a été maintenue dans sa noblesse par arrêt du conseil d'État du roi, le 20 octobre 1668.

Les armes de Pichon, en Ile-de-France, ont été décrites par Dubuisson.

La famille qui nous occupe a deux représentants : Pichon du Gravier, percepteur à Saint-Agrève, département de l'Ardèche ; Pichon de Longueville, au château de Bader, par Pauliac, département de la Gironde.

**PICHOT DE LA GRAVERIE.** *Bretagne.*

De gueules au cygne d'argent. — D'or à trois trèfles de sinople.

Pichot de la Graverie, unique représentant du nom, est juge au tribunal civil, conseiller général, à Mayenne, département de la Mayenne.

**PICOT.** *Champagne, Franche-Comté.*

D'or au chevron d'azur, accompagné de trois falots de gueules ; au chef de même. Tenants : deux sauvages appuyés sur leurs massues.

Devise : *Nullus extinguit.*

Cette famille a onze représentants : Picot de Moras, baron d'Aligny, membre du conseil général du Jura, au château de Montmirey-la-Ville, département du Jura ; le marquis Picot de Dampierre, ancien pair de France, au château de Dampierre, département de l'Aube, qui a un fils, le comte Picot de Dampierre, conseiller général de l'Aube, au château de Bligny, département de l'Aube ; le marquis Picot de Dampierre, au château de Bray-la-Campagne, département du Calvados ; le comte Picot de Dampierre, au château de Hans, par Sainte-Menehould, département de la Marne ; le comte Philippe Picot de Moras, officier de la Légion d'honneur, sous-intendant militaire en retraite, au château de Gussignies, département du Nord ; le vicomte Étienne Picot de Moras, officier de la Légion d'honneur, directeur des constructions navales, à Paris ; Picot de Moras, à Toulouse.

**PICOT DE VAULOGÉ.** *Normandie, Poitou, Bretagne, Maine, Angleterre, Autriche.*

D'or au chevron d'azur, accompagné de trois falots de gueules allumés ; au chef du même. Couronne de marquis. Supports : deux levrettes.

Devise : *Nullus extinguitur.*

Picot, ducs de Cambridge en Angleterre, marquis de Sainte-Suzanne, comtes de la Mintaye et de Tremar, vicomtes de Vaulogé et de Peccaduc, barons de Herzogenberg en Autriche, barons de Charné et de Cropte ; seigneurs de Sauvieu, de Londefrière, de Fiéfrubé, des Touches, de Chevaignes, du Boisbrassu, de Saint-Lezin, du Boisby, de la Cour de Pontaubray, de Mongueray, de Vahais, d'Anilié, de Juvigné, etc., en France.

Cette ancienne et belle maison, d'origine normande, compte deux représentants parmi les chevaliers qui accompagnèrent Guillaume, duc de Normandie, à la conquête de l'Angleterre, en 1066. L'un d'eux, Roger Picot, fut créé duc de Cambridge (1) lorsque Guillaume

(1) Augustin Thierry, *Histoire de la Conquête de l'Angleterre par Guillaume le Conquérant.*

prit le titre de roi, en 1072, et l'héritier féodal de ce titre glorieux est Henri-Louis Picot, vicomte de Vaulogé, chef de nom et d'armes de sa famille. Au XIIe siècle, la famille s'établit dans la Bretagne Nantaise et l'un des siens figure comme témoin d'une charte en faveur du prieuré de Saint-Martin de Machecoul, en 1180. Transplantée en Poitou, elle a été maintenue dans sa noblesse d'ancienne extraction, par M. de Maupeou d'Ableiges, intendant de cette généralité, le 10 février 1699 ; par ordonnance des commissaires généraux du conseil, députés par le roi pour la vérification des titres de noblesse, du 4 avril 1715 ; par M. Feydeau de Brou, intendant de Bretagne, le 10 septembre 1716, et par arrêt du parlement de Bretagne, du 10 avril 1781.

Cette famille a donné plusieurs officiers généraux, des pages, un chambellan de l'empereur d'Autriche, propriétaire d'un régiment de son nom, un gentilhomme de la chambre du roi d'Angleterre, etc. Elle compte d'illustres alliances, entre autres les maisons des Landes. de Prignes, de Saint-Fulgent, anciens barons en Poitou, de la Chevrière, du Bois-Péan, de Châteaugiron ancien (apparentés aux Raguenel, barons de Malestroit, et aux d'Acigné, sortis des comtes de Rennes et de Vitré), de Percy-Northumberland, de la Corbière, du Breuil du Chalonge, de Landal, de Carlotti, de Girardin, de Gruel, de Gaudechart, Achard de Vacogne et de Bonvouloir (apparentés aux de la Tour du Pin), aux de Menou (apparentés à la maison d'Anjou, et aux princes de Broglie), etc.

La maison de Picot a formé plusieurs branches dont deux seules subsistent : celle des barons de Herzogenberg en Autriche, et celle des vicomtes de Vaulogé, au Maine, qui forment la branche aînée. Elle a pour chef de nom et d'armes Henri-Louis Picot, vicomte de Vaulogé, fils de Henri-Jean-Baptiste-Charles-Élisabeth Picot, vicomte de Vaulogé, qui obtint du roi Charles X le titre de vicomte, avec création de sa terre de Vaulogé en majorat, transmissible dans sa race masculine par ordre de primogéniture. Né le 23 août 1814, il a épousé, le 26 septembre 1844, Marie-Louise-Nelly de Girardin, fille d'Alexandre-Numance, comte de Girardin, capitaine des chasses du roi Charles X, et de Sidonie d'Yve de Bavay, apparenté aux princes de Ligne, par Joséphine-Louise, comtesse Vonder Noot de Duras, et aux de Béthune, par Philippine-René, vicomte de Bavay, baron d'Ostiche, lieutenant général, gouverneur de Bruges, qui épousa Marie de Béthune (des princes de ce nom), fille de S. de Béthune et de M. de Cotterel. De ce mariage est né, le 18 septembre 1845, Henri-François-Edgard Picot, vicomte de Vaulogé, qui épousa, le 12 avril 1873, Cécile-Julie-Thérèse de Menou, petite-fille par sa grand'mère du prince de Broglie.

Charles-Alexandre Picot de Vaulogé, frère du chef de la famille, a épousé : 1° Marthe Achard de Vacogne et 2° Jeanne Achard de Vacogne, sœur de Marthe. Il a du premier lit deux fils : Jean et Jacques. Ce dernier est officier de cavalerie.

A cette branche appartenait Alexandre Picot de Vahais, mort en 1867, conseiller général de la Mayenne.

**PICOT.** *Languedoc.*

Écartelé : aux 1 et 4 d'azur à trois fers de lance d'argent ; au chef du même chargé d'un coq issant de sable crêté et barbé de gueules ; aux 2 et 3 d'or à l'arbre de sinople fruité de gueules ; au lion léopardé du même, brochant sur le tout.

On retrouve encore deux représentants du nom : le comte Picot de Buissaizon, à Versailles ; Picot de Lapeyrouse, officier de la Légion d'honneur, lieutenant-colonel au 9e d'artillerie.

**PICOT.** *Bretagne.*

Écartelé : aux 1 et 4 d'azur, à trois haches d'armes en pal, posées 2 et 1 ; aux 2 et 3 d'argent à trois léopards l'un sur l'autre de gueules.

Picot, en Bretagne, a deux représentants : Picot de Limoléan, à Paris et au château de Limoléan, par Broons, département des Côtes-du-Nord ; Picot de Plédran, au château de Plessis, par Montcontour, département des Côtes-du-Nord.

Picot, en Bretagne, qui a formé plusieurs branches, suivant l'*Armorial de France*, Reg. II, Part. II, remonte à Olivier Picot, nommé dans deux montres et revues général des nobles et sujets aux armes de l'archidiaconat de Dinan du 15 juin 1477 et du 8 janvier 1479.

**PICQUOT DE MAGNY.** *Normandie.*

Tiercé en fasce : au 1 d'azur à deux macles d'or ; au 2 de gueules dentelé par le bas ; au 3 d'or à la macle d'azur.

Cette famille, est représentée par Jean-Charles-Guy-René-Raoul Picquot de Magny, à Versailles, qui a un fils ; par Achille-Anatole Picquot de Magny, au château de Rapilly, par Pont-d'Ouilly, département du Calvados, et par Sosthènes-Émile Picquot de Magny, au château de Détroit, par Pont-d'Ouilly.

**PIEDOUE.** *Normandie.*

D'azur à trois pattes d'oie posées 2 et 1.

Cette famille, qui a possédé les seigneuries de Charsigné et d'Éristot, dans l'élection de Caen, est représentée par de Piedouc, au château de Saint-Gilles, par Argence, département du Calvados.

**PIELLAT.** *Comtat-Venaissin.*
D'or au chevron d'azur accompagné de trois têtes de lion arrachées du même.
Cette famille divisée en deux branches a pour représentant de la première : Marie-Paul-Amédée de Piellat, à Vienne (Isère), et pour chef de la seconde : André-Paul-Ferdinand de Piellat, ancien officier supérieur, à Lyon.

**PIENNE** (HALVIN DE). *Normandie.*
D'azur à la fasce d'or, accompagnée de six billettes d'or, trois en chef et trois en pointe.
D'ancienne noblesse de l'élection de Coutances, cette famille a deux représentants : le marquis Halvin de Pienne, officier de la Légion d'honneur, ancien conseiller général, à Périers, département de la Manche ; le comte de Piennes, au château de Thouaré, par Carquefou, département de la Loire-Inférieure.

**PIERLAS** (CAIS DE). *Provence.*
D'azur au cœur de gueules accompagné en chef d'une étoile d'or et en pointe d'un croissant montant du même.
Le comte Cais de Pierlas, chef de cette famille nombreuse, réside à sa villa du Ray, à Nice.

**PIERRE** (DE LA). *Touraine.*
D'or à deux fasces de gueules.

Le nobiliaire de France désigne plusieurs familles du nom. Celle qui nous occupe a pour chef de nom et d'armes : Edmond-Joseph-Marie de la Pierre, marquis de Trémeur, au château de Pierrefitte, commune d'Anzouer, département d'Indre-et-Loire.

**PIERRE.** *Vivarais.*

D'azur à trois épis d'or ; au chef d'argent chargé de trois étoiles de gueules.

Distincte de celle qui précède, cette famille est représentée par le marquis de Pierre, au château de Gagère, par Billom, département du Puy-de-Dôme. Il a sa résidence d'hiver à Paris.

**PIERRE** (DE LA). *Languedoc.*

D'or au chevron de gueules, accompagné de trois losanges de même.

Cette famille a deux représentants : de la Pierre, officier de la Légion d'honneur, président de Chambre à Nimes, département du Gard ; de la Pierre, à Montauban, département de Tarn-et-Garonne.

**PIERRE DE BERNIS.** *Languedoc.*

D'azur à la bande d'or, accompagné en chef d'un lion passant du même, armé et lampassé de gueules. Cimier : un lion naissant au naturel, armé d'une épée.

Devise : *Arma per lou Rey* (en languedocien) ; *Armé pour le roi.*

Issue des anciens seigneurs de la baronnie de Ganges, du nom de de Pierre, ce qui est établi par le procès-verbal des preuves de noblesse faites au chapitre des comtes de Lyon en 1748 et celles faites pour être reçu commandeur de l'ordre du Saint-Esprit en 1758, par le cardinal de Bernis; cette famille, dont la filiation commence à Pierre de Pierre, seigneur de Ganges, vivant à la fin du XIe siècle, figure au château de Versailles dans la salle de la première croisade.

Ses seuls représentants sont issus de Pons-Simon de Pierre, vicomte de Bernis, neveu du cardinal de ce nom et qui eut trois fils : 1° Alexandre-François-Raymond-Aimé, marquis de Pierre de Bernis, marié avec Armande-Louise, princesse de Rohan-Rochefort, petite-nièce du dernier prince de Bourbon ; 2° Henri-Benoît, vicomte de Pierre de Bernis ; 3° Jacques-René-Philippe-Hippolyte, comte de Pierre de Bernis, pair de France sous la Restauration. Parmi ses représentants actuels sont : le marquis Hervé de Pierre de Bernis, au château de Saint-Marcel, département de l'Ardèche ; le comte Albert de Pierre de Bernis et le vicomte Charles de Pierre de Bernis, à Nîmes, département du Gard ; les comtes Hippolyte et Albéric de Pierre de Bernis, à Paris ; le vicomte Raymond de Pierre de Bernis, commandeur de la Légion d'honneur, général de brigade, commandant la 1re brigade de dragons, a commandé en Afrique une colonne expéditionnaire, et livré contre une fraction de la tribu des Némenchas, le 23 juin 1854, auprès de Tébessa, un combat qui eut pour résultat de rétablir le calme et la sécurité dans cette contrée, a fait plusieurs campagnes, notamment celle de Crimée, où il a occupé une position importante à Eupatoria, et celle contre l'Allemagne, où il a enlevé la première reconnaissance ennemie qui ait paru sur notre territoire.

**PIERREDON DE FERRON.** *Languedoc.*

D'azur au rocher en pyramide d'argent, surmonté

d'un soleil d'or ; au chef de gueules, chargé d'un croissant d'argent, accompagné de deux étoiles du même.

Devise : *Surgam et ibo.*

Cette famille dont nous avons déjà parlé à l'article Carmejanc, et qui a joué un certain rôle dans les guerres de religion où elle a été fort maltraitée, a deux représentants : Alexandre-Laurent de Pierredon de Ferron, ancien officier de cavalerie, à Chimilin, département de l'Isère, père d'Henri de Pierredon, ingénieur des mines. Il a aussi deux filles : Berthe et Amélie.

**PIERRES.** *Normandie, Bretagne, Touraine, Anjou.*

NORMANDIE. D'argent au chevron de gueules accompagné de trois lionceaux du même, ceux du chef affrontés. — D'azur à deux clefs d'argent passées en sautoir, cantonnées de quatre losanges d'or.

BRETAGNE, TOURAINE, ANJOU. D'or à la croix pattée et alésée de gueules.

Cette famille a cinq représentants : le baron de Pierres, officier de la Légion d'honneur, ancien député, conseiller général, ancien premier écuyer de l'impératrice, à Paris ; Adhémar de Pierres, chevalier de la Légion d'honneur, à Paris ; de Pierres, au château d'Éperonnière, par Craon, département de la Mayenne ; de Pierres, au château de Louvières, département du Calvados ; de Pierres, au château de Bertignolles, par Ile-Bouchard, département d'Indre-et-Loire.

**PIETRA SANTA.** *Milan, Gênes, Lucques, Florence, Corse.*

D'azur à une arcade supportée de deux colonnes d'argent accostant une autre colonne sommée d'une hostie du même ; au chef d'or chargé d'une aigle de sable.

Paillot qui blasonne ces armes dans son livre *la Vraye*

*et Parfaite Science des armoiries*, p. 181, ajoute après leur énonciation : « De ce nom est l'autheur du *Tesseræ Gentilitiæ*, livre curieux en la science des armes. »

L'antiquité de cette famille se perd dans la nuit des temps historiques ; mais, par un privilége bien rare et peut-être unique dans les annales des maisons les plus anciennes et les plus illustres, elle prouve son existence à Milan dans les dernières années du IVe siècle de l'ère chrétienne. Saint Ambroise, qui vivait à cette époque, ayant été assailli et maltraité par les Ariens, au moment où il sortait de l'église de San-Nazarro, il fut tiré des mains de ses ennemis par des membres de la famille de Pietra Santa. En souvenir de cet événement qui leur conserva un évêque vénéré, les Milanais donnèrent à l'église le nom de San-Nazzaro-Pietra-Santa, qu'elle porte encore, et placèrent sur un de ses autels une table de marbre, faite d'une pierre considérée comme sainte, tirée d'une terre qui a donné son nom à la famille de Pietra Santa ; celle-ci adopta pour armoiries le symbole qui perpétue le souvenir de sa force et de sa valeur. Nous empruntons ce récit à tous les historiens et chroniqueurs du temps.

Depuis cette époque, l'histoire des Pietra Santa se rattache à tous les faits glorieux ou importants qui intéressent la mère-patrie. Pagano de Pietra Santa, mort l'an 800 et inhumé à Saint-Ambroise de Milan, commandait les armées de la république de Florence et gagna la bataille de Corvara ; Pagano de Pietra Santa fut élu préteur de Gênes, en 1223, malgré l'opposition et les menaces de l'empereur Frédéric ; Guiscardo de Pietra Santa, préteur de Lucques en 1252, 1255, 1257, préteur de Gênes en 1252, podestat de Florence en 1254, fit bâtir, étant préteur de Lucques, le château fort de

Pietra Santa, qui devint plus tard la petite ville de ce nom. Sous son commandement les troupes de Florence remportèrent d'éclatantes victoires sur les troupes des républiques rivales, et l'empereur Frédéric décora les armes de sa maison du chef d'or à l'aigle de sable.

Dans les premières années du xv⁰ siècle la famille se divisa en deux branches. L'aînée reçut en 1626 érection en comté, de son fief de Cantu. Son dernier hoir mâle, Charles Pietra Santa, comte de Cantu, prince de San Pietro, mourut sans alliance à Milan, en 1818. La seconde branche, la seule qui subsiste, descend de Sperone de Pietra Santa, conseiller du duc de Milan, chevalier *Aurato*, envoyé par Marie-Philippe Visconti, comme vicaire de ce prince, en 1422, à Gênes, où sa postérité s'établit, et d'où elle passa plus tard en Corse. C'est de Paolo de Pietra Santa, commissaire général de la république, à qui l'on doit la reconstruction d'Ajaccio en 1501, que descend la branche actuelle. Andrea Centurione de Pietra Santa, doge de Gênes en 1543 et 1544, était le frère de Paolo. L'historien corse abbé Rossi classe la famille Pietra Santa au nombre des plus considérables d'Ajaccio, et Mgr Lyonnet, évêque de Valence, dit que les généalogistes faisaient descendre la doña Angela-Marie Pietra Santa, mère de Marie Lætizia Ramolino et de Joseph Fesch, de l'une des grandes familles de l'Italie supérieure.

Du mariage de Charles Bonaparte et de Marie Lætizia Ramolino, conclu le 1ᵉʳ juin 1704, est né Napoléon 1ᵉʳ.

La famille de Pietra Santa a pour représentants actuels Dominique Jérôme de Pietra Santa, conseiller honoraire à la cour d'Alger, dont le fils aîné Prosper de Pietra Santa exerce la médecine à Paris.

**PIETREQUIN DE FRANGEY.** *Bourgogne, Champagne, Lorraine.*
D'azur au chevron, accompagné de trois crois recroisettées, au pied fiché, le tout d'or, posées 2 et 1.

Établie en Champagne, en Bourgogne et en Lorraine avant l'an 1400, cette famille, qui remonte à Guyon Pietrequin, écuyer, marié avec Marie d'Hennequin, est représentée, dans la seule branche qui subsiste, par Pietrequin de Frangey, commandeur de la Légion d'honneur, à Bordeaux, département de la Gironde.

**PIGACHE DE SAINTE-MARIE.** *Normandie.*
De sable à la fasce d'argent, accompagnée de trois molettes du même. — D'argent à trois cornets ou oliphants de gueules posés 2 et 1.

D'ancienne noblesse du bailliage d'Alençon, cette famille qui remonte à Richard Pigache, mentionné dans les registres de la chambre des comptes de l'an 1236, a deux représentants : le baron Alphonse-Louis Pigache de Sainte-Marie, à Villaudric, département de la Haute-Garonne ; de Pigache de Sainte-Marie, à Toulouse.

**PIGNEROL.** *Toulouse, Montauban.*
De gueules au lion d'or tenant dans sa patte dextre trois flèches d'argent ; au chef chargé d'un cœur d'or, traversé d'une ancre de sable et accosté de deux croix d'argent, chacune chargée d'une rose de gueules.

Cette famille a deux représentants : de Pignerol, au château de Bretignol, par Vihiers, département de Maine-et-Loire ; de Pignerol, artiste peintre, à Paris.

**PIGNOL.** *Languedoc, Périgord, Touraine.*
De gueules au sautoir d'or cantonné de quatre besants du même.

L'unique représentant du nom, de Pignol, réside au château de Rochebois, par Sarlat, département de la Dordogne.

### PIHAN DE LA FOREST. *Bretagne.*

De gueules au chevron componé d'argent et de sable.

Cette famille a deux représentants : Pihan de la Forest, chevalier de la Légion d'honneur, conseiller honoraire à la Cour d'appel, à Amiens, département de la Somme ; Pihan de la Forest, à Paris.

### PILLAULT DU HOMME. *Normandie.*

D'azur au chevron d'or, accompagné en chef de deux étoiles d'argent et en pointe d'un croissant du même.

Pillault du Homme, unique représentant du nom, réside au château de Chasilly, par Saint-James, département de la Manche.

### PILLET WILL. *Savoie.*

Écartelé : aux 1 et 4 d'argent au frêne arraché de sinople ; au chef d'azur, soutenu d'or et chargé de trois étoiles du champ, qui est de Fraisne ; aux 2 et 3 d'or à la pie de sable, au chef d'azur, chargé d'une étoile d'or, qui est de Pillet.

Le comte de Pillet Will, chevalier de la Légion d'honneur, réside à Paris.

### PILLON DE SAINT-PAUL. *Normandie.*

D'or à la fasce d'azur, accompagnée de trois molettes de gueules posées 2 et 1.

Anoblie en 1525 pendant les guerres d'Italie, cette famille se divise en deux branches. La première a pour chef de nom et d'armes Henri Pillon Saint-Paul, à Bayeux, département du Calvados ; il a un fils, Auguste-

Antoine-Marie-Joseph, et un frère, Arsène Pillon Saint-Paul, à Saint-Germain-en-Laye.

La seconde branche est représentée par Marie-Pierre-Albéric Pillon de Saint-Philibert, à Douai, département du Nord.

**PILLOT.** *Franche-Comté.*

D'azur à trois fers de lance posés 2 et 1, la pointe en bas. Tenants : deux sauvages appuyés sur leurs massues.

Cette famille se divise en deux branches : la première a pour représentant : le comte de Pillot-Chenecey, marquis de Coligny-Châtillon, qui porte : écartelé aux 1 et 4 d'azur à l'aigle éployée d'argent, couronné du même, aux 2 et 4 comme Pillot ci-dessus.

La seconde branche a pour représentants : Édouard-Dorothée-Paul-Judith, marquis de Pillot-Chantrans, à Digne, Basses-Alpes, sans postérité mâle, et ses deux frères : Ernest, sans alliance ; Alphonse, marié à Félicie de la Bigne, a deux fils, Gaston et Edouard de Pillot-Chantrans.

**PIMODAN DE LA VALLÉE DE RARECOURT.** *France.*

D'argent à cinq couronnes de feuillage ou annelets de gueules posées 2 et 1 et s'entre-touchant, accompagnées de quatre mouchetures d'hermines.

L'unique représentant du nom, Pimodan de la Vallée de Rarecourt, réside à Echenay, par Jancey, département de la Haute-Marne.

**PIN (DU).** *Normandie, Poitou.*

D'argent à trois bourdons de pèlerins de gueules, posés en pal.

Devise : *Fi idem peregrinans textor.*

Originaire de Normandie, établie en Poitou à la suite du roi Jean en 1350, cette famille a deux représentants : du Pin de la Guérivière, ancien lieutenant de grenadiers, à Paris; du Pin de Saint-André, officier de la Légion d'honneur, commandant les équipages de la flotte.

### PIN. *Provence.*

D'azur au pin d'or; au chef cousu de gueules, chargé de trois bandes d'or.

De Pin, unique représentant du nom, réside à Peyrolles, département des Bouches-du-Rhône.

### PIN (LE). *France.*

D'argent à la fasce d'azur chargée de trois quintefeuilles d'argent et accompagnée de trois croissants d'azur; au franc-quartier de baron militaire brochant sur le tout.

Anoblie sous le premier empire, cette famille est représentée par le baron le Pin, qui a sa résidence d'été au château de Montigny, par Arbois, département du Jura, et sa résidence d'hiver à Paris.

### PINA DE SAINT-DIDIER. *Dauphiné.*

D'azur à la boucle d'argent, chargée de trois croissants de sable.

Cette famille titrée a six représentants : le marquis de Pina Saint-Didier, à Paris ; le comte Emmanuel de Pina Saint-Didier, à Paris ; le comte Georges de Pina Saint-Didier, à Genève ; le comte Humbert de Pina Saint-Didier, capitaine de frégate, à Cherbourg ; le comte Arthur de Pina Saint-Didier,

**PINAULT.** *Flandre.*

D'azur à trois pommes de pin d'or renversées.

Cette famille dont était Charles-Louis-Joseph Pinault, seigneur de Jaunaux, comte de Tenelles, né le 5 novembre 1693, est représentée par de Pinault, au château de Verrière, par Graçay, département de Loir-et-Cher.

**PINCÉ.** *Bretagne.*

D'argent à trois merlettes de sable.

Cette famille, éteinte dans les hoirs mâles, est représentée par M<sup>lle</sup> de Pincé, à Rennes, département d'Ille-et-Vilaine.

**PINCZON DU SEL DES MONTS.** *Bretagne.*

D'argent à la croix ancrée de sable, cantonnée de quatre merlettes de même.

Cette famille se divise en deux branches. Elle a plusieurs représentants : Louis Pinczon du Sel des Monts, magistrat à Nantes ; Paul, inspecteur des télégraphes à Saint-Brieuc ; Érasme, directeur de la Banque de France à Rennes ; de Pinczon du Sel des Monts, fonctionnaire à l'administration des postes. La deuxième branche a également quatre représentants. Le chef de cette branche est vice-président du conseil de préfecture à Rennes.

**PINDRAY.** *Poitou.*

D'argent au sautoir de gueules.

L'unique représentant du nom, de Pindray, chevalier de la Légion d'honneur, est commissaire de l'inscription maritime.

**PINEAU.** *Bretagne.*

D'azur à trois pommes de pin d'or.

Cette famille, qui semble se rattacher à celle de Pineau du Maine, a deux représentants : de Pineau, chevalier de la Légion d'honneur, chef de bataillon d'infanterie de marine; de Pineau, à Bordeaux.

**PINEAU DU VIENNAY.** *Maine.*

D'argent à trois pommes de pin de sinople.

Cette famille de robe établie à Paris, dont était Jacques Pineau, seigneur du Viennay, la Pechellerie, Lucé, etc., conseiller au parlement de Paris, doyen de la première chambre des enquêtes, mort le 24 avril 1739, est représentée par le baron de Pineau du Viennay, conseiller général, à Longni, département de l'Orne.

**PINEL.** *Normandie.*

D'or à la bande de gueules ; au lion de sable brochant sur le tout. — D'azur au sautoir d'or.

Cette famille a quatre représentants : Pinel de Grandchamp, à Paris; Pinel de Grandchamp, architecte à Paris; Pinel de Granchamp, médecin à Paris; Pinel de Galleville, à Fort-de-France, Martinique.

**PINEL DE LA TAULE.** *Languedoc.*

Écartelé : aux 1 et 4 d'azur à la harpe d'or, cordée d'argent; aux 2 et 3 d'azur à la palme d'argent, accompagnée de trois croisettes du même, deux en flancs et une en pointe ; sur le tout d'or au chêne de sinople terrassé du même ; au chef d'azur chargé de trois étoiles d'argent.

Pinel de la Taule, unique représentant du nom, réside

au château de Truilhas, par Salelles-d'Aude, département de l'Aude.

**PINET.** *Nivernais, Auvergne.*

NIVERNAIS. D'azur à trois pommes de pin d'or posées 2 et 1.

AUVERGNE. D'azur au chevron d'or, accompagné de trois roses du même, deux en chef et une en pointe.

Cette famille a quatre représentants : Pinet de Maupas, à Nevers, département de la Nièvre; Hippolyte Pinet de Maupas, à Nevers; Louis Pinet de Maupas, à Nevers; Pinet de Maupas, vice-président du conseil de préfecture à Gap, département des Hautes-Alpes.

**PINGRÉ.** *Picardie.*

D'argent au pin arraché au naturel, fruité d'or surmonté d'un grès ou grive de sable. Couronne : de marquis. Support : deux licornes. Cimier : une licorne naissante.

Devise ancienne : *Meum est vindicare.*

Devise donnée par Henri IV : *Victoire en main d'une forte pucelle.*

Le chef de la famille, en mémoire de la reprise d'Amiens, ajoute à ses armes aux chefs d'Amiens, qui est d'azur fleurdelisé d'or.

La famille de Pingré est originaire de Cambrésis, et était connue dès l'an 1180, comme le prouve l'*État nobiliaire de Cambrai et de Cambrésis.* (Page 517.)

Louis IX fonde des prières publiques dans l'abbaye de Prémery pour le repos de l'âme de Florent *le Pingré;* de Jeanne de Lievens, sa femme, et de Jeanne, leur fille, morts en Palestine. (Page 284.) Arnault le Pingré est décapité sur la place publique de Cambrai par ordre de Louis XI. (*Histoire de Cambrai et de Cambrésis*, page 121.) A cette époque, un membre de la famille vient se fixer à Amiens, près de Jean Frémin Pingré, chanoine de la cathédrale d'Amiens et maître de l'ordre de Notre-Dame Dupuis. (Lettres patentes de Pierre, évêque d'Amiens, du 20 novembre 1496.)

Henri le Pingré, seigneur du Chauschoy sur Davaincourt, près Montdidier, trésorier général de France, reçut des lettres patentes et le titre de comte de Henri IV, l'an 1594, en raison des services rendus à ce monarque, en contribuant à l'expulsion du duc d'Aumale de la ville d'Amiens. Ces lettres patentes portent : « Nonobstant l'édit de révocation porté contre la famille « Pingré et toutes autres choses au contraire. » Antoine et Philippe de Pingré furent maintenus en la possession du titre de leur père, par lettres patentes du dernier jour de mars 1644, lesdites lettres enregistrées en la Cour des Aydes, le 14 juillet 1646. Jean-Baptiste de Pingré, lieutenant-colonel au régiment de Normandie (Maison-Rouge), fut fait marquis et brigadier général des armées du roi, en raison de sa conduite à la bataille de Fontenoy ; c'est lui qui est connu sous le nom de marquis de Solançois (Salancy).

Dernier représentant de la famille : le comte Victor de Pingré de Guimicourt, demeurant à Boulogne-sur-Mer, département du Pas-de-Calais.

**PINIEUC** (du bouexic de). *Bretagne.*

D'argent à trois arbres de buis de sinople.

Du Bouexic de Pinieuc, unique représentant du nom, réside au château de Cense, par Vertus, département de la Marne.

**PINON.** *Berry.*

D'azur au chevron d'or accompagné de trois pommes de pin du même. Couronne : de marquis.

Devise : *Te stante virebo.*

Cette famille, qui occupa des charges importantes de l'État, a été titrée de marquis, au Maine, de comte, en Brie, de vicomte, en Berry (Quincy), de baron, en Orléanais, et a quatre représentants : le vicomte Pinon, ancien magistrat, au château de la Forest, par Courtalain (Eure-et-Loir) et à Paris ; le vicomte Pinon, à Châteaudun ; le vicomte Ludovic Pinon, au château de Maillard, près Coulommiers ; le vicomte Jacques Pinon, à Paris ; le vicomte Charles Pinon, lieutenant au 57e de ligne.

**PINONDEL DE LA BERTOCHE.** *Milanais, Paris.*

De gueules au chevron d'argent, accompagné en chef de deux étoiles d'or et en pointe d'un chêne arraché du même.

Originaires d'Italie, du duché de Milan, les Pinondel sont mentionnés dans les Prionites de Naples et de Milan, dans le *Livre d'Or de Venise* et dans le catalogue du chapitre noble de Saint-Jean de Latran ; venus en France au XVIe siècle et possesseurs du fief de la Brenne, près Provins, duquel dépendent les domaines de la Bertoche, de Champarmois, de Villaré dont les noms, à différentes époques, ont servi à distinguer différentes branches de la famille, plusieurs de ses membres ont occupé dans la cour et dans l'armée des postes élevés. Charles de la Bertoche fut tué à Malplaquet où il commandait comme mestre de camp le régiment de Piémont.

L'unique représentant du nom, Hippolyte-Victor Pinondel de la Bertoche, a épousé en premières noces Julie-Adèle de Ridder de Tervueren, d'une famille belge, et en secondes noces la fille du comte Charles de Massion d'Autume. Il a sa résidence au château d'Arguel, département du Doubs, et sa résidence d'hiver à Paris.

**PINOT DE MOIRA.** *Limousin.*

D'argent à trois pommes de sable, posées 2 et 1, les tiges en haut.

L'unique représentant du nom, Pinot de Moira, est avocat à Limoges, département de la Haute-Vienne.

**PINOT DU PETIT-BOIS.** *Bretagne.*

D'argent au pin arraché de sinople, fruité de trois pommes d'or, accosté de deux mouchetures de sable, qui est Danguy ; écartelé de Jolif de Petit-Bois.

Charles Pinot du Petit-Bois, unique représentant du nom, réside au château de Grandval, par Combourg, département d'Ille-et-Vilaine.

**PINS.** *Guyenne, Languedoc.*

De gueules à trois pommes de pin versées d'or.

Originaire du comté de Comminges, près de Muret, en Guyenne, cette maison, qui a donné des grands maîtres de l'ordre de Saint-Jean de Jérusalem, a quatre représentants : le marquis de Pins, au château d'Aulagnière, par Valence, département du Gers ; le comte de Pins, au château d'Alzon, par Alzonne, département de l'Aude ; le vicomte de Pins, conseiller général, à Pezens, par Alzonne ; de Pins, au château de la Calmille, par Mazamet, département du Tarn.

**PINSONNIÈRE** (LHOMME DE LA). *Touraine.*

D'or au chevron de sable, accompagné de deux épis du champ et accompagné de trois trèfles de sinople.

Lhomme de la Pinsonnière, unique représentant du nom, réside à Paris.

**PINTEVILLE.** *Lorraine, Champagne.*

D'argent au sautoir de sable chargé d'un lion d'or, armé et lampassé de gueules, brochant sur le tout.

Cette famille a deux représentants : le baron de Pinteville, inspecteur des forêts, à Paris ; de Pinteville, au château de Cernon, par Châlons, département de la Marne.

**PIOGER.** *Bretagne.*

D'argent à trois écrevisses de gueules posées en pal, 2 et 1, l'écusson timbré.

Déclarée noble d'extraction par arrêt de la chambre de la Réformation de Rennes, du 1$^{er}$ mars 1669, cette famille, qui remonte à Guillaume de Pioger, seigneur de la Chaudronnais, vivant au commencement du XIII$^e$ siècle, est représentée par de Pioger, au château de Tournerais, par Guichen, département d'Ille-et-Vilaine.

**PIOLANT** (AVIAU DE). *Touraine, Poitou.*

De gueules au lion d'argent couronné du même, la queue fourchée, nouée et passée en sautoir.

Cette famille a deux représentants : d'Aviau de Piolant, marquis de Ternay, au château de Ternay, par Trois-Moulins, département de la Vienne ; d'Aviau de Piolant, au château de Magé, par Thouars, département des Deux-Sèvres.

**PIOLENC.** *Languedoc, Provence.*

De gueules à six épis de blé d'or posés en pal 3, 2 et 1, et une bordure engrêlée du même.

Ancienne et illustre, cette maison, qui a formé plusieurs branches, descend des anciens comtes de Poitou. Elle remonte par titres à noble Girard de Piolenc, qui fit partage de ses biens avec ses sœurs, le 15 février 1133. Elle a trois représentants : le marquis de Piolenc, au château de Bourroy (Seine-et-Marne) ; le comte de Piolenc, au château de Crochant, par Orange, département de Vaucluse ; de Piolenc, à Paris.

**PIOLLE DE CHAMPFLORIN.** *Provence.*

D'argent à deux branches de laurier de sinople, les pieds passés en sautoir ; au chef d'azur chargé de trois molettes d'or.

Piolle de Champflorin, unique représentant du nom, est inspecteur des contributions directes à Constantine, Algérie.

**PISANI JOURDAN DE SAINT-ANASTASE.** *Saintonge.*

D'or à l'arbre arraché de sinople ; au chef d'azur chargé de deux étoiles d'argent.

Félix Ferri Pisani Jourdan, comte de Saint-Anastase, commandeur de la Légion d'honneur, unique représentant du nom, est général de brigade d'artillerie.

**PISCATORY DE VAUFRELAND.** *Ile-de-France, Touraine.*

Tiercé en bande : au 1 d'argent à cinq mouchetures d'hermines de gueules ; au 2 d'azur au poisson d'or ; au 3 d'or à la tête de cheval au naturel, posée de trois quarts, traversée en bande d'un badelaire de sable, la pointe en bas.

Cette famille, dont nous n'avons que les armes, a quatre représentants : le vicomte Pescatory de Vaufeland, à Paris ; Pescatory de Vaufeland, auditeur au Conseil d'État, à Paris ; Pescatory de Vaufeland, au château de Vaufeland, par Sancerre, département du Cher ; Pescatory de Vaufeland, au château de Chérigny, par le Lude, département de la Sarthe.

**PISTOLLET DE SAINT-FERJEUX.** *Duché de Bouillon, Champagne.*

Parti : au 1 d'argent au tertre de sinople surmonté d'un cerf couché au naturel ; au 2 de gueules à deux lions affrontés d'argent ; sur le tout d'azur à deux pistolets d'or en sautoir.

Devise : ***Ante ferit quam flamma micet et fidelis.***

L'un des représentants du nom, Étienne-Théodore Pistollet de Saint-Ferjeux, a sa résidence d'été au château de Chatoillenot, département de la Haute-Marne, et sa résidence d'hiver à Langres.

**PISTON.** *France.*

De gueules coupé au milieu de l'écu par une ligne d'azur, chargée en chef de trois étoiles d'argent posées 1 et 2 et en pointe de deux chevrons d'or enlacés, le second renversé ; au franc-quartier de baron militaire.

Le baron Piston, unique représentant du nom, réside à Lyon.

**PITARD DE LABRISOLIÈRE.** *Normandie.*

D'argent au chevron de gueules, accompagné en chef de deux roses du même et en pointe d'une hure de sanglier aussi de gueules. — D'azur au faucon d'argent empiétant une perdrix d'or.

Pitard de la Brisolière, unique représentant du nom, réside à Versailles.

### PITON DU GAULT. *Normandie.*

D'argent à la bande d'azur frettée du champ et accompagnée de six merlettes de sable rangées en orle.

L'unique représentant du nom, Piton du Gault, est juge de paix à Rennes.

### PLACE DE CHAUVAC. *Limousin.*

D'azur à trois glands tigés et feuillés d'or, la tige en haut.

L'unique représentant du nom, Place de Chauvac, réside au château de Chauvac, par Uzerche, département de la Corrèze.

### PLACES (DES). *Touraine.*

D'or à une fasce de gueules accompagnée en chef de deux merlettes et en pointe d'une étoile du même.

Cette famille n'a qu'un représentant : des Places, au château du Coulombier, par Saint-Amand, département du Cher.

### PLAGNOLLE (HÉBRARD DE LA): *Languedoc.*

D'argent à trois fasces de gueules, chargées de sept étoiles du champ, posées 3, 3 et 1.

Cette famille a deux représentants : Hébrard de la Plagnolle, au château de Saint-Sernin, par Lanta, département de la Haute-Garonne ; Hébrard de la Plagnolle, au château de Roques, par Bourg-Saint-Bernard, même département.

**PLAIGNOL.** *Montpellier, Montauban.*

De gueules au pin d'or, accosté en pointe de deux poulets affrontés d'argent, le tout sur une terrasse de sinople.

De Plaignol, unique représentant du nom, est maire à Chomérac, département de l'Ardèche.

**PLAINE DU MOLAY-BACON.** *Normandie.*

De gueules à six roses d'argent posées 3, 2 et 1.

Devise : *Dre gennerz Doue* (avec l'aide de Dieu).

D'ancienne chevalerie, cette famille, qui a donné une abbesse crossée de l'abbaye de la Trinité de Caen, élue le 24 mai 1336, est représentée par Émile-Jules-Ludovic Plaine du Molay-Bacon, vice-président du conseil de préfecture du Tarn, membre de la Société des gens de lettres, vice-président du comice agricole d'Albi, à Albi.

**PLAISANT DE PLAUTIÈRES.** *France.*

D'azur au chevron d'or surmonté d'une croisette ancrée du même et accompagné de trois coquilles d'argent, celle en pointe surmontant un croissant d'or.

Cette famille est représentée par François Plaisant de Plautières.

**PLANARD.** *Toulouse, Montauban.*

De gueules à une aigle d'argent, planant devant un soleil d'or issant de la dextre de l'écu.

De Planard, unique représentant du nom, chevalier de la Légion d'honneur, réside à Paris.

**PLANCHE** (DE LA). *Beauce, Gâtinais.*

D'azur au chevron d'or ; au chef d'argent chargé de trois merlettes de sable.

L'unique représentant du nom, de la Planche, réside au château de Meaulne, département de l'Allier.

**PLANCHE DE RUILLÉ** (de la). *Anjou.*
De sable à cinq fasces ondées d'argent.

L'unique représentant du nom, comte de la Planche de Ruillé, réside au château de Ruillé-Froid-Fonds, par Château-Gonthier, département de la Mayenne.

**PLANCY** (guénégaud de). *Bourbonnais, Ile-de-France, Champagne.*
De gueules au lion d'or.

Cette famille, qui obtint érection en marquisat de ses terres et seigneuries de Plancy et de Syc, par lettres du mois de mai 1656, a quatre représentants : le marquis Guénégaud du Plancy, au château de Bel-Air, par Bièvres, département de Seine-et-Oise ; le comte Guénégaud de Plancy, au château de Seillières, par Bomigny-sur-Seine, département de l'Aube ; le vicomte Guénégaud de Plancy, officier de la Légion d'honneur, qui a sa résidence d'été au château de Fay, par Agnets, département de l'Oise, et sa résidence d'hiver à Paris ; le baron Guénégaud de Plancy, chevalier de la Légion d'honneur, député, qui a sa résidence d'été au château de Plancy-sur-Aube, par Méry-sur-Seine, département de l'Aube, et sa résidence d'hiver à Paris.

**PLANE** (de la). *Comtat-Venaissin.*
D'azur au chef d'argent, chargé de trois mouchetures d'hermines de sable.

Cette famille a quatre représentants : le baron de la Plane, au château de Sansac, par Gaune, département des Landes ; de la Place, vice-président à Laval, département de la Mayenne; de la Plane, juge à Sisteron, département des Basses-Alpes; de la Plane, chevalier de la Légion d'honneur, président de la Société des antiquaires à Saint-Omer, département du Pas-de-Calais.

**PLANET.** *Toulouse.*

De gueules au lévrier d'or passant sur une terrasse de sinople; au chef d'or, chargé de trois étoiles de sable.

Cette famille a quatre représentants : Casimir de Planet, au château de Mervilla, par Castanet, département de la Haute-Garonne ; Louis de Planet, à Paris ; de Planet, à Toulouse ; de Planet, juge à Toulouse.

**PLANEZES DE MONTLEYSON.** *Toulouse, Montauban.*

D'or à une aigle d'azur planant devant un soleil de gueules à dextre.

Planezes de Monleyson, unique représentant du nom, réside à Paris.

**PLANTA DE WILDENBERG.** *Dauphiné.*

D'argent à la patte d'ours naturelle tournée à dextre, coupée et onglée de gueules.

Originaire de la Suisse, cette famille a deux représentants : Planta de Wildenberg, à Montélimart, département de la Drôme; Planta de Wildenberg, au château de Longuay, par Arc-en-Barrois, département de la Haute-Marne.

**PLANTADE.** *Bourbonnais.*

D'or au plantin arraché de sinople; au chef de gueules, chargé d'un croissant d'argent, accosté de deux pélicans d'or ensanglantés de gueules. Heaume : taré de front. Cimier : un pélican issant. Supports : deux pélicans.

Devise : *Charitas nescia vinci.*

Vital de Plantade, seigneur de Clerac, gouverneur de la ville et citadelle de Pézénas, y mourut en 1552, et fut inhumé dans l'église collégiale de cette ville, sous une tombe de bronze, avec épitaphe latine. De lui descend l'unique représentant de la famille, de Plantade, à Moulins, département de l'Allier.

**PLANTARD DE LANCOUR.** *Picardie.*

D'or au chevron de sable, chargé à la pointe d'une macle d'argent.

L'unique représentant du nom, Plantade de Lancour, réside au château de Outreau, par Samer, département du Pas-de-Calais.

**PLANTAVIT.** *Languedoc.*

D'azur à l'arche de Noé d'or flottante sur une mer d'argent, accompagnée en chef d'une colombe volante du même, tenant en son bec un rameau d'olivier d'or.

Cette famille dont était Guillaume Plantavit, seigneur de Marosses, conseiller d'État, ambassadeur à Rome, en Savoie et en Espagne, tué au siége de Montauban, en 1621, à son retour d'Espagne, venant rendre compte de son ambassade à Louis XIII, qui assiégeait cette place, est représentée par de Plantavit, au château de Baume, par Béziers, département de l'Hérault.

**PLANTIN DE VILLEPERDRIX.** *Montpellier, Montauban.*

D'or au chevron de gueules accompagné de trois arbres arrachés de sinople, deux en chef et un en pointe ;

au chef d'azur chargé d'un lion léopardé d'or, armé et lampassé de gueules. Couronne: de marquis.

(*Armorial général de France,* fait en 1696, par d'Hozier, Montpellier, page 634. *Bibliothèque nationale, dépôt des manuscrits.*)

La famille de Plantin, héritière de nom de l'ancienne famille de Villeperdrix, qui, d'après certaines chartes de la cathédrale de Vienne, en Dauphiné, descend d'un chevalier du Temple, et sur laquelle on a conservé aux archives du Dauphiné plusieurs documents depuis le xiiie siècle, ne peut aujourd'hui prouver son antique origine que par quelques pièces éparses échappées à grand'peine aux ravages du temps, et à la fureur des guerres de religion, si terribles dans les contrées qu'elle habite.

Ce n'est que depuis le xvie siècle que cette famille peut produire une filiation suivie, prouvée très-exactement par des actes authentiques. La voici:

I. N... de Plantin, vivant en 1560, traqué par les religionnaires à cause de sa fidélité à la religion catholique, se retira à Berrias, en Vivarais, dépouillé de tout ce qu'il possédait. Il y épousa demoiselle Rosalie..., fille unique et héritière d'Auguste..., tabellion royal du lieu de..., dont quatre enfants, savoir:

A. Balthazar de Plantin, prieur de Saint-André de Cruzières, d'après les registres de la paroisse.

B. N... de Plantin, prieur de Saint-Sauveur, d'après les registres de la paroisse.

C. Jacques de Plantin, conseiller en l'hôtel des monnaies de Paris, vers 1620, se fixa dans l'Ile-de-France.

D. Simon, qui suit, II.

II. Simon de Plantin, tabellion royal à Berrias, épousa, le 28 mai 1609, demoiselle Louise de Rosières, fille du juge royal de Joyeuse (acte reçu..., notaire).

Peu après son mariage il quitta Berrias pour venir au Pont-Saint-Esprit dans le pays d'Uzège, comme le prouvent plusieurs quittances qui sont en possession de sa descendance.

Il eut de son mariage plusieurs enfants, entre autres ;

A. André de Plantin qui suit, III.

B. Joseph de Plantin qui succéda à son père dans l'office de tabellion royal à Berrias.

III. André de Plantin, seigneur de Villeperdrix-Leux, etc., et conseiller secrétaire du roi, maison et couronne de France, audiencier en la chancellerie de Montpellier, épousa en premières noces demoiselle Isabeau de Valérian ;

En secondes noces il épousa, le 18 août 1650, damoiselle Jeanne Durranc... de Libertat, fils de noble Durranc et de dame...

Il eut du premier lit, entre autres enfants, une fille, savoir :

A. Gabrielle de Plantin, mariée en 1636 à noble Durranc, de la ville de Mondragon (not. Planthain).

Il eut du second lit deux enfants, savoir :

A. Marc de Plantin, qui suit, IV.

B. Marie de Plantin, mariée par contrat passé devant maître Fumat, notaire au Pont-Saint-Esprit, le 16 octobre 1691, à messire Charles de Broches, docteur et avocat, fils d'Antoine de Broches, juge mage au Pont-Saint-Esprit, et de damoiselle Marguerite de Chansiergues, — acte reçu Fumat, notaire au Pont-Saint-Esprit. — Cette famille de Broches est une des plus anciennes du pays. Avant de mourir, André voulut se conformer à l'édit de 1696, en faisant de nouveau enregistrer dans l'*Armorial général de France de d'Hozier*, *registre Montpellier*, registre II, article 116, le 18 avril 1697, les armes de sa famille, plus heureuse d'avoir été tourmentée pour sa foi que si elle avait été dotée des plus grands avantages de la terre.

IV. Marc de Plantin, écuyer, seigneur de Villeperdrix, de Leux, etc., consul comme son père de la ville du Pont-Saint-Esprit en Languedoc, épousa le 10 juin 1792, par acte reçu devant maître Planthain, notaire, Élisabeth de Lantheaume, fille de noble Lantheaume et de dame de Guittard.

L'honorable maison de Lantheaume, au milieu des troubles engendrés par les guerres de religion dans nos contrées, suivit avec une égale fidélité la cause de l'État et celle de la religion, en donnant à l'un une suite de magistrats aussi remarquables par leur intégrité que par leur science, et à l'autre un religieux d'une vaste érudition qui vécut et mourut dans la compagnie de Jésus.

Il épousa en secondes noces, le 7 septembre 1706, par contrat reçu devant maître Faujar, notaire, damoiselle Catherine de Pourret, fille de noble Antoine de Pourret et de dame Roseline de Marcel du Pavon.

Il eut du premier lit quatre enfants, savoir :

A. André-Jérôme de Plantin, qui suit, V.

B. Charles de Plantin de Villeperdrix, seigneur de Leux, lieutenant au régiment de Tournezy, épousa, le 18 février 1742, damoiselle Jeanne-Françoise de Chapuis, fille de messire Henri de Chapuis, juge royal et ordinaire de la ville du Saint-Esprit en Languedoc, et de dame Françoise-Marie de Chanaleilles de la Sagne. — Acte reçu, Degers, notaire.

C. Gabrielle de Plantin de Villeperdrix épousa, par acte passé devant maître Gauthier, notaire, le 18 mars

1716, François de Robins de Malaucène, docteur ès droits, fils de noble de Robins et de...

D. Jeanne de Plantin de Villeperdrix, entrée en 1714 en religion chez les dames de la Visitation de Sainte-Marie, au Pont-Saint-Esprit.

Il eut du second lit deux enfants, savoir :

E. Joseph-Marc de Plantin de Villeperdrix, seigneur du Pavon, mort en 1779.

F. N..., de Plantin de Villeperdrix, entrée en religion au Pont-Saint-Esprit.

V. André-Jérôme de Plantin de Villeperdrix, seigneur de Villeperdrix de Leux, etc., et coseigneur direct de Valvignières, consul de la ville Saint-Esprit, eut à soutenir au sujet des limites d'un de ses domaines voisin du Rhône, un long et violent procès contre les habitants et les consuls de Saint-Marcel d'Ardèche.

Il épousa le 28 octobre 1730, par acte reçu devant maître Armand, notaire, damoiselle Françoise de la Tour du Pin de la Chaux Montauban, fille de haut et puissant seigneur, messire Charles-Louis de la Tour du Pin de Gouvernet, marquis de la Chaux de Montauban et de dame Madeleine de Vaurenard.

Ce mariage de Jérôme de Plantin de Villeperdrix avec haute et puissante damoiselle de la Tour du Pin, établit des liens de parenté avec les familles dont les noms suivent:

De Blacon, de Vachon, d'Agout, de Pampelonne du Dauphiné, de Sedwitz de Bavière, d'Apchier, d'Arbalestrier, de Pluvier de Saint-Michel.

Cette illustre famille de la Tour du Pin, célèbre dès le XIII<sup>e</sup> siècle, a fourni plusieurs présidents au parlement du Dauphiné, une foule d'officiers et de généraux distingués, plusieurs chevaliers de Malte, plusieurs évêques, un pair de France.

De ce mariage sont nés dix-huit enfants, treize morts en bas âge et cinq qui suivent, savoir :

A. N... de Plantin de Villeperdrix, mort victime d'un accident de chasse à Goudargues dans le prieuré de son oncle, Monseigneur de la Tour du Pin, évêque de Riez ;

B. Joseph-François-Régis, de Plantin de Villeperdrix, chevalier, officier de carabiniers, blessé en Allemagne à la bataille de Crevelt en 1758, se retira d'abord à la Trappe, et mourut dans sa famille à l'âge de trente-six ans dans les sentiments de la plus éminente piété (Voyez *Gazette de France*, sept. 1759, *État des officiers blessés à la bataille de Tadenhausen*) ;

C. Constance-Lucrétius-François-Régis de Plantin de Villeperdrix, qui suit VI ;

D. Henriette-Rosalie de Plantin de Villeperdrix, épousa : 1° par contrat passé devant le notaire Bouyer, le 14 novembre 1668, messire André le Blanc de Montlebourg, chevalier de l'ordre royal et militaire de Saint-Louis, capitaine au régiment de Beaujolais, fils de noble Joseph Leblanc de Montiebourg, seigneur de Ranquet et autres lieux, et de dame Marie de Fayet, du lieu de Genolhac ; 2° messire de Monteil de la Roque, officier supérieur ;

E. Rosalie-Henriette de Plantin de Villeperdrix, épousa par contrat passé devant le notaire Fauchet, le 15 février 1772, messire Jean-Benoît des Noyers de Sauvage, écuyer, seigneur du Roure, officier de cavalerie, chevalier de l'ordre royal et militaire de Saint-Louis.

VI. Constance-Lucrétius-François-Régis de Plantin de Villeperdrix, chevalier, seigneur de Villeperdrix, de Leux, de Valvignières, d'Eyguebonne, du Pavon et autres lieux, consul de la ville du Pont-Saint-Esprit, fut incarcéré avec ses amis à cause de son dévouement à son Dieu et à son roi, et ne dut son salut qu'à la mort de Robespierre. Il épousa par contrat passé devant maître Denanc, notaire, le 12 juillet 1763, damoiselle Catherine-Claire de Bruneau d'Ornac de Saint-Marcel, fille de haut et puissant seigneur messire Charles-Henri de Bruneau d'Ornac, chevalier, baron de Verfeuil, seigneur de Saint-Marcel de Careiret, des Aupiats de Cadignac, d'Ortifel et autres lieux, et de dame Marianne de Grosse-Tête, dont le père, gentilhomme de Vitry-le-Français en Champagne, et chevalier de Saint-Louis, s'acquitta avec tant de zèle et de courage de ses fonctions de colonel des armées de Philippe V durant la guerre de la succession, que le maréchal de Berwick lui adressa par écrit ses félicitations.

Cette union contractée avec damoiselle de Bruneau d'Ornac de Saint-Marcel établit dans la maison de Plantin de Villeperdrix des liens de parenté avec les familles suivantes : de Monteil, d'Adhémar, de Montfalcon, de la Croix de Castries de Barjac, de Montferré, d'Agout de Montmaur, d'Arpaillargues, de la Roche, du Bord, de Grosse-tête de Champagne, des Laurens, de Tingri, de Montmorency, de Bec de Lièvre, de Verfeuil, de Bret, le Noir, de Beauvoir du Roure.

Il eut de ce mariage deux enfants, savoir :

A. Joseph-Marie-François-Régis de Plantin de Villeperdrix qui suit, VII.

B. Marie-Jeanne-Françoise de Plantin de Villeperdrix, épousa par contrat passé devant maître Marty, notaire, le 12 thermidor an VI (30 juillet 1798), messire Claude de la Croix de Chevrières, comte de Pisançon, chevalier de l'ordre de Malte et de l'ordre royal et

militaire de Saint-Louis, capitaine au régiment de
Monsieur, officier de l'armée de Condé, fils de messire
Louis de Pisançon, et de dame Marie-Gabrielle de
Grolée.

VII. Joseph-Marie-François-Régis de Plantin de Villeperdrix, chevalier, seigneur de Villeperdrix, Leux,
le Pavon, Saint-Marcel, les Aupiats et autres lieux,
coseigneur direct de la Mothe, maire de Saint-Marcel-
de-Carère, officier au régiment des Ardennes, reçut le
31 juillet 1814, du roi Louis XVIII, pour récompense
de ses services et de sa fidélité la décoration du Lys
avec le titre de vicomte. Son père en ce même jour
reçut la même décoration et le titre de comte. Il avait
en 1783, pour entrer au service du roi, fait ses preuves
de noblesse; et Chérin, généalogiste du roi, lui avait
délivré le certificat de noblesse ancienne qui lui permit
d'entrer comme officier au régiment des chasseurs des
Ardennes.

Il épousa le 29 mars 1791, par contrat passé devant
maîtres Lafraissinède et Beaumel, notaires, damoiselle
Catherine-Augustine de Guasco de Saint-Gervais, fille
légitime de Louis de Guasco, chevalier, seigneur, baron
de Saint-Gervais, et de dame Marianne de Monéry.

Le mariage de Joseph-François-Régis de Plantin de
Villeperdrix avec damoiselle de Guasco de Saint-Gervais, a établi des liens de parenté avec les familles qui
suivent: d'Albert de Nicolaï, de Vincenti de Bidon, de
Plumières, de Bannes, de la Faye, de Digoine, de
Savelli, de Sénegrat, de Lavernède.

En 1644 un comte de Guasco épousa une princesse de
Lorraine.

Joseph-Marie-François-de-Regis-Joseph-Louis-Augustin de Plantin de Villeperdrix eut de ce mariage un fils unique, Marie-François-Régis-Louis de Plantin de Villeperdrix qui suit VIII.

VIII. Marie-François-Régis-Louis-Augustin de Plantin de Villeperdrix, décoré de la croix du Lys et du titre de baron par le roi Louis XVIII, devint maire du Pont-Saint-Esprit sous la Restauration. Il administra son pays avec une intégrité sans égale, et toujours préoccupé des intérêts de la chose publique il employa son crédit à améliorer la ville dont il était le premier magistrat, et à faire prospérer les finances de la commune. En 1830 il rentra dans la vie privée et se consacra entièrement à sa famille et aux bonnes œuvres. Sa foi ardente, son éminente piété et son dévouement sans bornes au Saint-Siége lui firent entreprendre seize fois le voyage de Rome et deux fois celui de Jérusalem, à un âge où la nature épuisée ne demande plus que du repos. Avant de terminer une carrière aussi honorable que vertueuse, Augustin de Villeperdrix dota sa paroisse d'une chapelle magnifique qui perpétuera son souvenir chez ses concitoyens reconnaissants. Elle porte ses armoiries qui font face à l'écusson de la famille de Vanel de Lisleroy et se nomme Chapelle de la Croix.

Il épousa le 5 septembre 1813, par contrat reçu devant maître Coste notaire, damoiselle Marie-Éléonore de Suffren Saint-Tropez, fille de messire Louis-Victor de Suffren Saint-Tropez, colonel de chasseurs, chevalier des ordres de Malte, de Saint-Louis, de la couronne de fer d'Autriche, et de dame Marie-Charlotte-Alix de Montalet-Alais d'une des plus anciennes et des plus honorables familles du midi.

Par son mariage avec M<sup>lle</sup> de Suffren Saint-Tropez en 1813, Augustin de Villeperdrix s'allia aux familles de Pierrevert, de Vitrolles, de Calvière-Saint-Gilles, de Sezïeux, de Flotte-Montauban, de Guesbrian, de Goyon de Matignon, de Cheffontaine, de Suffren-de-Salon, des Labaume-de-Suze, de Laincel-Suze, des Isnard-Suze, de Revel, d'Anselme, de Jonc, de Menon, de Labelinaye, de Calvière-Vezenobre, de Montalet-Alais, d'Entremaux, d'Élienne, de Cambis-Alais, d'Avejan, de Lafare-Alais, de Mandajor, de Firmas, de Bernis-de-Salgas, de Loriol, de Kolly, de Meillonat, de Serèzin, de Suzenet, de Lomède, de Logère de Labruguière.

Il eut de ce mariage cinq enfants, savoir :

A. Marie-Charlotte-Alix de Plantin de Villeperdrix épousa par contrat passé devant maître Jeannin, notaire, le 28 septembre 1834, messire Jean-Louis-René du Rouchet de Chazotte-Carrière, fils de Jean-Joseph-Marie-Alexandre du Rouchet de Chazotte-Carrière et de dame Françoise-Thérèse-Marie de Clavière.

B. Louise de Plantin de Villeperdrix, morte au couvent du Sacré-Cœur à Lyon.

C. Marie-Joseph-Louis-Gabriel, qui suit, IX.

D. Louis-Charles-Marie-Léopold de Plantin de Villeperdrix, épousa par acte passé devant maître Bonfils, notaire, le 29 mai 1843, M<sup>lle</sup> Louise-Marie-Françoise de Salles-Durranc de Vibrae, fille de messire Eugène Durranc, baron de Vibrae, et de dame Anastasie-Marie-Guilhelmine-Hostalier de Saint-Jean, de la ville de Montpellier.

Il a de ce mariage quatre enfants :

A. Ivan de Plantin de Villeperdrix, commandant un bataillon des mobiles du Gard pendant la guerre de 1870, maire de Saint-Marcel, épousa en juin 1872 Alix de Labruguière, fille d'Ivan de Labruguière, maire d'Uzès, conseiller général, chevalier de la Légion d'honneur et d'Hilde de Montalet-Alais ;

B. François de Plantin de Villeperdrix ;

C. Paul de Plantin de Villeperdrix ;

D. Georges de Plantin de Villeperdrix.

IX. Marie-Joseph-Louis-Gabriel de Plantin de Villeperdrix, chef de nom et d'armes de sa famille, né le 1er mai 1817, inscrit en 1823 sur la liste des pages du roi, élève de l'école royale et militaire de la Flèche avant 1830, épousa le 31 mai 1840, par contrat passé devant maîtres Deleuze et Rédarès, notaires, M<sup>lle</sup> Jeanne-Marie-Louise-Mathilde de Castillon de Saint-Victor, fille de messire Adolphe de Castillon, marquis de Saint-Victor, de l'illustre maison de ce nom, dont les ancêtres reçurent dans leur manoir le roi Louis XIII, venu pour pacifier les Cévennes.

Il n'eut point d'enfants de ce mariage.

En secondes noces il épousa le 29 janvier 1844, par contrat passé devant maître Masclary, notaire, M<sup>lle</sup> Marie-Joséphine-Zélie de Vanel de Lisleroy, fille de messire Auguste-Maurice-Alexis de Vanel, baron de Lisleroy, capitaine de dragons, chevalier de la Légion d'honneur, et de dame Jeanne-Joséphine-Amélie d'Abrieu, dont les ancêtres servirent avec tant de distinction dans les armes françaises qu'ils furent, pour la plupart, décorés de la croix de Saint-Louis.

Par son mariage contracté avec M<sup>lle</sup> de Vanel de Lisleroy, le 29 janvier 1844, Marie-Joseph-Louis-Gabriel de Villeperdrix a allié sa famille avec celles de Sauvan d'Aramon, de Cabot-Lafare, de Ville-d'Uzès, de Restaurant-de-Lirac, de Roux de Saint-Vincent, d'Abrieu, de Mérignargues, de Dammartin, d'Amoreux, de Villaret, de Bournet, de Fornier, de Gaudemaris, de Montseveny, de Balincourt, de Charès, de Savelly, de Sénègrat, de Vernon de Digoine du Palais.

Il a du second lit cinq enfants, savoir :

A. Hervé-Marie-Auguste de Plantin de Villeperdrix, né au château de la Blache le 12 juin 1845, lieutenant au 33ᵉ de ligne ;

B. Gabriel-Marie-Maurice-Raoul de Plantin de Villeperdrix, né le 8 octobre 1847, entré dans les ordres ;

C. Raymond-Marie-Bénédict de Plantin de Villeperdrix, né le 27 octobre 1850, sous-lieutenant au 15ᵉ bataillon de chasseurs à pied ;

D. Placidie-Marie-Joséphine-Fanny de Plantin de Villeperdrix, née le 8 août 1853 ;

E. Amélie-Joséphine-Dolorès de Plantin de Villeperdrix, née le 14 août 1855.

Voici les preuves de ce qui précède concernant la famille de Plantin de Villeperdrix :

Outre tous les contrats de mariage possédés par la famille depuis le deuxième degré, elle possède encore : une foule de pièces, titres de ventes, achats, quittances, procès dont plusieurs imprimés, déposés à Aix, Nîmes, Toulouse et Grenoble ; registres de la sénéchaussée de Montélimar et de celle de Beaucaire ; registres de la cour des comptes, aides et finances de Montpellier ; nouvel enregistrement des armes de la famille sur l'*Armorial général à Montpellier*, le 18 avril 1697, registre second, article 116.

Certificat de noblesse délivré par Chérin en 1783, pour messire Joseph-François-Régis de Plantin de Villeperdrix ; « transposez ses états de service, brevets, lettres de convocation aux états de 1789 ».

Catalogue des gentilshommes du Languedoc en 1789 ; plusieurs hommages au roi pour les diverses seigneuries ; registres consulaires de la ville du Saint-Esprit.

Lainé : *Archives de la noblesse de France*, tome VII,

art. de la Croix de Chevrières, page 31 ; continuation de l'armorial d'Hozier, par MM. d'Hozier et de Stelder, registre VII, volume Xl, art. Vanel Lisleroy, page 8.

Articles nécrologiques de *l'Opinion du midi*, de la *Gazette de France;* plusieurs revues, etc.

Pour les services militaires : extraits des archives du ministère de la guerre.

**PLANTY** (DU). *Ile-de-France.*

Parti d'or et de gueules ; au sautoir bretessé de l'un en l'autre. — D'azur à trois sautoirs d'or.

Le marquis du Planty, chevalier de la Légion d'honneur, unique représentant du nom, est médecin à Paris.

**PLASMAN.** *Orléanais.*

D'azur au pal d'argent, chargé d'une fasce ondée de gueules, accompagnée de quatre abeilles d'azur, deux en chef et deux en pointe, le pal accosté de deux membres de grue d'or.

Cette famille a deux représentants : de Plasman, ancien magistrat, à Paris ; de Plasman, officier de la Légion d'honneur, son fils, ancien procureur général, aujourd'hui avocat à Besançon.

**PLESSE** (DE LA). *Bretagne.*

D'azur à deux épées d'argent en sautoir.

De la Plesse, unique représentant du nom, réside au château de Marche, par Argentré, département d'Ille-et-Vilaine.

**PLESSIS.** *Ile-de-France.*

D'azur à trois merlettes d'or.

Cette famille est représentée par le vicomte du Plessis, à Montigny-sur-Aube, département de la Côte-d'Or.

### PLESSIS D'ARGENTRÉ (du). *Bretagne.*

De gueules à dix billettes d'or posées 4, 3, 2, 1.

Des huit familles nobles du nom, en Bretagne, celle de du Plessis d'Argentré, maintenue par arrêt de la chambre des Réformations de Rennes, du 6 octobre 1668, et antérieurement par les réformations de 1442, et celles de 1477, est une des trois qui subsistent. Elle a trois représentants : le marquis du Plessis d'Argentré, au château du Plessis d'Argentré, par Vitré, département d'Ille-et-Vilaine ; le comte Frédéric du Plessis d'Argentré, à Laval, et le comte Charles du Plessis-d'Argentré au château de Saint-Denis-sur-Scie, département de la Seine-Inférieure.

### PLESSIS-CHATILLON (du). *Maine.*

D'argent à trois quintefeuilles de gueules.

Cette maison qu'on croit issue de Grimouet du Plessis, nommé, dans un acte de 1034, seigneur du Plessis-Châtillon et dont la filiation suivie remonte à N... du Plessis, nommé seigneur du Plessis-Châtillon, dans une transaction du lundi après la fête de saint Barnabé de l'an 1274, est représentée par le marquis du Plessis-Châtillon, au château de Nasbinals, département de la Lozère.

### PLESSIS DE GRÉNÉDAN (du). *Bretagne.*

D'argent à la bande de gueules, chargée de trois macles d'or, accostée en chef d'un lion de gueules, armé, lampassé et couronné d'or.

Du ressort de Rennes et de Ploërmel, issue de Jean du Plessis, mentionné dans la réformation de 1246 et maintenu avec la qualité de chevalier, déclarée noble d'ancienne extraction, par arrêt de la chambre de la réformation du 17 décembre 1668, cette famille a deux représentants : du Plessis de Grénédan, au château de Grénédan, par la Trinité, département du Morbihan ; du Plessis de Grénédan, au château de Fescal, par Muzillac, même département.

**PLEURRE.** *Champagne.*

D'azur au chevron d'argent accompagné de trois griffons d'or, posés 2 et 1, ceux du chef affrontés.

Cette ancienne famille noble de Champagne, en faveur de laquelle la terre de son nom a été érigée en marquisat depuis près de trois siècles, est représentée par le marquis de Pleurre, au château de Pleurre, département de la Marne.

**PLOUER** (DE LA HAYE DE). *Bretagne.*

D'argent au sautoir de gueules, cantonné de quatre billettes du même.

Le comte de Plouer de la Haye, unique représentant du nom, réside au château de Plouer, département des Côtes-du-Nord.

**PLOUEUC DU TIMEUR.** *Bretagne.*

Chevronné d'hermines et de gueules de six pièces. — *Alias*, écartelé de Kergorlay.

La terre et seigneurie de Ploueuc, érigée en comté par lettres du 14 avril 1696, a donné son nom à une ancienne noblesse qui remonte à Guillaume, sire de Ploueuc et de Timeur, chevalier-banneret, vivant en 1455, et elle est actuellement représentée par le marquis de Plouëuc du Timeur, au château de Guerguelegan, par Bieuc, département du Finistère.

**PLOUY** (LE BLOND DU). *Picardie, Bourgogne.*

D'azur au chevron d'argent, accompagné de trois roses ou quintefeuilles du même, deux en chef, une en pointe.

Cette famille a trois représentants : le baron le Blond du Plouy, au château du Plouy, par Gamaches ; le Blond du Plouy, au château de Rogeant, par Valines ; le Blond du Plouy, au château d'Ercourt, par Abbeville, trois localités du département de la Somme.

**PLUMENT DE BAILHAC.** *Limousin.*

D'azur à trois aigrettes d'argent, posées 2 et 1.

L'unique représentant du nom, de Plument de Bailhac, est maire à Chabannais, département de la Charente.

**PLUVIÉ.** *Bretagne.*

D'azur au chevron d'or, accompagné de trois roses du même.

Établie dans l'évêché de Rennes, cette famille qui remonte à Éon de Pluvié compris avec Ivon, son frère, au nombre des nobles de la paroisse de Ploëmelec, dans un rôle de réformation de l'évêché de Vannes du 10 mai 1427 et dans un autre rôle du même évêché du 12 janvier 1441, est représentée par le comte de Pluvié, au château de Ménéhauarn, par Plouay, département du Morbihan.

**POCQUET DE LIVONNIÈRE.** *Anjou, Vendée.*

De gueules à la fasce d'argent, chargée de trois croix pattées de sable.

Cette famille a pour unique représentant Scévole-René-Marie, comte Pocquet de Livonnière, au château de Chavigné, près Beaufort-en-Vallée, département de Maine-et-Loire.

**POCQUET DE LA MORDELLE.** *Touraine.*

D'azur au lion d'or, tenant de ses pattes de devant une tige de lis d'argent ; au chef du même, chargé d'un serpent ondoyant en fasce de sinople, langué de gueules.

Pocquet de la Mordelle, unique représentant du nom, réside au château de la Mordelle, par Château-sur-Indre, département de l'Indre.

**POÉZE (DE LA).** *Bretagne, Anjou.*

D'argent à trois bandes de sable ; *Alias*, d'argent à un pont de gueules.

Cette famille distinguée a trois représentants : le comte de la Poèze, à Paris ; le vicomte de la Poèze, à Chantilly, près Paris ; de la Poèze, sans titre, maire à Chalonne-sur-Loire, par Noyant, département de Maine-et-Loire.

**POIGNANT DU FONTENIOUX.** *Guyenne, Poitou.*

De gueules au porc-épic au naturel.

Originaire de la Guyenne, venue en Poitou à la fin du $XI^e$ siècle à la suite de l'archevêque-baron de Fontenay (voir le $23^e$ volume des manuscrits du bénédictin dom Fonteniou à la bibliothèque de Poitiers), cette famille a deux représentants :

Poignant de Fontenioux, chef de nom et d'armes, réside au château de la Mortière, par Lusignan, département de la Vienne ; Poignant de la Salinière réside au château de Chalandreau, par Parthenay, département des Seux-Sèvres.

**POILLOUE.** *Beauce.*

D'argent à trois chevrons partis d'azur et de sable.

D'ancienne noblesse, issue de Pierre de Poilloue vivant en 1360, avec Jeanne Patry, sa femme, cette famille est représentée par de Poilloue de Saint-Mars de Biéville, à Versailles.

**POILLY.** *Picardie, Bretagne.*

PICARDIE. D'azur au chevron d'or, accompagné en chef d'un croissant d'argent, entre deux anémones, tigées et feuillées du même, et en pointe d'un lion aussi du même, lampassé de gueules.

BRETAGNE. De sable à trois rais d'escarboucles d'or.

Cette famille est représentée par le baron de Poilly, à son château, près Follembray, département de l'Aisne.

**POINTE DE GEVIGNY.** *Bourgogne, Lorraine.*

D'or à trois lions naissants de sable; écartelé de Gevigny, qui est burelé d'or et de gueules de six pièces.

Cette famille est ancienne. Elle remonte à René de Pointes, écuyer, vivant à la cour des princes souverains de Bourgogne, de 1233 à 1266. Elle est divisée en deux branches, l'aînée représentée par le général de Pointes de Gevigny et par son fils, René, capitaine adjudant-major au 6e hussards. La cadette a pour chef de Poinctes de Gevigny (ancienne orthographe), inspecteur des forêts, à Fontainebleau.

**POINTES.** *Champagne.*

D'or à trois lions de sable, armés et lampassés de gueules, couronnés d'or.

L'unique représentant du nom, de Pointes, réside à son château de Faverney, département de la Haute-Savoie.

**POINTEL.** *Dauphiné.*

De vair à une fasce componée d'argent et de sable.

De Pointel, unique représentant du nom, réside au château de Canet, par Paulliac, département de la Gironde.

**POIROT DE VALCOURT.** *Alsace.*

D'argent à un poirier de sinople, fruité d'or, posé sur une terrasse aussi de sinople. — D'azur à trois poires d'or, tigées et feuillées du même.

Marie Poirot de Valcourt, unique représentant du nom, chevalier de la Légion d'honneur, est lieutenant de vaisseau.

**POISSON.** *France.*

De gueules à deux fasces ondées d'argent ; à deux barres d'argent en chef.

Le baron Poisson, unique représentant du nom, réside à Paris.

**POITEVIN.** *Languedoc, Paris, Picardie.*

LANGUEDOC. De gueules au chevron d'or, accompagné en chef d'une quintefeuille d'argent, tigée de sinople, et en pointe d'un lion rampant d'argent, le tout surmonté d'un comble parti de deux traits : le premier de sinople à la cuirasse d'argent frangée de gueules ; le deuxième d'argent à la tour ouverte et maçonnée de sable, le troisième des barons de l'empire.

PARIS. D'argent à deux fasces de sable.

PICARDIE. D'argent ; au chef d'azur écartelé de sable.

Sous le nom générique de Poitevin on retrouve cinq représentants : Poitevin de la Fregonnière, au château de Feusse, par Saujon, département de la Charente-

Inférieure; Poitevin de Maureillan, à Paris; Poitevin de la Morinière, à Paris ; Poitevin de la Motte, inspecteur des haras, à Amiens, département de la Somme ; Poitevin de Veyrière, chef de bureau à l'enregistrement, à Paris.

### POIX DE FREMINVILLE (LA). *Bourgogne, Bretagne.*

D'azur au chevron d'argent accompagné de trois coquilles d'or posées 2 et 1 ; au chef du même, chargé de deux bandes de gueules.

Cette famille a trois représentants : de la Poix de Freminville, au château de Saint-Micaud, par Mont-Saint-Vincent, département de la Saône-et-Loire ; de la Poix de Freminville, au château de l'Amusse, par Pont de Veyle, département de l'Ain ; de la Poix de Freminville, officier de la Légion d'honneur, ingénieur, à Paris.

### POIX D'ARGY. *Picardie, Berry.*

De sable à trois aiglettes d'or, posées 2 et 1.

L'unique représentant du nom, de Poix d'Argy, réside à Tournes, par Renwez, département des Ardennes.

### POLI. *Comtat-Venaissin.*

D'argent à trois violettes d'azur tigées et feuillées de sable; au chef d'azur, à la molette d'éperon à huit pointes d'or. Couronne de comte. Cimier : un dextrochère armé. Supports : deux lions.

Devise : *In sudore sanguinis.*

Cri : *Pol en vaillance est lion.*

Cette famille à deux représentants : Henri-Philippe-Louis, comte de Poli, chevalier de première classe de l'ordre de François I$^{er}$, à Paris ; Oscar-Philippe-François-Joseph, vicomte de Poli.

**POLIER.** *Rouergue, Suisse.*

D'argent au coq de sable, becqué, membré et crêté de gueules.

D'ancienne noblesse, cette famille possède depuis l'an 1091, à Villefranche, en Rouergue, une tour du nom de Polier, un terroir situé dans la banlieue de Villefranche, appelé la Ribe de Polier, terminé par une croix qu'on nommait la Croix de Polier, ce qui est prouvé par les archives de la ville et par les attestations des consuls en date du 2 novembre 1644, collationnées par deux notaires le 27 avril 1768.

Cette ancienneté est prouvée en outre par des fondations pieuses en faveur de la ville de Villefranche, où de toute antiquité ceux du nom de Polier ont exercé la charge de consuls, la plus élevée de sa magistrature.

L'unique représentant du nom réside au château La Cour, par Annecy, département de la Haute-Savoie.

**POLIGNAC.** *Velay.*

Fascé d'argent et de gueules de six pièces.

Devise : *Sacer custos pacis.*

D'après plusieurs auteurs, Polignac remonte aux anciens Apollinaires. Cette illustre maison tire son nom de l'ancien château de Polignac, situé dans le Velay, sur une grande et vaste roche autrefois consacrée à Apollon. Sidoine Apollinaire parle du château de Polignac comme de sa maison paternelle. Armand Ier du nom, vicomte de Polignac, fonda, en 1062, l'église de son château, avec Alix, sa femme. C'est de lui que descendent tous ceux du grand nom de Polignac, dont voici les représentants : le duc Armand de Polignac, prince du Saint-Empire Romain, chef de nom et d'armes, à Paris. Il a deux fils : Héraclius et Louis, princes de Polignac.

Il a aussi trois frères : Ludovic, prince de Polignac, capitaine d'état-major, à Paris ; Camille, prince de Polignac, ancien général au service des États-Unis, à Paris ; Edmond, prince de Polignac, à Paris.

Les autres représentants du nom sont le marquis de Polignac, au château de Mesnilvoisin, par Bouray, département de Seine-et-Oise ; Henri, comte de Polignac, qui a deux fils : Georges et Charles, vicomtes de Polignac. Ce dernier a trois fils : Guy, Melchior et Maurice ; Héraclius, comte de Polignac, grand-oncle, commandeur de la Légion d'honneur, général de brigade, à Paris, qui a un fils : Jules, comte de Polignac, capitaine aux chasseurs d'Afrique.

**POLIGNY.** *Bourgogne, Franche-Comté.*
De gueules au chevron d'argent.

Une des plus anciennes et des plus illustres du comté de Bourgone, cette maison, qui tire son nom d'un fief considérable dans la ville de Poligny où elle possédait la châtellenie reçue en fief par le comte palatin Hugues, en 1259, est représentée par le comte Hugon de Poligny, à Besançon.

**POLINIÈRE.** *Lyonnais.*
D'hermines à la croix d'or.

De Polinière, unique représentant du nom, est juge au tribunal civil de Trévoux, département de l'Ain.

**POLY.** *Bourgogne.*
D'azur à la croix d'or, surmontée d'une quintefeuille percée du même ; l'écu placé sur le cœur d'une aigle éployée, échiquetée d'or et de sable, couronnée d'argent.

D'ancienne noblesse et remontant par titres, produits par expéditions juridiques et probantes de la Chambre des comptes de Bourgogne, cette maison, qui remonte à Hugon ou Hugues Poly de Menestruc, vivant vers 1190, est représentée par de Poly, officier de la Légion d'honneur, maire de Lihus, département de l'Oise.

**POMAIROL.** *Toulouse, Montauban.*

D'argent à trois pommiers de sinople, fruités de gueules, mal ordonnés.

De Pomairol, unique représentant du nom, réside au château de Ginals, par Villeneuve, département de l'Aveyron.

**POMEREU.** *Paris.*

D'azur au chevron d'argent accompagné de trois pommes tigées d'or, posées 2 et 1.

De noblesse ancienne, cette maison a donné Robert de Pomereu et Guillaume, son fils, cités dans deux cartulaires de l'abbaye de Gomer-Fontaine, de 1209 et de 1266 ; un chevalier de Malte, tué ainsi que son frère au siége de Candie ; le lieutenant général Alexandre-Jacques de Pomereu, qui, à la défense de Douai, assiégé par le prince de Savoie, vendit sa vaisselle d'argent et emprunta quarante mille livres en son nom pour subvenir aux besoins de ses troupes. Elle a plusieurs représentants : Michel-Étienne-Alexis, marquis de Pomereu, membre de la Société des gens de lettres, à Paris, ancien avocat, sans alliance ; Marie-Charles-Étienne de Pomereu, marquis d'Aligre, par substitution, membre du conseil général de Maine-et-Loire, à Angers ; Armand-Michel de Pomereu, membre de plusieurs sociétés savantes et philanthropiques, qui a trois fils en bas âge.

**POMEY.** *Lyonnais.*

D'argent au pommier de sinople, fruité d'or, tortillé d'une guivre de gueules, soutenu d'un croissant d'azur et accosté de deux étoiles de gueules.

De Pomey, unique représentant du nom, réside au château d'Amplepuis, département du Rhône.

**POMME DE MIRIMONDE.** *Limousin.*

D'argent à une jumelle de gueules, posée en bande, entre deux autres jumelles du même posées de même.

Pomme de Mirimonde, unique représentant du nom, réside à Paris.

**POMMERAIE** (LE GRIS DE LA). *Provence, Anjou, Maine.*

D'hermines à la croix de sable.

Le Gris de la Pommeraie, unique représentant du nom, réside au Mans, département de la Sarthe.

**POMMERET DES VARENNES.** *Malois.*

D'azur au chevron d'or chargé d'une rose de gueules, accompagné en chef de deux pommes d'argent et en pointe d'une raie du même.

Cette famille est représentée par Albin-Nicolas de Pommeret des Varennes, ancien maire d'Étampes et ancien membre du conseil général de Seine-et-Oise, à Étampes. Il a deux fils : Gustave et Léonce Pommeret des Varennes.

**POMMEREUL.** *Normandie, Bretagne.*

De gueules au chevron d'or accompagné de trois molettes d'éperon du même. Supports : deux lions.

Devise : *Amor et virtus.*

Le baron de Pommereul, unique représentant du

nom, réside au château de Marigny, par Fougères, département d'Ille-et-Vilaine.

**POMMEUSE.** *Ile-de-France.*
D'azur au chevron d'or, accompagné de trois molettes du même.

L'unique représentant du nom, de Pommeuse, officier de la Légion d'honneur, réside à Paris.

**POMPERY.** *Bretagne, Champagne.*
De gueules à trois coquilles d'argent.

Cette famille a trois représentants : de Pompery, chevalier de la Légion d'honneur, au Faon, département du Finistère ; de Pompery, au château de Salsogne, par Braine, département de l'Aisne ; de Pommery, ancien sous-préfet, à Saint-Calais, département de la Sarthe.

**PONCEAU (DU).** *Anjou.*
D'argent au chevron de gueules, accompagné de trois feuilles de pampre de sinople.

Armes enregistrées dans l'*Armorial manuscrit* de d'Hozier.

Le vicomte du Ponceau, unique représentant du nom, réside au château de Benais, par Bourgueil (Indre-et-Loire).

**PONCINS (DE MORTAGNE DE).** *Lyonnais.*
De gueules à trois bandes dentelées d'or.

Cette famille a trois représentants : le marquis Emmanuel de Mortagne de Poncins, au château de Saint-Cyr-les-Vignes, par Feurs, département de la Loire ; le comte Léon de Mortagne de Poncins, son fils ; de Mortagne de Poncins, au château de Poncins, par Montbrison, département de la Loire.

**PONNAT.** *Dauphiné.*

D'or à trois têtes de paon arrachées d'azur, posées 2 et 1.

La baronne de Ponnat, qui représente seule cette famille, réside au château de Tercé, par Charolles, département de Saône-et-Loire.

**PONS DE RENNEPONT.** *Champagne.*

De sable à la bande d'argent, chargée d'un lion de gueules et accompagnée de deux étoiles du second, une en chef et l'autre en pointe.

Des plus illustres de la Champagne où elle est établie depuis longtemps et où elle possédait déjà, il y a cinq cents ans, la terre et seigneurie de Rennepont, relevant du château de la Ferté-sur-Aube, cette maison est représentée par le marquis de Pons de Rennepont, au château de Rennepont, par Juzennecourt, département de la Haute-Marne.

**PONS, DE VILLENEUVE-ARIFAT, MONTBRUN, MÉNARDIÈRE, POUZOLS.** *Saintonge, Périgord, Quercy, Guyenne, Picardie, Dauphiné, Auvergne, Poitou.*

SAINTONGE, PÉRIGORD, QUERCY, GUYENNE. D'argent à la fasce coticée d'or et de gueules de six pièces.

PICARDIE. D'azur à trois croissants d'or.

DAUPHINÉ. D'azur à deux lions affrontés d'or, ayan chacun une patte dans un croissant aussi d'or, mis en pointe et soutenant des pattes de devant un cœur au naturel, accompagné de trois étoiles d'or rangées en chef.

AUVERGNE. De gueules à trois fasces d'or.

POITOU. D'azur au pont à trois arches d'argent.

Sous le nom générique de Pons, nous retrouvons encore huit représentants : le marquis de Pons de Villeneuve-Arifat, à Toulouse ; le marquis de Pons de Montbrun, à son château, par Cologne, département du Gers ; le comte de Pons de Ménardière, au château de Ménardière, par la Châtegneraye, département de la Vendée ; de Pons, à Courteille, par Champagne-Mouton, département de la Charente ; de Pons, au château de Villaduc, par Fronton, département de la Haute-Garonne ; de Pons, vicaire général, à Toulouse, département de la Haute-Garonne ; de Pons, à Pau, département des Basses-Pyrénées ; de Pons de Pouzols, juge à Clermont-Ferrand, département du Puy-de-Dôme.

**PONSARD.** *Picardie.*

Fascé d'argent et de gueules.

Le baron de Ponsard, officier de la Légion d'honneur, unique représentant du nom, est ancien préfet du département du Haut-Rhin.

**PONSORT.** *Champagne.*

De gueules au chevron brisé d'or, accompagné en pointe d'un lion naissant du même.

Cette famille a trois représentants : le baron de Ponsort, au château de Champ-Guyon, par Esternay, département de la Marne ; de Ponsort, receveur principal des contributions indirectes à Amiens, département de la Somme ; de Ponsort, à Châlons, département de la Marne.

**PONT.** *Saintonge, Alsace.*

Saintonge. D'azur au pont d'or maçonné de sable.

Alsace. Fascé d'argent et de gueules de six pièces et une bande aussi d'argent brochante sur le tout.

Cette famille a cinq représentants : de Pont, au château de Chassagne, par Moulins, département de l'Allier ; de Pont, à Versailles ; autre de Pont, à Versailles ; de Pont, à Sidi-Bel-Abbès, Algérie ; de Pont de Gault, à Grenoble, département de l'Isère.

**PONT** (DU). *Angoumois, Flandre, Languedoc.*

ANGOUMOIS. D'azur au pont d'argent, surmonté de trois étoiles d'or rangées en chef.

FLANDRE. D'or à la fasce bretessée et contrebretessée de sable.

LANGUEDOC. De gueules au coq d'or, grillé du même, taré de front, accompagné de trois étoiles d'argent.

Cette famille a deux représentants : le comte du Pont, au château de Rochebrune, par Chabannais, département de la Charente ; Ernest du Pont, chevalier de la Légion d'honneur, inspecteur général des haras, à Pau, département des Basses-Pyrénées.

**PONT D'AUBEVOYE D'OYSONVILLE.** *Touraine, Anjou, Beauce, Bretagne.*

D'argent à deux chevrons de gueules.

Cette famille a deux représentants : le marquis du Pont d'Aubevoye d'Oysonville, commandeur de la Légion d'honneur, à Paris ; le comte du Pont d'Aubevoye d'Oysonville, au château de Lannay-Baffert, par Noyant, département de Maine-et-Loire.

**PONT DU CHAMBON.** *France.*

D'argent à quatre chevrons de gueules. — D'argent à quatre chevrons de gueules accompagnés en chef de deux fleurs de lis du même, qui est de Mérillac.

Cette famille a trois représentants : le marquis du

Pont du Chambon, au château des Vigiers, département de la Dordogne ; Raphaël du Pont du Chambon de Mérillac, à Pontlevoy, département de Loir-et-Cher ; François du Pont de Mérillac, à Alger.

**PONT DES LOGES (DU).** *Lorraine.*

D'argent à la fasce arquée en forme de pont de sable, chargée d'une molette d'éperon d'or et accompagnée de trois roses de gueules.

Cette famille a deux représentants : Luc du Pont des Loges, à Rennes ; Mgr du Pont des Loges, évêque de Metz, membre du parlement allemand, où il se distingue par sa conduite patriotique et son opposition à l'annexion.

**PONTAC.** *France.*

De gueules au pont de quatre arches d'argent sur une rivière du même, ombrée d'azur et supportant deux tours aussi d'argent.

Le comte de Pontac, chef de nom et d'armes, réside au château de Jaubertes, par Langon, département de la Gironde ; le comte de Pontac, au château de Vigneau, par Sauternes, département de la Gironde ; le baron de Pontac, autre représentant du nom, réside au château de Belmont, par Vic-Fizensac, département du Gers.

**PONTALBA (DELFAU DE).** *France.*

De gueules à deux fasces renversées en sautoir d'argent ; au chef de sinople chargé de trois rocs d'échiquier d'or.

Cette famille est représentée par Gustave Delfau de Pontalba, à Paris, et par Delfau de Pontalba, à Versailles.

**PONTAUT.** *Guyenne, Gascogne.*

D'azur au pont d'argent sommé d'un château d'or.

L'unique représentant du nom, de Pontaut, est inspecteur des contributions indirectes à Pau, département des Basses-Pyrénées.

**PONTAVICE** (DU). *Bretagne, Normandie.*

D'argent au pont à quatre arches de gueules.

Cette famille compte douze représentants : le marquis du Pontavice, au château de Granville (Calvados); le comte du Pontavice, au château des Renardières (Ille-et-Vilaine) ; le comte du Pontavice, au château du Bois-Bide (Ille-et-Vilaine) ; le vicomte du Pontavice, à Fougères. — Autres membres de cette famille établis à Fougères, à Rennes, à Vannes.

**PONTBELLANGER.** *Normandie, Bretagne.*

D'hermines à quatre cotices de gueules.

Le comte de Pontbellanger, unique représentant du nom, réside au château de Roques, par Lisieux, département du Calvados.

**PONTBRIANT.** *Languedoc.*

D'azur au pont de trois arches d'argent, maçonné de sable.

De Pontbriant, commandeur de la Légion d'honneur, unique représentant du nom, est conseiller général, à Bollène, département de Vaucluse.

**PONTCARRÉ DE PONTOI** (CAMUS DE). *Bourgogne, Lyonnais, Ile-de-France.*

D'azur à une étoile d'or en abîme accompagnée de trois croissants d'argent posés 2 et 1 ; couronne de marquis ; supports : deux lions.

Devise : *Justitia est Potentia regum.*

Connue dès 1450, cette famille a donné plusieurs premiers présidents aux parlements de Paris et de Rouen, des conseillers d'État, des évêques, des chevaliers de Malte, etc.

La famille est représentée aujourd'hui par cinq membres :

Cyprien-Joseph-Jean-Baptiste-Élie Camus, comte de Pontcarré ; Jules-Frédéric-Paul, marquis de Pontoi Camus de Pontcarré (par décret du 26 août 1853), neveu du précédent ; Cyprien-Frédéric-Henry, comte de Pontoi Camus de Pontcarré ; Henry-Frédéric-Élie, vicomte de Pontoi Camus de Pontcarré ; Étienne-Frédéric-Charles-Élie de Pontoi Camus de Pontcarré.

Ces trois derniers, fils du marquis de Pontoi Pontcarré, formant la seule branche perpétuant aujourd'hui le nom de Camus de Pontcarré.

**PONTCHEVRON** (HANIVEL DE). *Bretagne, Beauvoisis, Ile-de-France, Orléanais.*

De gueules à la rose d'or.

Hanivel de Pontchevron, unique représentant du nom, réside au château de Monteils, par Dax, département des Landes.

**PONTEVÈS.** *Provence.*

De gueules au pont de deux arches d'or, maçonné de sable. — Écartelé : aux 1 et 4 de Pontevès ; aux 2 et 3 d'or au loup ravissant d'azur, armé et lampassé de gueules.

Une des plus anciennes de la Provence, issue de Fouquet, Ier du nom, vivant en 1220, cette maison qui s'est divisée en huit branches, a trois représentants : le comte de Pontevès, à Paris ; de Pontevès, à Pithiviers, département du Loiret ; de Pontevès d'Amirat, juge de paix, au Port-Louis, Guadeloupe.

**PONTFARCY.** *Maine, Anjou.*
D'or fretté d'azur ; au chef de gueules.
Cette famille a deux représentants : de Pontfarcy, au château de Champfleury, par Meslay, département de la Mayenne ; de Pontfarcy, au château de Lucé, par Meslay.

**PONTHAUD.** *Normandie*
Gironné de sable et d'argent.
De Ponthaud, unique représentant du nom, réside au château de Villechien, par Mortain, département de la Manche.

**PONTLEVOY.** *Touraine.*
D'argent à trois chevrons de sable ; au chef de gueules.
L'unique représentant du nom, de Pontlevoy, réside au château de Bois-Rosier, par Vatan, département de l'Indre.

**PONTON D'AMÉCOURT.** *Champagne.*
De sable à une fasce ondée d'argent. *Alias,* de sable à une mer ondée d'argent.
Cette famille se divise en deux branches, dont voici les représentants :
Branche aînée : le comte de Ponton d'Amécourt, chevalier de la Légion d'honneur, au château de Jussy, près Bourges (Cher) ; le vicomte Henri, à Chartres ; le baron René, à Saint-Calais ; Louis, chevalier de la Légion d'honneur, conseiller honoraire à la Cour de Paris ; Léon, à Bourges ; Zéphyrin, au château de la Cour d'Ouette, près d'Entramnes, par Laval (Mayenne).

Seconde branche : le vicomte Gustave de Ponton d'Amécourt, chevalier de la Légion d'honneur, au château de Trilport (Seine-et-Marne).

**PONTS.** *Saintonge.*

D'argent à trois croissants de gueules posés 2 et 1.

D'Asnières, marquis de la Châteigneraye, prince de Ponts, chef de nom et d'armes, au château de Courtigis, près Lorris, département du Loiret, épousa Hermesinde de Narbonne-Lara, dont deux fils : Joseph-Renaud et Henry-Gombaud. Il a un frère Raymond-Henri-Victorien, comte d'Asnières et de la Châteigneraye de Ponts, à Saint-Mesme, par Segonzac, département de la Charente.

**PONTUAL.** *Bretagne.*

De sinople au pont de trois arches d'argent ; à trois cygnes du même, becqués et membrés de sable, passant sous le pont.

Cette famille est des plus anciennes. Un ancien titre de l'an 1000 rapporte qu'elle avait droit de foire et de marché dans la ville de Pontual. Sa filiation suivie remonte à Jehan, seigneur de Pontual, vivant en 1400 avec Jeanne le Bouteiller, sa femme. Elle est représentée par le comte René de Pontual, élève à l'école militaire de Saint-Cyr,

**PORCARO.** *Bretagne.*

De gueules au héron d'argent, becqué et membré de sable.

De Porcaro, unique représentant du nom, réside au château de la Ville-Hue, par Guer, département du Morbihan.

**PORRAL.** *Bas-Languedoc. Lyonnais. Forez.*

Écartelé : aux 1 et 4 d'azur au lion d'or, accompagné de trois étoiles du même ; aux 2 et 3 d'azur à un Saint-Esprit d'argent enflammé de gueules.

Famille originaire d'Italie qui vint s'établir à Lyon, au commencement du xvie siècle, sous le patronage du banquier florentin Gadagne, échevin de la ville ; elle suivit la fortune des Médicis et ne cessa de fournir jusqu'à nos jours, à l'art médical, des praticiens distingués. Claude Ier, traducteur, dès 1539, d'Hippocrate (*Traité des Plaies*), fut anobli par Catherine de Médicis alors régente, lors de son voyage à Lyon en 1564, pour avoir guéri cette reine sa protectrice. Il acquit à cette époque une partie de la seigneurie de l'Aubespin-en-Jarez, et la maison forte de Sénas en Lyonnais, fiefs qui passèrent plus tard aux de la Fay et de la Frasse. Son fils, Claude IIe du nom, qualifié de seigneur noble dans le diplôme qu'il obtint le 11 décembre 1577, de la célèbre faculté de Bologne, fut le médecin de Marguerite de Valois, épouse divorcée d'Henri IV, durant son séjour au château d'Usson, près d'Issoire (Auvergne), et en reçut en retour une pension de 500 écus et un cadeau de riches tapisseries. Il se fixa au Puy-en-Velay, dont il fut premier consul en 1617 ; ses concitoyens le déléguèrent auprès d'Henri IV en 1595, pour exposer au roi la situation du Puy et du pays de Velay. Son fils fut inhumé en 1652 dans l'église des religieuses de Sainte-Claire, du Puy ; il se nommait Augustin, surnommé le médecin des pauvres, premier consul du Puy en 1634, posséda le domaine seigneurial de Hurte. Cette famille se divisa en deux branches, l'aînée qui résida en Velay et la cadette en Forez, dont : Augustin IIIe du nom qui fit enregistrer ses armes en 1697, et Noël, capitaine de la bourgeoisie de Saint-Chamont, dont le blason fut enregistré à la même époque. Le dernier représentant mâle de cette famille, né en 1805, docteur en 1830, marié en 1831, est : Clément-Augustin Porral, aux Pandraux, près le Puy-en-Velay, qui n'a eu de son mariage qu'une fille N..., mariée en 18..., à N..., dont un fils N...

Sources. — I. Sur Claude I$^{er}$, consulter : 1° tome XII$^e$, page 287 du nouveau dictionnaire historique de Chandon et de Landine, publié à Lyon en 1805 (an XIII), ils mentionnent ce médecin célèbre ; 2° Littré, traducteur d'Hippocrate, en parle dans son tome III$^e$, page 179, et le désigne Cl. Porralis.

II. La famille possède : 1° le testament de Claude II$^e$ du nom, de 1629 ; 2° son diplôme de Bologne, de 1577 ; 3° le brevet par lequel Marguerite de Valois le nommait son médecin.

Enfin, il est mentionné dans l'*Histoire du Velay*, par M. Arnaud, tome II (pages 30 et 412).

III. Augustin I$^{er}$, inhumé dans l'église de Sainte-Claire, au Puy ; voir l'état civil et les archives de la ville du Puy.

IV. Sur les de Porral, en général, voir la *Notice historique sur l'Aubespin-en-Jarez* (in-8° sous presse à Grenoble, imprimerie Prudhomme), qui leur consacre un chapitre spécial, et les archives de la famille, au Puy.

**PORRY.** *Italie, Provence.*

Écartelée aux 1 et 4 d'azur, à la fasce d'hermines, aux 2 et 3 bandés d'or de six pièces au chef d'or à l'aigle de Souabe de sable.

Devise : *Fidus et audax*.

Cette belle famille descend d'un rameau des Porri de

Milan, transporté en France, sous Louis XII, dans la personne du comte Vincenzo de Porri (voir la *Cronica milanese del Prato*, vol. III, page 252).

Nous empruntons cette notice aux *Annales historiques* de M. Ch. Laurent, auteur connu de plusieurs ouvrages historiques et littéraires.

Au nombre des hommes éminents de cette maison, nous citerons : Othon Porro, chevalier banneret et conseiller de l'empereur Frédéric I$^{er}$, dit Barberousse, qu'il avait accompagné à la Croisade de 1188. Grièvement blessé en défendant ce prince, au siége d'Iconium, Othon Porro lui sauva la vie, et, baigné de sang, tomba à ses pieds. Frédéric trempa le doigt dans le sang de son sauveur, et traça trois bandes sur son bouclier, en lui donnant le droit de porter l'aigle impériale avec cette devise : *Fidus et audax*.

Le roi Louis XIV, en 1701, reconnut officiellement la noblesse de la branche française de cette maison (voir le *Nobiliaire de Provence*, d'Artefeuil, tome II, pages 254-257, et les Archives de la préfecture de Marseille).

Le nom de Porri revient fréquemment dans l'*Histoire de Milan*, par Bernardin Corio, et dans les Nobiliaires d'Italie, — notamment dans l'*Anfiteairo romano*, où se trouve la généalogie entière de cette maison, à partir des temps les plus reculés jusqu'au XVI$^e$ siècle. D'Hozier s'est également occupé d'elle.

Son chef actuel, en France, est le comte Antoine-Marie-Eugène de Porry, écrivain et savant distingué, correspondant de l'Athénée de Paris, de l'Académie du Var et de plusieurs sociétés étrangères, auquel nous devons les ouvrages suivants : *Fleurs de Russie*, poëmes et contes traduits du russe ; — *Amours chevaleresques*, épisodes du *Roland Furieux*, en vers français ; — *Uranie*, poëme mystique ; — *Métamorphoses sociales*, légendes et poëmes historiques ; — *Étude sur le Lion amoureux*, de Ponsard ; — *Richelieu*, drame historique palpitant d'intérêt ; — *Mélanges de philologie et de critique littéraire* (sous presse) ; — *l'Italie délivrée*, poëme historique.

On lit au commencement de cet ouvrage des pages qui honorent trop son énergique auteur, pour que notre impartialité ne s'empresse pas de leur donner la publicité permanente de notre 42e volume. Voici ces bonnes pages.

« A la mémoire du marquis Louis Porro-Lambertenghi, officier de l'ordre grec du Sauveur, décoré de la médaille grecque du Mérite militaire, chevalier de la Couronne de Fer, officier de l'ordre des Saints Maurice et Lazare, président honoraire de la Société impériale d'acclimatation de Paris.

« Ame grande, généreuse, héroïque, il offrit à sa famille et à ses concitoyens le plus parfait modèle d'une vie honorable. Dès l'âge de vingt ans, et toujours, depuis, avec une courageuse persévérance, on le vit sur la brèche pour défendre contre l'étranger, contre tout agresseur, les droits et les libertés de sa patrie. A vingt-deux ans, nommé député, avec dispense d'âge, au Corps législatif de la République cisalpine, et comblé de la faveur et de l'estime de Napoléon Ier, il osa lui résister avec une loyale franchise ; l'Empereur ne l'en estima que davantage. Après les événements désastreux qui suivirent les réactions de 1815, le marquis Louis Porro, proscrit par l'Autriche, avec laquelle son âme trop confiante avait d'abord tenté une impossible conciliation, indignement traqué par des sbires abrutis, s'arracha du sol aimé de la patrie, pour se soustraire aux cachots du Spielberg! Ami dévoué de toute cause noble et juste, il seconda, par la parole et par l'action, le réveil de la Grèce contre le joug ottoman. Dans toutes les villes où il a séjourné : à Genève, à Londres, à Athènes, à Marseille, l'élévation de ses principes et la distinction de ses manières lui concilièrent l'estime et la sympathie de tous les hommes de bien. Rentré à Milan, après l'amnistie de 1840, il a ressenti, avant de mourir, le bonheur et la joie d'assister à la glorieuse délivrance de l'Italie ! Sa famille, son pays, la jeune Italie, graveront et conserveront éternellement dans leurs cœurs son nom vénérable et sacré. »

*A Monsieur le marquis Gilbert Porro-Lambertenghi.*

« Mon cher et bien-aimé cousin,

« Vous le savez, — ce poëme de l'*Italie délivrée*, que j'entrepris à une époque de joyeuse et libre insouciance, n'a été achevé qu'à travers les plus rudes épreuves, à travers d'immenses catastrophes matérielles et morales!... — Il n'en sera que plus cher à nous deux. Quand je voulus inscrire votre nom au frontispice de mon œuvre, mû par cette noble modestie qui est toujours le partage des esprits distingués, vous m'engageâtes à dédier plutôt mon modeste monument poétique à la mémoire de votre très-honorable et très-vénéré père, le précédent chef de notre maison, M. le marquis Louis Porro. Je me rendis à ce vœu parfaitement conforme aux élans de mon cœur. Mettre mon œuvre sous la protection d'un souvenir et d'un exemple éternellement sacrés pour notre famille et pour l'Italie, c'était aussi en faire hommage à vous-même ; c'était vous témoigner encore mieux toute l'étendue de ma reconnaissance. Que ne vous dois-je point ? Votre appui, vos encouragements, votre fraternelle bienveillance, m'ont rendu le service dont j'avais le plus grand besoin sur cette terre de Provence, qui n'a donné à ma famille, — rameau de la vôtre, — qu'une amère hospitalité. Désormais, vous le savez, tous mes regards, tous mes vœux, se tournent du côté de cette grande et belle Italie, dont ma rêveuse enfance avait toujours attendu l'affranchissement et l'unité politique, — doux espoir aujourd'hui réalisé !... Oui, du côté de notre patrie bien-aimée, que, dans sa jeunesse, mon très-bon et très-honoré père, M. le comte Antoine de Porry, avait visitée avec un filial amour, regrettant toujours, — comme fait aujourd'hui son fils, — de ne pouvoir y transporter ses humbles foyers !...

« Il était naturel qu'un poëme fût consacré par ma muse à la glorieuse délivrance de la Lombardie par les armes fraternelles de l'Italie et de la France. Si, — comme me l'a déclaré votre loyale franchise, — cette inspiration est assez digne de la splendeur sans tache de notre maison, assez digne aussi de notre illustre patrie, de quoi me plaindrais-je, et de qui ai-je besoin ?... Ma mission est remplie, et je suis content ; car j'ai fait mon devoir.

« Agréez, mon cher et bien-aimé cousin, la sincère assurance de ma profonde gratitude et de ma haute estime pour vous.

« Comte Eugène de Porry. »

Des nuances politiques assez tranchées peuvent exister entre le comte de Porry et les rédacteurs des *Annales historiques ;* mais cela ne les empêche pas de rendre hommage à son beau talent poétique et littéraire, à ses convictions profondes et consciencieuses, et d'ajouter qu'un écrivain éminent a eu raison de dire :

« Le poëme de l'*Italie délivrée* restera toujours comme un modèle de correction, d'élégance, d'harmonie racinienne, comme il est un éternel témoignage d'une âme fidèlement patriotique.

« Les trois siècles d'exil de la famille du comte Eugène de Porry n'ont point altéré chez lui les instincts de la nationalité primitive. Si le hasard a jeté son berceau dans la ville phocéenne, notre poëte ne retourne pas moins ses regards attendris vers les bords aimés où reposent ses nobles aïeux, où vécut et chanta le *tendre et sublime Virgile !* Tous ses vœux, toutes ses aspirations sont pour le bonheur de l'Italie. Il aime la France comme une mère adoptive ; mais les droits du sang sont imprescriptibles ; la voix de la nature se comprime, mais ne s'éteint jamais ! »

Dans sa carrière littéraire, le comte de Porry a été encouragé par M. de Pongerville, de l'Académie française, et il a eu la satisfaction d'obtenir les suffrages de M. Prosper Mérimée et autres littérateurs d'élite, nés en France ou à l'étranger.

Au mois de juin 1868, le comte Eugène de Porry a fait un voyage en Lombardie, berceau de sa famille. A Milan, où il a séjourné durant une quinzaine de jours, il a reçu, non-seulement de ses parents, mais aussi de la population indigène, des témoignages d'estime et de sympathie qui lui laisseront les plus doux et reconnaissants souvenirs.

L'antique et belle Ausonie avait déjà reconnu son fils dans l'auteur de l'*Italie délivrée*, en le nommant membre correspondant de ses principales Académies ; — notamment, de celle de Cosenza, où ont été reçues plusieurs notabilités françaises.

Cité de nouveau, après le 10 août, et interpellé sur l'état des finances de la liste civile, il répondit avec tant de calme, sans rien trahir des intérêts qui lui étaient remis, qu'il eut les honneurs de la séance. Désigné cependant, par sa situation, aux ennemis de la royauté, pour être frappé un des premiers, il fut arrêté le 15 août 1792, interrogé à l'Hôtel de Ville par Billaud-Varennes, et incarcéré à l'Abbaye.

Le 23, il comparut devant le tribunal révolutionnaire, dont les juges se trouvèrent partagés; il n'en fut pas moins condamné à mort et exécuté le 25, jour choisi à dessein comme étant celui de la fête du roi.

Les représentants actuels de cette famille sont :

1° Le général baron de la Porte, fils de celui dont il vient d'être parlé, au château de Delincourt, par Chaumont, département de l'Oise ;

2° M. Ferdinand de la Porte, à Versailles, département de Seine-et-Oise ;

3° M. Arnaud de la Porte la Lanne, au Mans, département de la Sarthe; tous deux neveux du ministre de Louis XVI;

4° M. Ernest de la Porte, lieutenant-colonel du 12e régiment de chasseurs à cheval;

5° M. Jules de la Porte, à Paris ; tous deux petits neveux du même ministre.

**PORTE** (DE LA). *Berry.*

D'or à la bande d'azur. Cimier : un lion issant dans un vol banneret, palé d'or et d'azur. Supports : deux lions d'or, lampassés de gueules.

Divisée en trois branches, cette famille, connue dès l'an 1000, qui a donné en 1440 un écuyer et un gentilhomme de Jean, duc de Bourgogne, une dame d'honneur de M^me Sophie de France, a pour chef de nom et d'armes Théodore-Albert, comte de la Porte, ancien capitaine d'état-major, qui a son domicile d'été au château d'Argeronne, par Louviers, département de l'Eure, et son domicile d'hiver à Paris.

Cette autre branche a quatre représentants : Henri de la Porte, ancien officier d'infanterie, à Passy-Paris ; Théophone de la Porte, à Confolens, département de la Charente ; Alexandre de la Porte, ancien garde du corps, à Solignac, département de la Haute-Vienne ; Henri de la Porte, chanoine, à Poitiers.

La troisième branche est représentée par Armand de la Porte, ancien médecin de l'armée, à Versailles.

**PORTE (DE LA).** *France.*

D'argent, à une tour de sable maçonnée d'or ; au chef de gueules chargé de trois têtes de barbet d'or.

L'unique représentant du nom, de la Porte, réside à Meslay, près Vendôme, département de Loir-et-Cher.

**PORTE (DE LA).** *Maine.*

De gueules, à trois merlettes d'argent posées 2 et 1.

L'unique représentant du nom réside à Oisé, par Fouletourte, département de la Sarthe.

**PORTE (DE LA).** *France.*

D'azur, au chevron d'argent, accompagné en chef de deux roses du même et en pointe d'une étoile d'or.

Le vicomte Léopold de la Porte, unique représentant du nom, réside au château de Pinson, par Nonancourt, département de l'Eure.

**PORTE-AUX-LOUPS.** *Périgord.*

D'azur, à la fasce lampassée d'or et de gueules de six pièces, accompagnée de deux loups passants d'or.

Geoffroy, seigneur de la Porte, le premier prouvé par titres authentiques, qui vendit en 1262, le 8 des ides d'octobre, les terres de la Bachellerie, du consentement d'Ithier et d'Aimar, ses fils, est la tige de cette famille qui a quatre représentants mâles : Charles, baron de la Porte-aux-Loups, directeur des haras, à Hennebont, département du Morbihan ; Gabriel, marquis de la Porte-aux-Loups, au château de la Couetterie, près Château-du-Loir, département de la Charente ; Henry, comte de la Porte-aux-Loups, marié à M$^{lle}$ d'Argy ; Jean-Armand-Amédée, vicomte de la Porte-aux-Loups, à Niort.

**PORTE DU THEIL** (DE LA). *Poitou.*

D'or, au chevron de gueules.

Cette famille a six représentants : Auguste de la Porte du Theil, à Beauséjour, par Mirambeau, département de la Charente-Inférieure ; Paul-Henri de la Porte du Theil, à Peumartin, près Poitiers, département de la Vienne ; Marcel-Auguste de la Porte du Theil, directeur du télégraphe à La Ferté, département de l'Orne ; Jean-Adalbert de la Porte du Theil, garde général des forêts à Pau, département des Basses-Pyrénées ; Louis-Léonce de la Porte du Theil, à Peumartin, département de la Vienne ; Marie-Joseph-Fernand de la Porte du Theil, à Peumartin.

**PORTE-ORIEULX** (DE LA). *Maine.*

Écartelé : aux 1 et 4 d'azur à la fasce d'or ; aux 2 et 3 d'argent au faucon de sable allumé d'or, perché sur une branche de laurier de sinople ; sur le tout d'azur à trois yeux d'or, rangés en chef et trois marteaux du même posés 2 et 1.

Cette famille a pour chef de nom et d'armes Jean-Marie de la Porte-Orieulx, qui a trois fils : Ferdinand, Charles et Ernest.

**PORTES (DES).** *Paris, Dauphiné.*

PARIS. D'azur, à trois portes ou arcades d'or.

DAUPHINÉ. D'argent, à la bande de sinople chargée de trois croisettes d'or.

Sous le nom générique de des Portes on trouve un représentant: des Portes de la Fosse, avocat à Paris.

**PORTIER DU BELAIR.** *France.*

De gueules, à une tour donjonnée de deux pièces d'argent, maçonnées de sable.

Portier de Belair, unique représentant du nom, est substitut du procureur général à Poitiers, département de la Vienne.

**PORTIER DE VILLENEUVE.** *Champagne, Lorraine.*

D'or, à deux branches de sinople passées en sautoir ; l'une de palmier, l'autre de laurier.

De Portier de Villeneuve, unique représentant du nom, est garde général à Verdun, département de la Meuse.

**POSSEL.** *Provence.*

D'or, à trois hures de sanglier de sable posées 2 et 1.

Cette famille a quatre représentants : de Possel, au château de Bel-Ombre, par Saint-Martin de Crau, département des Bouches-du-Rhône; de Possel, à Marseille; autre de Possel, à Marseille; de Possel, à Marseille, également.

**POSSON.** *Flandre.*

De gueules, à trois pignates d'or.

Cette famille a deux représentants : de Posson, à Paris ; de Posson, receveur des contributions indirectes à Paris.

**POSTEL.** *Normandie, Picardie.*

NORMANDIE. D'argent, à trois trèfles de sinople ; au poteau de gueules mis en bande.

PICARDIE. D'azur, à la gerbe d'or, accostée de deux étoiles du même.

Cette famille a plusieurs représentants, entre autres Émile de Postel, agent du Sémaphore de Paris, à Cherbourg, département de la Manche ; Antoine de Postel, au château de Champdolent, par Conches, département de l'Eure. Ce sont les seuls que nous pouvons indiquer avec une entière certitude.

**POSTIS.** *France.*

D'azur, à trois rencontres de cerf d'or.

De Postis, chef de nom et d'armes, est docteur en médecine à Montpellier, département de l'Hérault ; de Postis du Houlbec, grand officier de la Légion d'honneur, est général de brigade d'infanterie.

**POT DE PIEGU.** *France.*

D'or, à la fasce d'azur ; au lambel de gueules de trois pièces.

Cette maison, qui a donné plusieurs prévôts, maîtres des cérémonies et commandeurs des ordres du roi, de père en fils, descend des anciens seigneurs de Rhodes et n'est plus représentée que par de Pot de Piegu, au château de Piegu, par Saint-Sulpice, département de la Haute-Vienne.

**POTERAT.** *Orient, France.*

De gueules, au chevron d'or, accompagné de trois étoiles du même.

Connue dès le XIIe siècle en Orient et dès le XIIIe en France, cette maison était grande déjà quand, après la mort d'Isaac Lange, empereur d'Orient, et la prise de Constantinople en 1204, Jean Poterat se retira en Croatie, où il vécut en souverain, dans une contrée qui porte encore son nom. Ses descendants, après la perte de leur puissance, s'y maintinrent avec noblesse et contractèrent des alliances avec les plus illustres familles de la contrée. On retrouve aujourd'hui l'unique représentant du nom de Poterat au château de Mardereau, par Cléry-sur-Loire, département du Loiret. Il a deux fils.

**POTERIE (DE LA).** *Normandie.*

D'argent, au tau de gueules, accosté de deux roses du même; au lambel de sable. — D'azur, à la croix potencée d'argent; au lambel du même.

Cette famille a cinq représentants : de la Poterie, au château de Chauvigny, par Craon, département de la Mayenne; de la Poterie, au château de Fresne, par le Ribay, même département; de la Poterie, au château de Rouville, par Pont-de-l'Arche, département de l'Eure; de la Poterie à Tours, et Théodore de la Poterie, son fils.

**POTEL (DU).** *France.*

D'azur, à trois vases d'or remplis de trois lis d'argent.

Le baron du Potel, unique représentant du nom, réside à Paris.

**POTIER.** *France.*

D'azur, à la fasce d'or, accompagnée en chef de trois étoiles et en pointe d'un croissant, le tout d'argent.

Potier, proprement dit, a quatre représentants : le comte de Potier, commandeur de la Légion d'honneur, général de brigade ; le vicomte de Potier, agent consulaire à Rostock, Allemagne ; le baron de Potier, receveur particulier à Avallon, département de l'Yonne ; de Potier, receveur particulier à Pont-l'Évêque, département du Calvados.

**POTIER DE LA MORANDIÈRE.** *Paris, Bretagne.*

D'azur, à deux mains dextres d'or, au franc-quartier échiqueté d'argent et d'azur.

Cette famille est issue de la branche aînée de l'ancienne maison parlementaire et ducale des Potier de Novion-Gesvres, par Jacques-Jean-André Potier, dit le chevalier de Novion, ancien page de la chambre du roi, troisième fils d'André Potier, marquis de Novion, sieur de Grignon et d'Orches, président au parlement de Paris.

Jacques-Jean, marié en premières noces à Marie-Olive Defrance, dame de La Morandière, eut d'elle, en 1714, Pierre-Henry Potier, seigneur de Noyau, Vernil, Villiers, La Morandière, etc., officier de la maison du roi, lieutenant des chasses de Sa Majesté, bisaïeul et trisaïeul des représentants actuels de ce rameau, savoir :

Jules Potier de La Morandière, inspecteur des monuments historiques, chevalier de la Légion d'honneur, à Blois (Loir-et-Cher); Fernand Potier de La Morandière, ancien sous-préfet, à Nantes (Loire-Inférieure); Gabriel Potier de la Morandière, à Blois.

**POTIER.** *Normandie, Bretagne.*

De gueules, à la fasce d'argent, accompagnée de trois croisettes du même.

Cette famille a cinq représentants : Potier du Parc, à Coutances ; Potier de la Varde, à Rennes; Joseph Potier de Courcy, à Saint-Lô, département de la Manche ; Potier de Courcy, à Saint-Pol-de-Léon, département du Finistère ; Potier de la Houssaye, à Avranches.

**POTIER DE LA BERTHELIÈRE.** *France.*

De sinople, à trois chevrons d'or ; au lambel de gueules en chef.

Cette famille a deux représentants: Potier de la Berthelière, notaire à Paris ; Potier de la Berthelière, aussi notaire à Paris.

**POTIER DE POMMEROY.** *Paris.*

D'azur, à deux mains dextres appaumées d'or; au franc-quartier échiqueté d'argent et d'azur.

D'ancienne noblesse, cette maison, qui a fourni, dès le XV$^e$ siècle, d'illustres magistrats au parlement, remonte, dans les *Grands Officiers de la Couronne*, t. IV, p. 763, à Nicolas Potier, I$^{er}$ du nom, seigneur de Groslay, de la Grange-Courberon, Courbevoye, Blancmesnil, conseiller du roi, général des monnaies sous les rois Charles VII et Louis XII, mort le 11 novembre 1501. Elle a formé plusieurs branches : celle des seigneurs de Novion, des seigneurs, comtes, puis ducs de Tresmes et de Gesvres, pairs de France, aujourd'hui éteinte, et elle est représentée par de Potier de Pommeroy, au château de Bellevue, par Saujon, département de la Charente-Inférieure.

**POTIRON OU POTERON DE BOISFLEURY.** *Bretagne.*

D'azur, à la vire d'or renfermant une aiguière d'argent.

Cette famille, originaire de l'Ile-de-France, qui vint se fixer vers 1625 en Bretagne avec Anne de Montmorency, et a donné pendant près de deux siècles des sénéchaux des Montmorency et des Condé, a pour chef César de Potiron de Boisfleury, à Plessé, département de la Loire-Inférieure. Il a quatre fils : Eugène, président du tribunal à Ruffec, département de la Charente ; Louis, employé des finances ; César, officier de la Légion d'honneur, chef de bataillon au 6e bataillon de chasseurs à pied ; Charles, capitaine au 1er régiment de dragons ; Prosper, à Guemené-Penfaro, chef de la seconde branche, est marié et a postérité.

**POTRELAT.** *Bourbonnais.*

D'azur, au chevron d'or, accompagné de trois étoiles du même et surmonté d'un chevron d'argent.

Le comte Potrelat de Grillon, unique représentant du nom, réside à Paris.

**POTTEAU D'HANCARDRIE.** *Flandre.*

De sable, au poteau d'or, l'écu bordé d'or, chargé de huit mouchetures d'hermines.

Cette famille a deux représentants : Ferdinand Potteau d'Hancardrie, au château de Molpos, à Hérignies, département du Nord; Armand Potteau d'Hancardrie, à Lille, même département.

**POTTER.** *Flandre.*

D'azur, au croissant d'argent; au chef du même chargé de trois roses de gueules.

L'unique représentant du nom, de Potter, réside à Paris.

**POTTIN DE VAUVINEUX.** *Normandie.*

D'argent, à la fasce d'azur accompagnée de six merlettes de sable, trois en chef et trois en pointe.

Cette ancienne famille de Sologne, de pure noblesse d'épée, établie en Normandie, au château du Chesne, près de Conches, depuis le xive siècle, établit sa filiation authentique par actes, titres, dotations, etc. Elle remonte à Jean, qui suit, I.

1309. Michel Pottin, noble homme et prêtre, figure dans un acte.

I. Jean Pottin, chevalier, vivant en 1385, eut deux fils, savoir :

A. Moreau Pottin servait en 1385, d'après les titres de la chambre des comptes de Paris, avec deux chevaliers et huit écuyers.

B. Guillaume qui suit, II.

II. Guillaume Pottin, vivant en 1409, eut deux enfants, savoir :

A. Jean, qui suit, III.

B. Jeanne, épousa Jean, sire de Brière.

III. Jean Pottin, sire de Loveaux, eut un fils, Jean, qui suit, IV.

IV. Jean Pottin, sire de Burly, par acquisition faite l'an 1444, rend foi et hommage de cette terre à Louis de Valois, duc d'Orléans. Il épousa Isabeau de la Porte, dont un fils, Jacques, qui suit, V.

1450. Louis Pottin, écuyer.

1453. Jaquet Pottin, son fils, écuyer, du comte d'Étampes.

V. Jacques Pottin, sire de Burly, né en 1477, eut deux fils, savoir :

A. Gilles, qui suit, VI.

B. Jacques Pottin, sire de Mauléon.

Un des cent gentilshommes de la garde ordinaire du roi en 1522, capitaine comte de Saint-Vallier, quittance de solde à Guillaume Boiçonnet, trésorier de l'Ordinaire.

VI. Gilles Pottin épousa Marie de Beauvilliers, fille de Robert, sire de Beauvilliers, dont un fils, Robert, qui suit, VII.

1485. Jehan Pottin.

VII. Robert Pottin, épouse Béatrix d'Obi, lieutenant en 1550 du maréchal de Saint-André, commanda l'armée en son absence et acquit la terre du Chesne, restée longtemps en possession de sa famille.

1552. Michel Pottin, sieur de la Chassaigne et de la Faye.

1563. Louis Pottin, sire du Chesne.

1567. Robert Pottin, chanoine prébendaire d'Évreux, curé de N.-D. du Chesne.

1629. Philippe Pottin, sire du Chesne.

1658. Philippe Pottin, sire du Chesne.

Après une lacune de quatre générations, dans les archives de la famille, on retrouve, dans un acte du 11 juin 1671, Louis Pottin et Guillaume, qui suit, XI.

1691. Philippe Pottin, sire du Chesne.

XI. Guillaume Pottin, sire du Chesne, épousa, le

13 juin 1689, Élisabeth de Morenvilliers, dont trois enfants, savoir :

A. Henri Pottin, lieutenant en 1705 sur l'*Auguste*, commandé par le comte de Vermont, et en 1706 sur le *Jazon*, commandé par le célèbre amiral Duguay-Trouin.

B. Jean, qui suit, XII.

C. Louis Pottin, écuyer, curé de Saint-Mesnil, en 1730.

XII. Jean Pottin, de la compagnie d'Anjou, officier à bord de la *Magicienne*, en 1711, eut un fils, Louis-Philippe, qui suit, XIII.

XIII. Louis-Philippe Pottin, comte du Chesne, seigneur de Limeau, etc., épousa, en 1735, Jeanne-Marguerite de Plessis-Châtillon, dame châtelaine du Mée, des Mesnils, etc., dont un fils, Louis-Philippe, qui suit, XIV.

XIV. Louis-Philippe Pottin, comte du Chesne, du Mée et de Vauvineux, acquiert le 24 avril 1773 la terre de Vauvineux, du prince de Rohan-Monbazon, baron de Montgaudry, seigneur et patron de Viday, Saint-Quentin, Pervenchere, etc., près Mortagne-au-Perche, seigneur et patron du Chesne, seigneur de Saint-Martin-d'Ablois, acquis le 20 octobre 1780 de Marie-Catherine de Tessé, veuve de Pierre de Meulan, né le 15 avril 1739, mort le 19 février 1822, mousquetaire du roi dans la 2ᵉ compagnie en 1756, capitaine de cavalerie en 1763, lieutenant du roi du Haut et Bas-Maine de 1766 à 1789, épousa : 1° le 1ᵉʳ octobre 1765, Élisabeth-Geneviève Ladvocat, fille de Louis Ladvocat, conseiller du roi dans la Chambre des comptes, morte sans enfants; 2° en septembre 1786, par contrat signé de Sa Majesté Très-Chrétienne, Angélique-Philiberte Martin d'Ormoy, morte le 8 juillet 1791; 3° le 29 thermidor an III, Ambroise-Louise de Blois de Rubentel, morte le 13 décembre 1855.

Il eut du deuxième lit un fils, savoir :

A. Armand-Corentin-Félicité-Philippe, qui suit, XV :

Il eut du troisième lit trois enfants, savoir :

B. René-Alphonse Pottin, vicomte de Vauvineux, né le 22 messidor an VIII, mort le 10 thermidor an XI.

C. Thérèse-Corentine, morte le 13 mai 1865.

D. Ambroisine-Thérèse-Félicité, morte le 23 septembre 1833.

XV. Armand-Corentin-Félicité-Philippe Martin d'Abbois Pottin, comte de Vauvineux, né à Paris le 10 juin 1791, mort le 8 mai 1853, chevalier de la Légion d'honneur, pour faits de guerre, le 24 décembre 1814, soldat à la 1re légion de réserve le 28 septembre 1807, sous-lieutenant au 113e de ligne le 27 février 1814, lieutenant au 2e régiment de la garde le 27 février 1818, capitaine au 2e régiment de marine le 29 février 1832, au 65e de ligne le 21 août 1834, chef de bataillon au 12e de ligne le 12 août 1848, combattit le 9 février 1808, à Saint-Sébastien ; le 29 juillet 1808, à Saragosse, où il fut blessé ; le 23 novembre 1808, à Tudela ; le 21 février 1809, à Saragosse ; le 19 novembre 1809, à Ocana ; le 23 avril 1810, à Lerida. Il fut aux colonies en 1832 et 1833, et fit les campagnes d'Afrique de 1848 et de 1849.

Il avait épousé, le 19 septembre 1819, Marie-Anne Morgan, morte le 16 décembre 1873 à Étampes, dont trois enfants, savoir :

A. Henri-Pierre-Philippe-Frédéric, qui suit, XIV.

B. Alphonse-Gustave-Alfred Pottin, vicomte de Vauvineux, né le 26 décembre 1826, mort le 7 avril 1832.

C. Félicité-Henriette-Arthurine, née à Nancy, épousa Paul-Érasme-Victor Guinard, capitaine d'artillerie, tué le 16 mai 1863, au siége de Puebla, dont elle a trois enfants.

1º Charles-Marie-Henri.

2º Paul-Marie-Abel.

3º Lucie-Marie-Thérèse, morte à Metz, le 24 avril 1871.

XVI. Henri-Pierre-Philippe-Frédéric Pottin, comte de Vauvineux, officier de la Légion d'honneur, né à Paris le 15 février 1821, sous-lieutenant le 1er octobre 1842, lieutenant le 21 août 1846, capitaine le 20 janvier 1852, passé aux tirailleurs indigènes d'Oran le 17 janvier 1855, adjudant-major le 1er janvier 1856 au 2e régiment de tirailleurs, passé au 4e régiment des voltigeurs de la garde impériale le 17 avril 1856, major au 5e de ligne le 29 septembre 1860, chef de bataillon au 33e de ligne le 3 avril 1863, actuellement commandant du recrutement à Grenoble, combattit en Afrique de 1845 à 1856, a fait les campagnes de la Kabylie, assista aux siéges de Zaatcha et de Bouçada, prit part aux expéditions du Sahara, a fait la campagne d'Italie en 1859, s'est trouvé notamment aux batailles de Magenta et de Solferino. Il faisait partie de l'armée du Rhin pendant la guerre avec l'Allemagne.

Il épousa, le 20 décembre 1860, Marie-Anne-Charlotte Bayly, dont trois enfants, savoir :

A. Armand-Philippe-Auguste, né à Blois le 10 mai 1862.

B. Renée-Paule-Henriette, née à Caen le 7 juillet 1864, morte à Metz, après le siége de 1870, le 1er février 1871.

C. Henri-Robert-Abel, né à Strasbourg le 4 mai 1866, a opté pour la nationalité française, le 3 mai 1872, à Versailles.

**POUCHELON.** *France.*

D'argent semé d'étoiles de sinople, à la mosquée d'azur, sommée d'un croissant du même, ajourée d'or, terrassée d'azur.

L'unique représentant du nom, de Poucheron, est conseiller municipal à Bourgoin, département de l'Isère.

**POUCQUES D'HERBINGHEM.** *Flandre.*

D'or, au lion léopardé de sable, armé, lampassé et allumé de gueules.

Cette famille a quatre représentants : Louis-Marie-Omer, baron Poucques d'Herbinghem, officier de la Légion d'honneur, maire de Licques, près Guines, département du Pas-de-Calais. Il a un fils : Amédée de Poucques d'Herbinghem, au château de Rougefort, par Licques. Il a aussi deux frères : Amédée de Poucques d'Herbinghem, chevalier de la Légion d'honneur, conseiller à la Cour d'appel, à Amiens ; Eugène de Poucques d'Herbinghem, grand officier de la Légion d'honneur, contre-amiral, membre du conseil d'amirauté, membre du conseil général du Pas-de-Calais, à Paris.

**POUDENX.** *Guyenne.*

D'or, à trois chiens courants, passants de gueules, l'un sur l'autre.

D'ancienne chevalerie, une des premières et des plus distinguées du pays et sénéchaussée de Lanes, siége du château et de la terre de Poudenx, au diocèse de Lescat, avec titre d'ancienne baronnie, érigée en vicomté par lettres patentes du mois d'avril 1646, la maison de Poudenx, qui remonte par titres à Bernard de Poudenx, seigneur de Poudenx vers 1050, est représentée par le comte de Poudenx, au château de Brassempouy, par Amou, département des Landes. Il a un fils, le vicomte de Poudenx.

**POUGET** (du). *Bretagne.*

De sinople, au palmier d'or, accosté de deux lions affrontés d'or; au chef d'argent chargé de trois étoiles d'azur.

L'unique représentant du nom, du Pouget, réside au château de Colombier, par Parame, département d'Ille-et-Vilaine.

**POUGIN DE MAISONNEUVE.** *Ile-de-France.*

D'azur, au chevron d'or surmonté de trois croisettes d'argent, posées 2 et 1.

Cette famille a trois représentants : Pougin de Maisonneuve, percepteur à Amiens, département de la Somme; Pougin de Maisonneuve, au château de Lys, par Melun, département de Seine-et-Marne ; Albert Pougin de Maisonneuve, lieutenant de vaisseau.

**POUILLAUDE DE CARNIÈRES.** *Flandre.*

De sable, à une fasce d'argent, chargée de trois mouchetures d'hermines.

L'unique représentant du nom, Pouillaude de Carnières, commandeur de la Légion d'honneur, est conseiller à la Cour de cassation, à Paris.

**POUILLY DE LA TOUR.** *Champagne.*

D'argent, au lion d'azur, armé, lampassé et couronné d'or.

Cette famille a deux représentants : le comte Pouilly de la Tour, au château de Corné, par Grandpré, département des Ardennes; Pouilly de la Tour, chef de bureau à la préfecture de la Seine, à Paris.

**POUJOL D'ACQUEVILLE.** *Montpellier, Montauban.*

D'azur, au phénix d'argent sur un bûcher de gueules, au soleil naissant d'or.

Cette famille a trois représentants : Poujol d'Acqueville, à Amiens ; Léon Poujol d'Acqueville, au château de Fréchencourt, par Villers-Bocage, département de la Somme ; Eugène Poujol d'Acqueville, au château de Moliens-Vidame, par Villers-Bocage.

**POULAIN.** *Normandie, Bretagne.*

NORMANDIE. D'argent, à deux lions léopardés de gueules.

BRETAGNE. D'argent, à trois feuilles de houx de sinople en pal; au franc-quartier de gueules chargé d'une croix dentelée d'argent. De sable au sautoir d'or, chargé en cœur d'une étoile de gueules.

Poulain, en Bretagne, est une famille d'ancienne noblesse, connue sous le nom de Poulain de Mauny, citée avec éloge par dom Lobineau et dom Maurice, dès le XIIIe siècle.

On retrouve en France quatre représentants du nom : Poulain d'Andecy, chevalier de la Légion d'honneur, à Paris; Poulain de Bossay, au château de Remonière, par Courtalain, département d'Eure-et-Loir; Poulain du Parc, à Rennes; Poulain de Sainte-Foix, consul au Caire, Égypte.

**POULET.** *Flandre.*

D'azur, à deux bâtons noueux d'or, passés en sautoir; cantonné de quatre aiglettes aussi d'or.

Le marquis de Poulet, unique représentant du nom, réside au château de Vivent, par Clairac, département de Lot-et-Garonne.

**POULIN.** *Pays Chartrain.*
D'argent, à l'aigle éployée de sable.
Cette ancienne famille noble du pays chartrain a donné en 1484 Mathurin Poulin, écuyer garde du corps du roi. Elle est représentée aujourd hui par Oscar Poulin d'Arsigny, résidant à son château de Glatigny, département de Loir-et-Cher.

**POULPIQUET.** *Bretagne.*
D'azur, à trois poules ou pies d'argent, becquées, membrées et allumées de gueules.
Cette famille, qui se divise en deux branches, du Halgouët et de Brescauvel, a de nombreux représentants en Bretagne.

**POULTIER DE SUZENET.** *Soissonnais.*
De gueules, à trois poules d'or posées 2 et 1.
Le comte Poultier de Suzenet, unique représentant du nom, réside au château d'Échigey, par Genlis, département de la Côte-d'Or.

**POUMAYRAC.** *Languedoc.*
D'or, au pommier de sinople chargé de trois pommes d'or posées 1 et 2, sur une terrasse du même, et accosté d'une levrette d'argent grimpant contre le fût de l'arbre.
Cette ancienne famille qui, depuis plus de deux siècles, possède en Languedoc la terre de Masredon

dont elle a pris le nom, est représentée par deux branches.

L'aînée a pour chef de nom et d'armes Charles de Poumayrac de Masredon, au château de Caylus, par Saint-Amans-Soult, département du Tarn. Son fils Raymond réside à Toulouse.

La seconde branche a cinq représentants mâles : Louis de Poumayrac, à La Cabarède, par Mazamet, département du Tarn; Alfred de Poumayrac, au château de Kerlo, par Saint-Amans-Soult ; Ernest, Émile et Henri de Poumayrac, au château de Bouit, par Minerve, département de l'Aude.

**POUMIÈS DE LA SIBOUTIE.** *Toulouse, Montauban.*

De gueules, à l'anille d'argent.

Poumiès de la Siboutie, unique représentant du nom, réside à Paris.

**POUPART DE NEUFLIZE.** *Champagne.*

D'azur, au chevron d'or accompagné de trois roses d'argent, tigées et feuillées du même ; au chef d'argent, chargé d'un croissant de sable entre deux étoiles du même.

Cette famille a deux représentants : Jean-Frédéric, baron Poupart de Neuflize, à Paris, et Robert-Amédée Poupart de Neuflize, au château de Brinay, par Toëcy, département du Cher.

**POUPET DE SAINT-AUBIN.** *Normandie.*

D'azur, à la croix pattée et alésée d'or; au chef du même.

Poupet de Saint-Aubin, unique représentant du nom,

réside au château de Manoir, par Torigny-sur-Vire, département de la Manche.

**POURCELET DE MONPLIGNY.** *Provence.*

D'or, à un porc passant de sable.

Cette famille a pour unique représentant Pourcelet de Monpligny, sans fonctions et sans titre, à Versailles.

**POURCHER DE CALMÉNIL.** *Bourgogne.*

D'or, à un porc de sable.

Pourcher de Calménil, unique représentant du nom, réside au château de Cognées, par Valençay, département de l'Indre.

**POURCHERESSE.** *France.*

D'or, à la fasce de gueules, accompagnée de trois hures de sanglier de sable, deux en chef et une en pointe.

Cette famille n'est plus représentée que par de Pourcheresse, qui vit éloigné de toute fonction publique à Besançon, département du Doubs.

**POURROY DE LAUBERIVIÈRE DE QUINSONAS.** *Béarn, Dauphiné.*

D'or, à trois pals de gueules ; au chef d'azur chargé de trois molettes d'argent.

Établie en Dauphiné vers l'an 1600, cette famille a quatre représentants : le marquis Pourroy de Lauberivière de Quinsonas, au château de Mérieu, par Morestel, département de l'Isère ; le comte Pourroy de Lauberivière de Quinsonas, au château de Chanay, par Seyssel, département de l'Ain ; le comte Pourroy de Lauberivière de Quinsonas, au château de Saint-Germain-au-Mont-d'Or, département du Rhône; Pourroy de Lauberivière de Quinsonas, sous-lieutenant au 100⁰ régiment d'infanterie.

**POURTALÈS.** *France, Suisse, Allemagne, Amérique.*

Écartelé : aux 1 et 4 d'azur au pélican d'argent avec sa piété de gueules; aux 2 et 3 de gueules à deux chevrons d'argent superposés ; sur le tout de gueules à un portail d'argent.

Cette famille nombreuse a trois représentants en France : le comte Arthur de Pourtalès-Gorgier, attaché d'ambassade ; le comte Robert de Pourtalès, député à l'Assemblée nationale, au château de Bandeville (Seine-et-Oise); le comte Edmond de Pourtalès, à Paris.

**POUSOLS OU POUZOLS.** *Languedoc.*

De gueules, au château fort sommé de trois tours d'argent, maçonnées de sable, accompagnées en pointe de deux lions affrontés d'or posés sur une terrasse de sinople.

Cette famille a deux représentants à Toulouse.

**POUTE DE PUYBAUDET.** *Limousin, Touraine.*

Palé d'argent et de sable ; au chevron de sable brochant sur le tout ; au chef d'argent.

Cette famille a deux représentants : Poute de Puybaudet, au château de Saulgond, par Chabannais, département de la Charente; Poute de Puybaudet, maire à Saint-Priest, département de la Haute-Vienne.

**POUTIER.** *Champagne, Poitou.*

De sable, à la croix engrêlée d'argent.

Cette famille a pour unique représentant Achille de

Poutier, comte de Sones, qui a sa résidence d'été à Montigny-le-Roi et sa résidence d'hiver à Langres, département de la Haute-Marne.

**POUY.** *Toulouse.*

D'argent, à la tour de gueules, maçonnée d'or. — D'azur au mont adextré, affronté d'un lion rampant, sommé de trois étoiles, le tout d'argent.

Cette famille a deux représentants : de Pouy, au château d'Avenzac, par Mauvezin, département du Gers ; Alfred de Pouy, à Toulouse.

**POUZARGUES.** *Quercy.*

D'argent, à trois corneilles de sable, becquées et membrées de gueules ; au chef du même, chargé de trois étoiles d'argent.

De Pouzargues, chef de nom et d'armes, sans fonctions et sans titre, réside à Blois, département de Loir-et-Cher. De Pouzargues, autre représentant du nom, réside au château de Monbeau, par Fumel, département de Lot-et-Garonne.

**POYEN.** *Rouergue, Guadeloupe.*

De gueules, au paon d'argent passant sur une terrasse de sinople ; au chef cousu d'azur chargé de trois étoiles d'or.

Cette famille a quatre représentants : de Poyen, à Fazanic, département de Lot-et-Garonne ; de Poyen, attaché à l'administration des lignes télégraphiques, à Agen, département de Lot-et-Garonne ; de Poyen, médecin à Pointe-à-Pître, Guadeloupe ; de Poyen, maire à Sainte-Anne, Guadeloupe.

**POZZO DI BORGO.** *Italie.*

Écartelé : aux 1 et 4 d'azur au château de trois tours d'argent sur un rocher du même ; aux 2 et 3 d'argent à l'écusson d'azur, chargé d'une fleur de lis d'or ; au chef brochant sur les écartelures ; d'or à l'aigle impériale de Russie.

De cette famille qui a donné dans les temps modernes un diplomate célèbre, était Amédée-Alphonse di Pozzo, marquis de Voghera, prince de la Cisterna, grand veneur et grand fauconnier du duc de Savoie, mort le 4 octobre 1698. Elle a trois représentants : le duc Pozzo di Borgo, au château de Montretout, par Saint-Cloud, département de Seine-et-Oise, qui a sa résidence d'hiver à Paris ; le vicomte de Pozzo di Borgo, son fils ; Pozzo di Borgo, chanoine à Ajaccio, Corse.

**PRACONTAL.** *Dauphiné.*

D'or, au chef d'azur, chargé de trois fleurs de lis d'or.

Ancienne famille noble du Dauphiné, établie depuis 1735 en Nivernais. — Elle tire son nom du château de Pracontal, près de Montélimar, et remonte par titres à Guillaume de Pracontal, en 1160 ; Foulques de Pracontal, croisé en 1191 ; Jean de Pracontal en 1224.

Rostaing de Pracontal en 1258, commence la filiation non interrompue jusqu'à nos jours.

Ses représentants actuels sont : le marquis de Pracontal, né en 1804, et son fils le comte de Pracontal, né en 1831, au château de Châtillon, département de la Nièvre ; son neveu Rostaing de Pracontal, né en 1851, au château de Briffault, département de la Nièvre.

**PRADE** (de la). *Toulouse, Montauban.*

De sinople, au lézard d'argent en chef et une montagne d'or en pointe.

De la Prade, unique représentant du nom, réside au château de Coufinal, par Revel, département de la Haute-Garonne.

**PRADEL DE LAMASE.** *France.*

Coupé : au 1 emmanché de gueules et d'argent ; au 2 d'azur plein.

L'unique représentant du nom, Alphonse Pradel de Lamase, est attaché à l'administration des lignes télégraphiques, à Marseille.

**PRADIER DE MONT-AGRAIN.** *Languedoc.*

D'azur, à trois lions d'or, couronnés du même.

De Pradier de Mont-Agrain, unique représentant du nom, est maire à Saint-Yeure-d'Ay, par Satillieu, département de l'Ardèche.

**PRANDIÈRES** (Lestra de). *Lyonnais.*

D'azur, au chevron d'argent, chargé d'une billette de gueules.

Cette famille a deux représentants : Lestra de Prandières, maire du IIe arrondissement, à Lyon ; Lestra de Prandières, avocat général, à Lyon.

**PRANEUF.** *Languedoc.*

D'azur, au chevron, accompagné en chef de deux palmes adossées et en pointe d'un mont de six coupeaux, le tout d'or.

Arnauld de Praneuf, chef de nom et d'armes, est juge d'instruction à Lunéville, département de la

Meurthe. Son fils aîné est conseiller de préfecture à Auxerre.

**PRAT.** *Bourgogne, Provence.*

Bourgogne. De gueules, à la fasce d'argent, accompagnée de trois annelets du même.

Provence. Parti de sable et d'argent, à un rat de l'un en l'autre.

Cette famille a deux représentants : de Prat, à Marseille ; de Prat, à Lille, département du Nord.

**PRAT DE LESTANG.** *Toulouse.*

D'or, à trois tierce-feuilles de sinople, posées deux en chef et une en pointe ; au chef d'azur plein.

De Prat de Lestang, unique représentant du nom, est juge de paix à Saverdun, département de l'Ariége.

**PRATVIEL D'AMADES.** *Toulouse.*

De gueules, au chevron d'or, sommé d'une étoile d'argent, accompagné de trois fleurs de bouton d'or des prés, de quatre fleurons, tigées et feuillées d'or, posées deux en chef et une en pointe.

Cette famille a trois représentants : Amans de Pratviel d'Amades, chevalier de la Légion d'honneur, ancien officier d'état-major, à Toulouse ; Alphonse de Pratviel d'Amades, à Toulouse ; Antonin de Pratviel d'Amades, à Toulouse.

**PRÉ DE SAINT-MAUR (du).** *Brie, Ile-de-France.*

Parti : au 1 d'azur à la bande d'or chargée de trois cosses de pois de sinople, qui est de Cossigny ; au 2 d'argent à la fasce de sinople, accompagnée de trois trèfles du même posés deux en chef et un en pointe.

Cette famille, originaire de l'Ile-de-France, s'est distinguée dans l'armée, la magistrature, l'administration et les lettres ; elle remonte, par preuves et titres vérifiés et certifiés par d'Hozier en 1757, à Jehan du Pré, seigneur de Cossigny, échevin de Paris, en 1416.

Elle s'est divisée en plusieurs branches détaillées en un art. de Lachesnais des Bois, tome XI, pages 99 et suivantes.

Elle a fourni pendant dix générations des conseillers maîtres à la Cour des comptes. Un de ses membres, Nicolas-François du Pré de Saint-Maur, mort en 1774, fut un des quarante de l'Académie française.

Son fils, Nicolas du Pré de Saint-Maur, II<sup>e</sup> du nom, chevalier, seigneur de Saint-Maur, d'Argent, la Jaulge, Brinon, Clemont, Sainte-Montaine et autres lieux, reçu conseiller au parlement de Paris en 1751, maître des requêtes en 1755, intendant du Berri en 1764 et de la Guyenne en 1766, fut l'auteur de la troisième branche, devenue l'aînée, et seule existante aujourd'hui. Il est mort conseiller d'État en 1792.

Sa descendance est aujourd'hui représentée par ses petits-fils : 1° Victor du Pré de Saint-Maur, sans enfants ; 2° les filles d'Hippolyte du Pré de Saint-Maur, décédé, qui sont M<sup>me</sup> la comtesse de Monbel, M<sup>me</sup> de Baudicourt, M<sup>me</sup> la marquise de Bourran ; 3° Ernest du Pré de Saint-Maur, au château de Bonhôtel, département du Loiret, qui a un fils et une fille mariés ; 4° Jules du Pré de Saint-Maur, qui a fixé sa résidence dans la province d'Oran, en Algérie, et qui a six enfants ; 5° Édouard du Pré de Saint-Maur, qui a deux enfants.

**PRÉAUDEAU.** *Bretagne.*

D'azur, à l'aigle d'or, couronné du même, tenant de sa patte senestre une banderole d'argent montée d'or.

Cette famille a deux représentants : de Préaudeau, au château de Pont-d'Oust, par la Gacilly, département du Morbihan; de Préaudeau, maire à Ploërmel, même département.

**PRÉAULX.** *Touraine.*

De gueules, au lion d'argent, armé, lampassé, couronné d'or; au chef d'argent, dammé de sable. Cimier : un ange tenant une rose. Tenants : deux anges.

Le premier de ce nom, qui vient d'une terre près de Châtillon-sur-Indre, au diocèse de Bourges, est Raoul, seigneur de Préaulx, qualifié noble homme, messire et chevalier, dans un contrat du 16 novembre 1632. Sa postérité a quatre représentants : le marquis de Préaulx, au château de Pouancé, département de Maine-et-Loire; le comte de Préaulx, au château de Oublaize, par Valençay, département de l'Indre; le vicomte de Préaulx, son frère; le vicomte Charles de Préaulx, au château de Préaulx, département de l'Indre.

**PRÉDOUR.** *Bretagne.*

De gueules, au chevron d'argent, accompagné de trois étoiles du même.

Le vice-amiral de Prédoùr, grand officier de la Légion d'honneur, ancien sénateur, à Paris, aujourd'hui le chef de nom et d'armes de cette famille, a un neveu du nom, inspecteur dans la marine.

**PRÉFONTAINE.** *Normandie.*

De gueules, au lion d'or, la queue fourchée et passée

en sautoir ; au chef cousu d'azur, chargé d'un soleil d'or, accosté de deux molettes d'éperon du même.

L'unique représentant du nom, de Préfontaine, est maire à Varennes, département de la Meuse.

**PREISSAC.** *Languedoc.*

D'argent, au lion de gueules, armé, lampassé et couronné d'azur.

Cette maison tire son origine, ainsi que les comtes d'Armagnac et les seigneurs de Montesquiou, des comtes de Fezensac, issus des ducs de Gascogne, et ceux-ci de Charibert, roi d'Aquitaine, second fils de Clotaire II, roi de France, et frère cadet du roi Dagobert, I$^{er}$ du nom. Elle jouit du rare avantage d'avoir une filiation prouvée par titres depuis plus de huit cents ans, à partir des comtes de Fezensac et remonte à Bernard I$^{er}$, surnommé Contrario, fils puîné de Guillaume-Astanove, comte de Fezensac, mort en 1096. Elle est représentée par le duc de Preissac d'Esclignac, au château de Mauvers, par Verdun, département de Tarn-et-Garonne.

**PRÉMONT.** *Artois.*

D'hermines, à la fasce de gueules.

Cette famille a trois représentants dans le département du Pas-de-Calais : Anatole de Prémont, à Villers-Guislain ; Alfred de Prémont, à Montreuil-sur-Mer ; Louis de Prémont, au château d'Aumière.

**PRÉMORVAN.** *Bretagne.*

D'argent, au lévrier de sable colleté d'or, surmonté d'un greslier de sable, enguiché, lié et virolé d'or.

Le comte de Prémorvan, unique représentant du nom, vit éloigné de toute fonction publique, à Paris.

**PREPETIT DE LA GARENNE.** *Normandie, Bretagne.*

NORMANDIE. De sinople, à la fasce d'argent, accompagnée de trois éperviers d'or.

BRETAGNE. De sinople, à trois canettes d'argent.

De Prepetit de la Garenne, unique représentant du nom, est capitaine d'artillerie de marine.

**PRESEAU.** *Touraine.*

De sable, au sautoir engrêlé d'argent, cantonné de quatre coquilles du même.

De Preseau, unique représentant du nom, réside au château d'Escuelin, par Berlaimont, département du Nord.

**PRESLE.** *Mâconnais.*

D'or, au chevron d'azur accompagné au canton dextre du chef d'une étoile du même et en pointe d'un cerf élancé de gueules.

L'unique représentant du nom, de Presle, réside à Orléans, département du Loiret.

**PRESSAC.** *Poitou.*

D'azur, au lion d'argent, armé, lampassé et couronné de gueules.

De Pressac, unique représentant du nom, est vérificateur de l'enregistrement à Laigle, département de l'Orne.

**PRESTRE DE JAUCOURT (LE).** *Ile-de-France.*

D'azur, au chevron d'or accompagné en chef de deux besants et en pointe d'une couronne, le tout d'or.

La Chenaye-Desbois mentionne une famille de Prestre, originaire de Bretagne, qui portait de gueules à trois écussons d'hermine, à la bordure engrêlée d'or, autour du grand écusson. Celle qui nous occupe est représentée par le Prestre de Jaucourt, au château de Bois-Morin, par Braisne-sur-Vesle, département de l'Aisne.

**PREUIL (DU).** *Poitou.*

D'azur, au chevron d'or chargé de trois croissants de gueules.

Du Preuil, officier de la Légion d'honneur, unique représentant du nom, est colonel au 12$^e$ chasseurs.

**PREUILLY.** *Touraine.*

D'or, à trois aigles d'azur, deux en chef et un en pointe.

Connue depuis Effroy de Preuilly, chevalier, seigneur de Preuilly et de la Rocheposay, qui fit construire, en 1001, l'abbaye de Saint-Pierre, à Preuilly, près de Loches, où il fut inhumé, cette ancienne maison est représentée par le général de division de Preuilly, commandeur de la Légion d'honneur, à Paris.

**PRÉVÉRAND DE SONNEVILLE.** *Limousin.*

D'azur, au chevron d'or accompagné de trois grenades flamboyantes de gueules posées 2 et 1.

L'unique représentant du nom, de Prévérand de Sonneville, réside au château de la Tour-Guéraud, à Carbon-Blanc, département de la Gironde.

**PREVOST.** *Limousin, Poitou, Guadeloupe.*

D'argent, à deux fasces de sable, accompagnées de six merlettes du même, posées 3, 2 et 1.

Distinguée par ses services et par ses alliances, cette famille, qui remonte à Hugues Prevost, vivant sous

Guillaume VII, mort en 1086, a douze représentants : le marquis Prevost de Sansac de Touchimbert, au château de Londigny, par Ruffec, département de la Charente-Inférieure ; le comte Prevost de Sansac de Touchimbert, au château de Bois-Chapeleau, par Coulonges, département des Deux-Sèvres ; le comte Prevost de Sansac de Touchimbert, au château de Mondiou, par Leigne, département de la Vienne ; Prevost de Sansac de Touchimbert, à Blois, département de Loir-et-Cher ; le vicomte Auguste Prevost de Sansac de Traversay, au château Bourgjolly, par la Tricherie, département de la Vienne ; le comte Augustin de Sansac de Traversay, au château de Vairé, par Saint-Maixent, département des Deux-Sèvres ; le vicomte Louis Prevost de Sansac de Traversay, au 5ᵉ bataillon de chasseurs à pied ; le baron Ernest Prevost de Sansac de Traversay, à Évreux, département de l'Eure ; Jules Prevost de Sansac de Traversay, au château de Château-Guillaume, par Belabre, département de l'Indre ; Charles Prevost de Sansac de Traversay, au château de Putigny, par Bressuire, département des Deux-Sèvres ; Émeran Prevost de Sansac de Traversay, à Crouzilles, par l'Isle-Bouchard, département d'Indre-et-Loire.

**PREVOST.** *Bretagne, Poitou, Paris, Bretagne, Paris.*

BRETAGNE, POITOU. D'argent, à trois hures de sanglier de sable défendues d'or.

PARIS, BRETAGNE. Tiercé : au 1 d'azur au croissant d'argent ; au 2 d'or à trois étoiles d'azur ; au 3 de sable à la sirène d'argent.

PARIS. D'or, au chevron renversé d'azur, accompagné en chef d'une molette de gueules et en pointe d'une aigle éployée de sable.

Prevost, à Paris et en Bretagne, remonte à Jean Prevost, écuyer, conseiller au Parlement de Paris, président aux requêtes du palais, dont le fils Bertrand Prevost mourut en 1585.

Sous le nom générique de Prevost dont nous décrivons les armes, on retrouve cinq représentants : Prevost de Bonnejean, au château de Briacé, par les Rosiers, département de Maine-et-Loire ; Prevost de Courmière, juge de paix à Desvres, département du Pas-de-Calais ; Prevost de Lavaud, médecin à Salles-la-Vauguyon, département de la Haute-Vienne ; Prevost du Las, vicaire général à Angoulême, département de la Charente ; Prevost de Saint-Cyr, officier de la Légion d'honneur, à Caussade, département de Tarn-et-Garonne.

**PREVOST (LE).** *Normandie.*

D'azur, au lion rampant d'argent, tenant une hache d'armes du même.

Ces armes appartiennent à trois représentants du nom de Le Prevost : Le Prevost de Moissonnière, notaire à Rouen ; Le Prevost de Launay, officier de la Légion d'honneur, préfet à Caen, département du Calvados ; Le Prevost de Launay, au château de Launay, par Lezardrieux, département des Côtes-du-Nord.

**PREVOST DE LA BOUTETIÈRE.** *Poitou.*

D'argent, à trois hures de sable.

Citée dans le *Dictionnaire des Origines*, par Lainé, cette famille a deux représentants : Louis-Jean, comte Prevost de la Boutetière, à la Boutetière, par Chantonnay, département de la Vendée ; Camille-Toussaint

Prevost de la Boutetière, frère cadet, sous-chef au ministère de l'intérieur.

**PREVOST (LE).** *Normandie.*

D'azur, à trois moutons d'argent.

Le Prevost, unique représentant de cette famille, réside au château de Bosgouet, par Bourg-Achard, département de l'Eure.

**PREY DES ILES.** *Normandie.*

D'azur, à la croix d'or chargée de neuf écussons de gueules.

L'unique représentant du nom, du Prez des Iles, est percepteur à Bordeaux, département de la Gironde.

**PREZ-CRASSIER.** *Champagne.*

Coupé : au 1 d'or au lion naissant de gueules, mouvant du coupé ; au 2 d'azur plein.

Le baron de Prez-Crassier, unique représentant du nom, réside au château de Crassier, à Ferney, département de l'Ain.

**PRIOUL.** *Bretagne.*

D'argent, au cygne naturel de gueules, colleté d'une couronne d'or ; au chef de gueules chargé de trois annelets d'or.

L'unique représentant du nom, de Prioul, sans fonctions et sans titre, réside à Rennes.

**PRIVAT DE LA GARILHE.** *Provence.*

D'or, à la croix de gueules, bouclée de sable, cantonnée de quatre givres ou serpents de sable, tortillés, posés en pal et adossés.

Privat de la Garilhe, unique représentant du nom, est chirurgien de la marine.

**PROST.** *Lyonnais.*

De gueules, à deux chevrons d'or; au chef cousu d'azur, chargé de deux étoiles du second.

Le baron de Prost, unique représentant du nom, réside à Nice.

**PRON.** *Orléanais.*

D'azur, à deux chevrons d'or, accompagnés en pointe d'une épée d'or, mise en pal, entortillée d'une branche de lis de jardin, d'argent; parti d'or au tube de canon au naturel, posé en pal, surmonté de deux étoiles de gueules; l'écu timbré d'une couronne de baron.

Le baron Pron, unique représentant du nom, commandeur de la Légion d'honneur, grand cordon de plusieurs ordres étrangers, ancien préfet de Strasbourg, réside au château de Sainte-Radegonde, par Châteaudun, département d'Eure-et-Loir.

**PROVENCHÈRE.** *Orléanais.*

D'argent, à deux lévriers passants l'un sur l'autre; l'un d'azur accolé d'argent, l'autre de gueules accolé d'or.

Jérôme de Provenchère, unique représentant du nom, réside à Clermont-Ferrand, département du Puy-de-Dôme.

**PRUDHOMME.** *Normandie, Touraine, Maine, Touraine, Montauban, Maine.*

Normandie, Touraine, Maine. D'azur, à deux épées d'or passées en sautoir et accompagnées de deux merlettes du même, deux en flancs et une en pointe.

Touraine, Montauban, Maine. D'azur, à trois tours d'argent crénelées et maçonnées de sable, posées 2 et 1.

Sous le nom générique de Prudhomme on trouve cinq représentants : de Prudhomme, au château de Chaux, par Salins, département du Jura ; Prudhomme de la Boussinière, au Mans, département de la Sarthe ; Prudhomme de Saint-Maur, à Toulouse ; Alphonse Prudhomme de Saint-Maur, chevalier de la Légion d'honneur, capitaine d'infanterie de marine, à la Guadeloupe ; Prudhomme de la Pérelle, au château de la Pérelle, en Domerat, département de l'Allier.

**PRULAY.** *Normandie.*

Ecartelé : aux 1 et 4 d'azur, au chevron d'or, accompagné en chef de deux roses d'argent et en pointe d'un poisson du même nageant dans une mer de sinople ; aux 2 et 3 d'azur, à deux poissons d'or adossés et posés en pal, surmontés d'une tête de maure de sable, tortillée d'argent.

Cette famille, dont le nom patronymique est Poissonnier, est originaire de Bourgogne et la plus ancienne de Dijon. Louis-Joseph Poissonnier de Prulay fut avocat général au parlement de Bourgogne en 1780. Un de ses ancêtres fut maire de Dijon en 1394, et obtint des lettres de noblesse en 1398, pour lui et pour ses descendants. Elle est représentée par Jean-Gabriel-Fernand, baron de Prulay, chevalier de la Légion d'honneur, ancien officier supérieur de cavalerie, au château de Saint-Lubin, près Nonancourt, département d'Eure-et-Loir.

Par suite du décès de son fils unique, le baron Richard de Prulay est l'unique représentant de son nom.

**PRUNES.** *Toulouse, Montauban.*

De sable, à un pal d'argent, chargé d'un prunier de sinople, fruité d'azur.

Cette famille a deux représentants : de Prunes, chevalier de la Légion d'honneur, conseiller général, à Xertigny, département des Vosges ; de Prunes, au château de Carrières, par Maurs, département du Cantal.

**PRUNEAU D'AMBRUN.** *Poitou.*

D'argent, à trois aigles de sable, posées 2 et 1.

De Pruneau d'Ambrun, unique représentant du nom, est receveur particulier, à la Palisse, département de l'Allier.

**PRUNELÉ.** *Beauce.*

De gueules, à six annelets d'or, posés 3, 2 et 1.

L'une des plus anciennes de la Beauce, mise au nombre de celles dont l'antiquité se perd dans la nuit des temps, cette maison qui remonte par titres à Guillaume Prunelé, I$^{er}$ du nom, connu par un acte de dotation aux lépreux d'Illiers, en juin 1202, est représentée par le marquis de Prunelé, au château d'Hermé, par les Ormes, département de Seine-et-Marne.

**PUIBUSQUE.** *Toulouse.*

De gueules, au lévrier passant d'argent, colleté de sable.

Cette famille, qui a de nombreux représentants, a pour chef de nom et d'armes de Puibusque, à Toulouse.

**PUISARD.** *Maine.*

D'azur, à un dextrochère vêtu, ganté d'un gant de fauconnier d'argent.

L'unique représentant du nom, de Puisard, réside au château du Pin, par Contest, département de la Mayenne.

**PUISAYE.** *Perche.*

D'azur, à deux lions passants d'or, armés et lampassés de gueules.

Une des plus anciennes de la province, cette maison, qui remonte par filiation suivie à Robert de Puisaye, connu par une charte de ses donations à l'abbaye de Saint-Martin de Séez, en 1096, a pour unique représentant Charles-Gabriel, marquis de Puisaye, à Paris.

**PUJO DE LAFITOLE.** *Bigorre.*

D'azur, au chevron d'or.

Cette famille a deux représentants : le marquis Pujo de Lafitole, à Pau, département des Basses-Pyrénées ; le comte Pujo de Lafitole, à Neuilly, près Paris.

**PULLIGNIEU.** *Lyonnais.*

D'azur, au chevron d'or accompagné de trois larmes du même, posées 2 et 1.

Claudius de Pullignieu, chef de nom et d'armes, résidant à Villefranche, département du Rhône ; second représentant du nom, Gabriel de Pullignieu, son fils.

**PULLIGNY.** *Lorraine.*

D'azur, à deux épées d'argent, garnies d'or et passées en sautoir; au chef de gueules chargé d'un lion de Saint-Marc d'or.

Augustin de Pulligny résidait au château de la Grillière, département de l'Allier ; il habite aujourd'hui le canton de Vaud, en Suisse. Son frère Félix, second représentant du nom, réside au château du Chesnay, canton d'Écos, département de l'Eure.

**PUPIL DE SABLON.** *France.*

D'azur, à trois larmes d'argent posées 2 et 1.

Pupil de Sablon, l'un des représentants du nom, est directeur des transmissions télégraphiques, à Saint-Étienne, département de la Loire ; Pupil de Sablon, chevalier de la Légion d'honneur, autre représentant du nom, est conseiller général, maire de Bourg-Argental, même département.

**PUTECOTE DE RENNEVILLE.** *Normandie.*

D'argent, au chevron accompagné en chef de six roses et en pointe d'un lion, le tout de gueules.

Cette famille est représentée à Grenoble, département de l'Isère, par de Putecote de Renneville, qui a trois fils et une fille.

**PUY DE MONTBRUN (DU).** *Dauphiné.*

D'or, au lion de gueules, armé et lampassé d'azur.

Ancienne et illustre, cette maison remonte par titres à Hugues du Puy, I$^{er}$ du nom, fils de Raphaël de Podio, qui alla à la conquête de la Terre-Sainte, avec trois de ses fils et sa femme, Deurard de Poissieu, en 1096, fonda l'abbaye d'Aiguebelle, de l'ordre de saint Bernard, dans le diocèse de Saint-Paul-Trois-Châteaux, et reçut de Godefroy de Bouillon la ville d'Acre en souveraineté. Elle est représentée par le marquis du Puy de Montbrun, au château de Montbrun, par Condom, département du Gers.

**PUY (DU).** *France.*

D'azur, à la bande d'or accompagnée de six merlettes de sable.

De même souche que la précédente, séparée, depuis plusieurs siècles, d'une autre branche, celle des du Puy de la Rocheplaquin, princes de Vatan, en Berri, cette famille qui a donné le bienheureux Raymond du Puy, fondateur de l'ordre de Malte, a deux représentants : le marquis du Puy de Parnay, au château de Maquilly, par Chemiré-le-Gaudin, département de la Sarthe ; son fils, le marquis du Puy de Quinquerau-Beaujeu, trésorier-payeur général à Limoges, département de la Haute-Vienne.

**PUY DE SEMUR.** *Berry, Forez, Bourgogne.*

D'or, à la bande de sable chargée de trois roses d'argent ; au chef d'azur chargé de trois étoiles d'or.

Cette famille, qui a donné des chevaliers de l'ordre de Malte, des conseillers d'État aux cours de France et de Lorraine, des magistrats au parlement de Paris, et qui remonte à Pierre du Puy, Ier du nom, écuyer, seigneur de Châteaudame, en Berry, mort en 1348, à pour unique représentant le baron du Puy de Semur, maire de Semur, en Brionnais, département de Saône-et-Loire.

**PUYMIROL.** *Toulouse.*

D'azur, au croissant d'argent, accompagné de cinq têtes coupées de bélier du même, mises en fasce, trois en chef et deux en pointe.

Cette famille, a trois représentants : le marquis Marcel de Puymirol, au château de Syrac, par Mauvesin, département du Gers ; de Puymirol, au château de

Laréole, par Cadours, département de la Haute-Garonne ; Albert de Puymirol, à Toulouse.

**PUYLON.** *Paris.*

D'argent, à une queue de paon de sable ; au chef d'azur, chargé d'un croissant d'argent entre deux étoiles du même.

Cette famille a pour unique représentant de Puylon, à Paris.

**PUYMAIGRE** (BOUDET DE). *Lorraine, Berry.*

D'or, au demi-vol de sable.

Le comte Boudet de Puymaigre, unique représentant du nom, réside à Metz, Alsace-Lorraine.

# Q

**QUARRÉ DE BOIRY.** *Artois, Cambrésis.*

Artois. D'azur, au chevron d'argent, accompagné de trois besants du même, chargés chacun d'un filet de sable mis en demi-cercle; le chevron chargé en chef d'une étoile de sable, et en bas, de chaque côté, d'une merlette affrontée du même.

Cambrésis. D'azur, au chevron d'or, accompagné de trois carreaux d'argent.

Cette famille a deux représentants : le comte Quarré de Boiry, au château de Fabus, par Vimy, département du Pas-de-Calais; de Quarré de Boiry, à Arras.

**QUARRÉ.** *Bourgogne.*

Échiqueté d'argent et d'azur; au chef d'or, chargé d'un lion léopardé de sable, armé, lampassé et couronné de gueules.

Cette famille se divise en deux branches : l'aînée a pour chef de nom et d'armes Louis-Gabriel Quarré, au château de Chaume, par Arnuy-le-Duc, département de la Côte-d'Or.

La seconde branche, dite de Verneuil, qui brise d'une fasce de pourpre brochante sur l'échiqueté, a pour chef Jacques-Beningne-Eugène Carré de Verneuil. Il a neuf enfants, sept fils et deux filles.

**QUATREBARBES.** *Anjou.*

De sable, à la bande d'argent côtoyée de deux cotices de sable.

Originaire du Poitou, cette maison présente une filiation suivie et prouvée par titres depuis Ranulphe de Montmorillon qui, vers le milieu du $xi^e$ siècle, épousa Agnès, sœur d'Adelbert, comte de la Marche. (D. Fonteneau.)

Son frère puîné, Audebert de Montmorillon, archevêque de Bourges, assista sous Urbain II aux conciles de Clermont et de Tours. (D. Ruinart.)

Son fils, Bernard, suivit Raymond de Saint-Gilles dont il était le cousin germain, dans l'expédition contre les Maures d'Espagne (1087) où, d'après une tradition séculaire, il reçut d'Alphonse VI, roi de Castille, le surnom de Quatrebarbes lorsqu'il lui apporta, attachées au fer de sa lance, les têtes de quatre émirs défiés le même jour en combat singulier. (Mss. de la bibl. nat.)

Suivant un titre cité par Besly (ex tab. S. Cyp. pict.), il est certain que Bernard avait ajouté à son nom celui de *Quatrebarbes* quand, à la voix de Pierre l'Ermite, il prit avec son fils, Philippot, la croix, malgré son âge avancé. Il trouva la mort sous les murs de Jérusalem. (Mss. de la bibl. nat.)

Philippot Quatrebarbes, baron de Moussy et de Jallais, passa sa vie à guerroyer contre les infidèles et accompagna le roi Foulques d'Anjou lorsqu'il alla prendre possession du trône de Jérusalem.

III<sup>e</sup> croisade, Guillaume (charte devant Saint-Jean d'Acre, 1191).

III<sup>e</sup>, V<sup>e</sup>, VI<sup>e</sup> croisades, Foulques, tué au siége de Damiette, 1219. (D. Housseau, Versailles, galerie des croisades.)

VII<sup>e</sup> croisade, Hugues (charte sous Damiette, 1249).

La famille Quatrebarbes a donné à la France, tués ou morts de leurs blessures : Jean VII<sup>e</sup> du nom, dans une rencontre avec les Anglais, 1390 (Mss. de la bibl. nat.) ; Guillaume, Macé, Pierre, Gilles, Guyon au combat de Verneuil, 1422 (la Chesnaye) ; Louis, à la bataille de Ravennes, 1512 (Bourdigné) ; Pierre IV au siége de Montmédy ; Zacharie II au siége de Gravelines, 1658 (la Chesnaye) ; René-César à la suite du combat de la Hogue ; il y commandait le vaisseau le *Fort* (Quincy).

Elle compte parmi ses membres : un chambellan du roi Charles VII, 1458 ; un conseiller d'État et maître des requêtes du roi (Mss. de la bibl. nat.) ; deux gentilshommes de la chambre du roi Henri IV, dont l'un, Lancelot I<sup>er</sup>, fut envoyé extraordinaire de ce prince près la reine Élisabeth d'Angleterre (la Chesnaye) ; Hyacinthe, créé par Louis XIV marquis de la Rongère et comte de Saint-Denys du Maine, fut nommé chevalier d'honneur de M<sup>me</sup> Élisabeth-Charlotte, Palatine, duchesse d'Orléans (brevet du 24 juin 1684).

Elle a produit des chevaliers de Saint-Jean de Jérusalem et de Malte (Vertot) ; un chevalier du Saint-Esprit et commandeur des ordres du roi à la promotion de 1688 (P. Anselme), des chevaliers de Saint-Louis, de la Légion d'honneur, deux commandeurs de l'ordre de Pie IX.

Admission aux honneurs de la cour, sur preuves faites devant Chérin en 1786.

ALLIANCES. — Brochessac, Brezé-Maulévrier, Craon, Maillé, Latour-Landry, Champagné, Thévalles, Brie-Serrant, la Jaille, Scepeaux-la-Vieuville, du Guesclin, Quelen de Saint-Bihi, Chourches, Saint-Offange, Partenai-Larchevêque, Feschal, de Préaulx, Savonnières, Beauvau, Dampierre, etc.

Elle avait parmi ses rejetons contemporains : Hyacinthe-Charles-René, un des signataires du traité de Candé en 1799, à l'armée royale de la rive droite de la Loire; le marquis de Quatrebarbes, auteur de plusieurs brochures publiées à Angers ; le comte Théodore de Quatrebarbes, officier d'état-major à l'expédition d'Alger, 1830, démissionnaire après la révolution de Juillet. Il a publié : *Souvenirs de la campagne d'Afrique,* 1830 ; *une Paroisse vendéenne sous la terreur ;* réédition des *Chroniques d'Anjou et du Maine*, par Jean de Bourdigné ; œuvres complètes du roi René, enrichies d'une biographie, d'études sur la chevalerie et de notices ; *Discours et opinions ; Souvenirs d'Ancône*, siége de 1860. Nommé député de Cholet en 1846, et représentant à l'Assemblée constituante en 1848. Il suivit en Italie le général de La Moricière et y fut gouverneur de la ville et province d'Ancône ; son petit-neveu, Hyacinthe-Louis-Marie-Bernard, comte de Quatrebarbes, lieutenant d'artillerie pontificale, mort à Rome, en novembre 1867, de blessures reçues à l'héroïque défense de Monte-Rotondo, où une garnison de moins de 300 hommes sauva la capitale du catholicisme en arrêtant le flot de l'invasion commandée par Garibaldi en personne, ce qui permit à une division de l'armée française d'arriver à temps pour se réunir aux troupes du Saint-Père et remporter avec elles la victoire de Mentana ; peu de jours avant, à la prise de Nerola, Bernard, comme à Monte-Rotondo, avait commandé l'artillerie et dirigé un détachement du génie ; Lancelot, vicomte de Quatrebarbes, inspecteur général des finances, officier de la Légion d'honneur ; Yves de Quatrebarbes, blessé comme zouave pontifical à Mentana, 1867, comme capitaine d'une compagnie des mobiles de la Mayenne dans la guerre de 1870-1871 ; chevalier de l'ordre de Pie IX, de la Légion d'honneur et de Malte.

**QUATREFAGES DE BRÉAU.** *Languedoc.*

D'or, à quatre faines de sable, posées 2 et 2. Supports : deux ours.

Cette famille a pour représentants de Quatrefages de Bréau, officier de la Légion d'honneur, membre de l'Institut, résidant à Paris. Il a un fils.

**QUATRESOLS DE MAROLLES.** *Brie.*

D'azur, au lion accompagné en chef d'une étoile, et en pointe d'une palme posée en bande, le tout d'or.

Cette famille a deux représentants : Quatresols de Marolles, juge au tribunal civil de Reims, département de la Marne ; Quatresols de Marolles, à Paris.

**QUECQ D'HENRIPRET.** *Flandre.*

De sinople, au canard d'argent ; au chef d'or, chargé de deux tourteaux d'argent en fasce.

Cette famille a deux représentants : Arthur et Gustave de Quecq d'Henripret, à Lille.

**QUEILLE (DE LA).** *Auvergne.*

De sable, à la croix engrêlée d'or.

Cette famille a deux représentants : le marquis de

la Queille, au château de Collas, par Remoulin, département du Gard; le comte de la Queille, à Paris.

**QUÉLEN.** *Bretagne.*

Burelé d'argent et de gueules de dix pièces.

Cette famille, qui a possédé anciennement une châtellenie de son nom, dans la paroisse de Duault, au diocèse de Quimper, et qui, malgré d'autres armoiries, semble provenir de même souche que la maison de Quelen, au diocèse de Saint-Brieuc, connue dès l'an 1278, a quatre représentants : le comte de Quelen, à Paris; de Quelen, au château de Surville, par Montereau, département de Seine-et-Marne ; de Quelen, chevalier de la Légion d'honneur, chef d'escadron au 5e de hussards; de Quelen, chanoine honoraire, à Saint-Brieuc, département des Côtes-du-Nord.

**QUEMPER DE LANASCOL.** *Bretagne.*

D'argent, au léopard de sable et trois étoiles du même rangées en chef.

L'*Armorial de Bretagne* charge le chef de trois coquilles du même.

Cette famille, dont était François-Joseph Quimper, écuyer, seigneur de Lanascol et de la Lande, déclaré noble d'ancienne extraction, par arrêt des commissaires de Bretagne, du 20 juillet 1669, a trois représentants : Yves, marquis de Quimper de Lanascol, au château de la Jonchère, par Pouancé, département de la Loire-Inférieure ; Eudes-Marie-Armand, comte de Quemper de Lanascol, au château du Parc, par Lezardrieux, département des Côtes-du-Nord; Frédéric de Quemper de Lanascol, au château de Langourla, près Merdrignac, département des Côtes-du-Nord.

**QUERANGAL.** *Bretagne.*

D'argent, à l'épervier de sable, empiétant une branche de sinople fruitée de gueules.

Cette famille a deux représentants : de Querangal de Ternaux, chevalier de la Légion d'honneur, receveur particulier à Vienne, département de l'Isère; de Querangal des Essarts, à Beauvais, département de l'Oise.

**QUERILHAC.** *Languedoc.*

Parti : d'or et d'azur, l'or au coq de sable, l'azur à l'épée haute en pal d'argent, barré du tiers de l'écu de gueules, au signe des chevaliers légionnaires, brochant sur le tout.

De noblesse d'empire, cette famille est représentée par de Querilhac, chevalier de la Légion d'honneur, conseiller à la cour d'appel, à Toulouse.

**QUESNAY DE BEAUREPAIRE.** *Alençon.*

D'or, à un chêne arraché de sinople.

De Quesnay de Beaurepaire, unique représentant du nom, est substitut du procureur de la république au Mans, département de la Sarthe.

**QUESNAY.** *Normandie.*

Palé d'argent et de gueules; au chef d'azur chargé d'une molette d'éperon d'or; au chef du même.

L'unique représentant du nom, marquis du Quesnay, réside au château de Vaudrimare, par Fleury, département de l'Eure.

**QUESNE.** *Flandre.*

D'argent, au chêne arraché de sinople, englanté d'or; à la fasce bastillée de trois pièces de sable et chargée de trois têtes de léopard d'or, lampassées de gueules, brochant sur l'arbre.

L'unique représentant du nom, baron du Quesne, réside à Paris.

**QUESNOY.** *Normandie, Paris.*

NORMANDIE. D'argent, au lion de gueules accompagné de neuf glands de sinople.

PARIS. D'argent, à la fasce de gueules, chargée d'un soleil accosté de deux palmes du même, soutenant un hibou contourné de gueules et une canette de sable, et accompagné en pointe d'une canette de sinople.

Quesnoy, en Normandie, a donné cinq bienfaiteurs du prieuré de Saint-Lô du Bourg-Achard, nommés dans une bulle du pape Alexandre III, datée du 17 des calendes de mai 1181.

Quesnoy, en Picardie, a donné Charles du Quesnoy, prisonnier à la bataille d'Azincourt, en 1415.

Cette grande famille est représentée par le marquis du Quesnoy, au château de Pigatière, par Saint-James, département de la Manche.

**QUESNOY (DU).** *Artois.*

De gueules à la fasce d'argent accompagnée de trois roses d'or, deux en chef, une en pointe, la fasce chargée de trois croissants de sable. Couronne: de baron. Supports : deux griffons d'or.

Cette famille très-ancienne a pour chef de nom et d'armes Gaston-Norbert-Auguste, baron du Quesnoy, fils de Victor-Auguste et de dame Zulma, baronne de Wasservas et du saint Empire romain. De son mariage avec M$^{me}$ Wilhelmine-Gabrielle de Pertuis de Montfaucon, d'Avignon, il a deux fils, Arthur et Eugène.

Résidences : château d'Haplincourt, par Bertincourt, département du Pas-de-Calais, et Paris.

**QUETTEVILLE** (le nantier de). *Normandie.*

D'or, fretté d'azur.

Cette famille a pour unique représentant Le Nantier de Quetteville, au château de Quetteville, par Honfleur, département du Calvados.

**QUEUX.** *Saintonge, Guyenne.*

D'or, à trois hures de sanglier de sable défendues d'argent, posées 2 et 1.

Devise : *Clarus remaneto.*

Cette famille a deux représentants : Auguste-Henri-Édouard, marquis de Queux de Saint-Hilaire, à Paris; de Queux de Beauval, chevalier de la Légion d'honneur, à Paris.

**QUEVEDO.** *Béarn.*

Tiercé en pal : au 1 d'azur à trois fleurs de lis d'or; au 2 d'argent à une chaudière gringolée de sept têtes de serpent de sable; au 3 d'argent à l'étendard parti de gueules et d'argent, futé d'or, armé d'azur.

De Quevedo, unique représentant du nom, entré dans les ordres, est chanoine, à Bayonne.

**QUEYLAR.** *Provence.*

D'azur, au porte-harnais d'argent, chargé d'une croix de gueules ; au chef d'argent chargé d'un soleil ombré de gueules, accosté de deux croissants du même.

Cette famille a pour unique représentant de Queylar, sans fonctions et sans titre, à Paris.

**QUIÉVREMONT.** *Normandie.*

D'argent, à quatre burelles de gueules; au lion d'or brochant sur le tout.

L'unique représentant du nom, de Quiévremont, réside au château de Ango, par Offranville, département de la Seine-Inférieure.

**QUILLEBEUF.** *Rouen.*

D'azur, au pal d'argent, chargé en cœur d'une croix ancrée de gueules.

Cette famille a deux représentants : de Quillebeuf de Sainte-Marie, à Versailles ; autre de Quillebeuf, à Versailles.

**QUILLEL-FONTAINES.** *Alençon.*

D'azur, à une croix d'or, adextrée en chef d'une rose du même.

De Quillel-Fontaines, unique représentant du nom, réside à Moulicent, par Longny, département de l'Orne.

**QUINCEY.** *Normandie.*

D'argent, à trois hures de sanglier de sable, celle à sénestre, en chef, contournée ; à une aiglette éployée, au vol abaissé du même émail, posée en cœur.

Cette famille est représentée par le comte de Quincey, au château de Saint-Aignan, par Vimont, département du Calvados.

**QUINCY.** *Savoie.*

De sable, à trois gerbes d'or liées de gueules.

Le comte de Quincy, unique-représentant du nom, réside au château de son nom, à Frangy, département de la Haute-Savoie.

**QUINEMONT.** *Touraine.*

D'azur, au chevron brisé d'argent, accompagné de trois fleurs de lis d'or, au pied coupé, posées deux en chef et une en pointe.

Originaire d'Écosse, établie près de Loches dès le xv$^e$ siècle, cette famille remonte en France à André ou Androt de Quinemont, archer de la garde du corps du roi Louis XI, qui épousa, le 14 juin 1483, Jeanne de Nepuéto, dame de Saint-Senoche. Elle a trois représentants : le marquis Arthur de Quinemont, chevalier de la Légion d'honneur, député, conseiller général, au château de Paviers, par l'Isle-Bouchard, département d'Indre-et-Loire ; le comte Henri de Quinemont, à Tours, qui a un fils, le comte Edgard de Quinemont.

**QUINETTE.** *Paris.*

Écartelé : aux 1 et 4 parti *A* d'or à trois feuilles de sinople ; *B* de gueules à un écusson d'azur en abîme, chargé d'un dragon d'or ; à la bordure dentelée d'argent ; aux 2 et 3 d'azur à la bande d'argent, chargée de trois étoiles de sable.

Cette famille a deux représentants : le baron Quinette, officier de la Légion d'honneur, conseiller d'État, à Paris ; le baron Quinette, officier de la Légion d'honneur, au château de Rochemont, par Soissons, département de l'Aisne.

**QUINQUET DE MONJOUR.** *Soissonnais.*

D'azur, à deux bars adossés d'or surmontés d'un croissant d'argent.

Enregistrées dans l'*Armorial du Soissonnais*, les armes de cette famille ont été reconnues et vérifiées sous Louis XIV, comme étant celles d'une ancienne famille de Soissons. Ses ancêtres, qui ajoutaient à leur nom patronymique ceux de leurs propriétés de Monjour et de Montpreux, ont occupé les plus hautes charges de la cité et ont possédé le privilége d'inhumation dans les églises, pendant deux siècles.

Nicolas Quinquet de Monjour, procureur du roi à Soissons, autrement dit conseiller du roi et son procureur au bailliage et présidial de Soissons, eut un fils appelé Nicolas, qui suit :

Nicolas Quinquet de Monjour, procureur et premier échevin à Soissons, procureur du roi à Soissons, mort en 1757, eut un fils, François, qui suit :

François Quinquet, abandonna le nom de Monjour, repris par son fils, quitta Soissons en 1750 et vint habiter Oulchy-le-Château, département de l'Aisne, où il fut nommé subdélégué de l'intendant, maire, notaire et contrôleur des actes. Il eut un fils, Simon, qui suit :

Simon Quinquet de Monjour, procureur au Parlement de Paris avant la révolution de 1789, mort à Oulchy-le-Château, le 16 mai 1832, notaire honoraire, maire et juge de paix en cette localité, eut deux fils, savoir :

A. Victor-Jules Quinquet de Monjour, mort en l'année 1856, notaire à Épernay, ensuite à Châlons-sur-Marne, a laissé un fils, Ernest Quinquet de Monjour, né en 1841, docteur en droit, juge suppléant au tribunal de Châlons-sur-Marne.

B. Henri-Simon Quinquet de Monjour, né en l'année 1806, maire d'Oulchy-le-Château depuis vingt-cinq ans, chef de nom et d'armes de sa famille.

**QUINTIN DE KERCADIO.** *Bretagne.*

D'argent, au lion morné de sable accompagné de trois molettes d'éperon du même, deux en chef, une en pointe.

Cette famille, dont il est parlé dans Lachenaye-Desbois, se divise en trois branches. Elle a pour chef de nom et d'armes Pierre Quintin de Kercadio, ecclésiastique. Il a un frère, Paul Quintin de Kercadio, chevalier de la Légion d'honneur, capitaine de gendarmerie à Limoux, qui a quatre fils.

La seconde branche a deux représentants : 1° René Quintin de Kercadio, à Pleurtuit, département d'Ille-et-Vilaine, père de deux fils, René et Louis ; 2° Louis Quintin de Kercadio.

La troisième branche a pour chef Jean Quintin de Kercadio, né à Lamballe.

**QUINTINIE.** *Paris.*

D'argent, au chevron d'azur accompagné en chef de deux étoiles du même et en pointe d'un arbre de sinople.

Louis-Antoine de la Quintinie, unique représentant du nom, réside à Chabannais, département de la Charente.

**QUIRIT.** *Touraine, Poitou.*

De sinople, au cygne d'argent nageant sur une rivière du même.

Devise : *Va ferme à l'assaut, Quirit à la prise.*

D'ancienne noblesse du Loudunois, où elle possédait dès le XIII$^e$ siècle la terre et seigneurie de Rigny, cette famille, qui remonte par titres à Jacques Quirit, écuyer, fondateur, avec Thevenotte, sa femme, le 22 novembre 1387, de deux chapelles dans l'église de Sainte-Antoine de Loudun, auxquelles les aînés de sa race continuèrent à nommer, est représentée par de Quirit, au château de l'Ermitage, par Chinon, département d'Indre-et-Loire.

# R

**RABANG.** *Auvergne.*

D'azur, au frêne d'or accolé et entouré d'un lierre de sinople.

L'unique représentant du nom, de Rabang, réside à Cahors, département du Lot.

**RABAUDY.** *Toulouse.*

D'or, au lion rampant de gueules. — De gueules, à un lion rampant et tenant une palme ; au soleil mouvant du premier canton, le tout d'or.

Cette famille a deux représentants: de Rabaudy, au château de Montaussin, par le Fousseret, département de la Haute-Garonne; de Rabaudy, officier de la Légion d'honneur, agent vice-consul de France à Southampton, Angleterre.

### RABIERS DU VILLARS. *Provence.*

De gueules, au dextrochère d'argent, mouvant de sénestre, empoignant trois tournésols d'or.

De Rabiers du Villars, chevalier de la Légion d'honneur, unique représentant du nom, ancien préfet, réside à Annot, près Castellane, département des Basses-Alpes.

### RABUAN DE LA HAMMONAYE. *Bretagne.*

D'argent, à trois rocs d'échiquier de gueules, celui de la pointe soutenu d'un chevron renversé et alésé du même ; à la bordure de sinople. Heaume : de chevalier, accompagné de ses lambrequins aux émaux et couleurs de l'écu.

Cette famille qui remonte à Jehan Rabuan, cité dans un acte d'aveu en 1420, a pour chef de nom et d'armes Hippolyte-Yves de Rabuan de la Hammonaye, à Fougères, département d'Ille-et-Vilaine. De son mariage avec Céline Baston de Bonnefontaine, il a un fils, Albert-Yves Rabuan de la Hammonaye, et une fille, Marie-Anne, qui épousa Charles-Aloph Larcher de Lavernade.

Un autre représentant du nom, Rabuan du Coudray, conseiller à la cour de Rennes, a été député à l'Assemblée nationale en 1848.

### RABUSSON DE VAURE. *Bourbonnais.*

D'argent, au buisson de sinople à sénestre, duquel sort un rat de sable en pointe.

L'unique représentant du nom, Rabusson de Vaure, réside à Gannat, département de l'Allier.

### RAFFELIS DE SAINT-SAUVEUR. *Comtat-Venaissin, Provence.*

D'or, à la croix d'azur alésée et recroisettée.

Connue sous le nom de marquis de la Roque, d'Épernon, de Tertulle et des seigneurs de Saint-Sauveur, au Comtat-Venaissin, cette famille, qui a donné des chevaliers à l'ordre de Malte, est représentée par le marquis Raffelis de Saint-Sauveur, à Apremont, par la Guerche, département du Cher. Un autre représentant du nom, Raffelis, comte de Soissan, réside à Avignon et à Cavaillon.

**RAFFIN DE LA RAFFINIE.** *France.*

D'argent, à deux betteraves de sinople mises en pal.

Cette famille a deux représentants : Raffin de la Raffinie, chef de station des lignes télégraphiques, à Menton, département des Alpes-Maritimes ; Pierre-Gabriel de Raffin de la Raffinie, attaché à l'administration des lignes télégraphiques, à Alger.

**RAFFIN-DOURNY.** *Agenois, Guyenne, Languedoc.*

D'azur, à la fasce d'argent, surmontée de trois étoiles d'or rangées en chef.

Cette famille dont les aînés portent le titre de comte est représentée par Albert Raffin-Dourny, au château de Dourny, par Valence-d'Agen, département de Tarn-et-Garonne.

**RAGET** (du). *Champagne.*

D'azur, au lion d'argent, accompagnée en chef de trois étoiles d'or et en pointe d'une rose du même.

L'unique représentant du nom, du Raget, est directeur des contributions directes à Angers, département de Maine-et-Loire.

**RAGUENEL.** *Bretagne.*

Écartelé d'argent et de sable ; au lambel de l'un en l'autre.

Éteinte dans les mâles, cette famille a pour unique représentant M$^{me}$ la douairière de Raguenel, à Rennes.

**RAGUENET.** *Paris.*

De sinople, à une étoile d'argent, chargée d'une quintefeuille d'azur et d'une bordure d'or.

L'unique représentant du nom, Raguenet, sans fonctions et sans titre, réside à Orléans, département du Loiret.

**RAGUET-BRANCION.** *Évêché de Toul et Bourgogne.*

Écartelé : aux 1 et 3 d'azur à une tour d'argent, maçonnée de sable, surmontée d'un rat passant d'argent ; aux 2 et 4 d'azur, à trois fasces ondées d'or.

Cette famille qui a relevé le nom et les armes des Brancion par suite du mariage de Jean-Charles de Raguet, seigneur de Fossés, avec Louise de Brancion, le 23 mars 1669, était en 1677 représentée aux états généraux de Bourgogne. Elle a pour chef de nom et d'armes : le général comte Charles-Louis de Raguet-Brancion, commandeur de la Légion d'honneur, à Paris, frère du colonel de Brancion, tué au Mamelon-Vert (Sébastopol) en 1865. Il a un fils Charles-Henry, capitaine de cavalerie démissionnaire. Il a aussi un cousin germain, le comte Josserand de Raguet-Brancion, au château de Royaumeix, département de la Meurthe.

**RAIGÉCOURT.** *Lorraine.*

D'or, à la tour de gueules.

L'une des plus anciennes et des plus illustres de la

ville de Metz, cette maison qui partageait avec celle de Gournay le gouvernement civil et militaire de Metz, sous le titre de maître échevin, s'est attachée longtemps aux ducs de Lorraine et remonte à Pierre de Raigecourt, maître échevin de la ville de Metz, en 1243. Elle s'est divisée en plusieurs branches et elle est représentée par le marquis de Raigecourt, à Paris.

**RAINCOURT.** *Franche-Comté, Champagne.*

De gueules, à la croix d'or, accompagnée de dix-huit billettes du même, posées dix en chef et huit en pointe.

Issue de Guillaume de Raincourt, témoin d'une donation faite à l'abbaye de Charlieu, par Gui de Chaumont, chevalier, en 1180, cette famille est représentée par le marquis de Raincourt, à Paris. Elle est aussi représentée par le vicomte de Raincourt, au château de Colombier, par Bligny-sur-Ouche, département de la Côte-d'Or.

**RAINEVAL.** *Picardie.*

D'or, au lion de gueules.

Illustre par ses alliances, ses services militaires dans tous les temps et par la possession d'une des premières charges de la couronne, cette maison qui a donné ou pris son nom à la terre de Raineval et qui remonte à Raoul de Raineval, chevalier, inhumé en 1198 dans l'abbaye de Saint-Aubert, est représentée par de Raineval, vicaire de la Madeleine, à Paris.

**RAINVILLERS** (Briet de). *Picardie.*

D'argent, au sautoir de sable, cantonné de huit perroquets de sinople, becqués et membrés de gueules.

Cette famille est représentée par de Briet de Rainvillers, au château de Boisemont, par Saint-Valéry, département de la Somme, capitaine d'état-major.

**RAIS** (DU). *Paris.*
D'or, à un filet de pêcheur de gueules.

Cette famille dont nous n'avons que les armes, est représentée par du Rais, membre du conseil général des hospices, à Abbeville, département de la Somme.

**RALLIER.** *Touraine.*
D'argent, à trois bandes de gueules.

Le baron Rallier, unique représentant du nom, réside au château de Lieu-Dieu, par Authezat-la-Sauvetat, département du Puy-de-Dôme.

**RAMBAUD.** *Lyonnais.*
D'azur, à l'aigle d'or ; au chef d'argent chargé de trois étoiles de gueules.

L'unique représentant mâle du nom, baron Louis de Rambaud, réside au château de la Mignardière, par Saint-Martin-de-Boissy, département de la Loire.

**RAMBAUD.** *Dauphiné, Guyenne.*
DAUPHINÉ. De sable, au cyprès au naturel sur lequel est perchée une tourterelle d'argent.

GUYENNE. D'azur, à trois aigles d'or.

Distincte de la précédente, cette famille a trois représentants : de Rambaud, chef d'escadron d'état-major ; de Rambaud, à Versailles ; de Rambaud de la Roque, conseiller général, à Bassac, par Jarnac, département de la Charente.

**RAMBERT.** *Normandie, Toulouse, Montauban.*

Normandie. D'argent, à trois merlettes de sable posées 2 et 1.

Toulouse, Montauban. D'or, au lion de gueules, armé et lampassé du même ; au chef d'azur, chargé de trois étoiles d'argent, soutenues d'un croissant du même.

Cette famille a quatre représentants : de Rambert, ancien chef d'escadrons au 9ᵉ de cuirassiers ; de Rambert, ancien receveur principal des douanes et contributions directes, à Wissembourg, département du Bas-Rhin ; de Rambert, à Versailles ; de Rambert, à Commercy, département de la Meuse.

**RAMBURES.** *Picardie.*

D'or, à trois fasces de gueules.

La filiation de cette illustre maison remonte à Jean, premier du nom, sire de Rambures, gouverneur de Guise, vivant en 1326. Éteinte dans la branche aînée, elle existe dans sa branche cadette, la seule qui soit représentée aujourd'hui.

Une notice publiée en 1864 dans la *Revue de Picardie*, sur la maison de Rambures, a paru assez explicite pour établir les droits de cette dernière d'une manière péremptoire.

Nous y renvoyons ceux de nos lecteurs qui voudraient être plus amplement renseignés sur la question.

Forte de sa possession immémoriale, la branche cadette de Rambures n'avait pu prévoir ni prévenir les préjugés contre elle qu'une querelle de famille, produite autrefois par les guerres de religion, avait fini par infiltrer insensiblement dans l'opinion, à savoir que tout en portant les signes caractéristiques de son affiliation à la maison de Rambures, elle devait néanmoins être considérée comme ne lui appartenant pas.

Ce fait prouve combien une tradition faite, reposât-elle sur une erreur, acquiert de force dans le cours des temps, quelles que soient les preuves matérielles du contraire, et combien alors, par une protestation multipliée et constante, il importe aux intéressés de rompre les fils d'une tradition erronée.

Au mois de juillet 1676 fut tué, en Alsace, d'un coup de mousquet, Louis-Alexandre, marquis de Rambures. En lui s'éteignit la branche aînée de Rambures. Cette branche portait d'or, à trois fasces de gueules.

A cette époque vivait Daniel-François de Rambures, seigneur de Poireauville, qui portait de gueules, à trois fasces d'or. Sa postérité existe encore, elle est représentée par MM. Adalbert-Alexandre Roger de Rambures, député de la Somme à l'Assemblée nationale, résidant au château de Poireauville-lez-Vaudricourt; Prosper de Rambures, fils de Claude-Honoré de Rambures et de Marie-Élisabeth de Riencourt (1) ; Louis et Charles de Rambures, neveux et fils des deux premiers.

L'interversion des émaux, signe de branche cadette, cessa (2) à l'extinction de la branche aînée. Les Rambures de Poireauville portèrent dès lors d'or, à trois fasces de gueules, tout comme leurs aînés.

En 1482, Jean de Rambures, seigneur de Poireauville,

(1) Voir l'article de ce nom.

(2) Voir la preuve de l'identité des armes : 1° dans les registres du greffe de l'intendance de la généralité d'Amiens pour le dépôt des titres de noblesse en conséquence de l'arrêt du conseil du 22 mars 1666 cité dans la notice extraite de la *Revue de Picardie*, année 1863-64, page 18, et publiée chez Bachelin-Deflorenne, libraire à Paris ; 2° dans les manuscrits de Dom Grenier, vol. 83, paquet 13, art. I, A, p. 275, et ceux de la collection Duchesne, t. V, p. 257, à la Bibliothèque nationale, section des manuscrits.

épousa Jeanne de Saint-Blimond, dont la maison est aujourd'hui éteinte dans celle des princes de Berghes Saint-Winok. C'est de celui-ci que sortent, par une filiation directe, les représentants actuels du nom de Rambures. (Voir leur généalogie dans la notice précitée.)

Devant la même orthographe d'un nom tiré d'une localité de Picardie, la seule de cette qualification existant en France, devant l'identité des armes et de position à l'origine de la seconde branche, l'on ne doit pas conclure, de ce que les généalogistes ont déclaré la première branche éteinte, qu'il n'en ait point existé une seconde pour faire revivre la même famille sur une souche commune. Si les généalogistes n'ont pas relevé cette circonstance, cela tient à l'état de proscription et d'exil où se trouvait la branche cadette de Rambures, alors protestante. Il est impossible de supposer que les sires de Rambures, dont la notoriété s'affirmait en Picardie par les grandes charges de l'État qu'ils occupaient, eussent laissé tranquillement un seigneur de Poireauville prendre leur nom, leurs armes, leur position signalée par les alliances, et cela dans leur voisinage, si ce seigneur n'avait pas les mêmes droits qu'eux-mêmes, étant de la même famille.

M. Charles de La Roche-Fontenilles, propriétaire actuel du château de Rambures, se fondant sur l'erreur qui a fait considérer la maison de Rambures comme éteinte, a cru pouvoir profiter de cette prétendue extinction pour imiter certains propriétaires modernes de châteaux, dont les anciens titulaires ont laissé, par leur extinction, le nom libre. Il porte aujourd'hui exclusivement le nom et le titre de marquis de Rambures. La propriété du château n'implique pas plus le droit au nom que la propriété du nom n'implique le droit au château.

Les représentants légitimes du nom et des armes de Rambures tiennent d'autant plus à la revendication de leur droit exclusif contre la prétention nouvelle du propriétaire du château de Rambures, que la consonnance de leur nom se trouvant portée par une quantité de personnes en Picardie, sous cette orthographe distincte Derambure en un seul mot, sans la lettre terminale et caractéristique S, ils ne voudraient point passer pour usurpateurs à leur tour, en portant sans droit, mus par une vanité ridicule, le nom et les armes des sires de Rambures d'autrefois, qui ont joué un rôle dans l'histoire du pays.

Il est évident que si la maison de Rambures était éteinte, selon la supposition de certains généalogistes et de leurs continuateurs, M. Charles de La Roche-Fontenilles aurait pu se contenter de l'autorisation légale de porter un nom et des armes éteints, et par cela même non revendiqués, sans commettre d'autre infraction à la propriété qu'à celle de l'histoire. Mais telle n'est point sa situation. Quelles que soient ses raisons, elles ne sauraient prévaloir contre les droits authentiques de tiers lésés par son usurpation.

A notre époque, où la révision des vieux manuscrits rectifie bien des erreurs historiques accréditées dans l'histoire des nations, nous avons pensé qu'il devait en être de même pour l'histoire des familles. Le nom de Rambures considéré comme éteint, devenant par cela même l'objet d'usurpations, il est bon de dégager les représentants de ce nom de l'obscurité qui a régné jusqu'ici sur leur vraie position. Pour cela, il faut en appeler du public mal informé au public mieux renseigné. Justice sera faite. Les lecteurs impartiaux en décideront.

**RAMBUTEAU** (Barthelot de). *Ile-de-France, Bourgogne.*

Parti : au 1 d'azur, au chevron d'or, accompagné de trois trèfles du même, deux en chef et un en pointe ; au franc-quartier d'azur, au portique ouvert, à deux colonnes surmontées d'un fronton d'or, accompagné des lettres D A du même ; au 2 coupé : *A* d'azur, à trois fasces d'or, surmontées en chef de trois annelets de même ; *B* de gueules plein.

Cette famille est représentée par le vicomte Barthelot de Rambuteau, auditeur au conseil d'État, à Paris.

**RAMEY DE SUGNY.** *France.*

Écartelé : au 1 d'azur, à l'épée haute en pal d'argent, croisée d'or ; au 2 de gueules, au lion rampant d'or ; au 3 d'or, à la bande de sable ; au 4 d'azur, à six étoiles d'argent, posées 3, 2 et 1.

Cette famille a deux représentants : le comte Ramey de Sugny, conseiller général, au château de Saint-Romain d'Urphé, par Saint-Just en Chevalet, département de la Loire ; le vicomte Ramet de Sugny, au château de Souternon, par Saint-Germain-Laval, département de la Loire.

**RAMOND.** *France.*

Écartelé : aux 1 et 4 de gueules à la croix cléchée, vidée et pommetée d'or ; aux 2 et 3 d'azur, à la cloche d'argent, bataillée de sable ; au franc-quartier de baron-préfet.

Cette famille a six représentants : le baron Ramond, au château de la Reine-Henriette, à Colombes, département de la Seine ; le baron Louis Ramond, à Paris ; Paul de Ramond, à Paris ; Ramond, comte du Taillis, à Paris ; autre Ramond, comte du Taillis, à Paris ;

Ramond, comte du Taillis, au château de Lagrange, par Yères, département de Seine-et-Oise.

**RAMONDENC.** *Toulouse, Montauban.*

D'argent, à un balai de sinople, emmanché de sable, posé en bande.

De Ramondenc, unique représentant du nom, réside au château de Madron, par Montastruc, département de la Haute-Garonne.

**RANCHER.** *Ile-de-France, Berry, Vendômois.*

D'azur, au sautoir d'or chargé d'une rose de gueules et cantonné de quatre annelets du second.

Cette famille a deux représentants : le comte de Rancher, chevalier de la Légion d'honneur, au château de Mondetour, par Magny, département de Seine-et-Oise ; de Rancher, au château de Coutay, par Villers-Bocage, département de la Somme.

**RANCHIN** (Massia de). *Languedoc.*

D'azur, au chevron d'or accompagné de trois roses d'argent, deux en chef et une en pointe.

Le marquis de Massia de Ranchin, chef de nom et d'armes, réside à Béziers, département de l'Hérault ; Massia de Ranchin, autre représentant du nom, est médecin à Trèbes, département de l'Aude.

**RANCOURT.** *Champagne.*

Coupé d'azur et d'or, fretté de l'un en l'autre de six pièces.

Son chef émigra en Espagne, revint en France en 1815. Il eut cinq enfants dont deux survivent :

Jules de Rancourt, inspecteur principal des douanes,

chevalier de la Légion d'honneur et du Christ de Portugal, à Bordeaux; Charles de Rancourt, vice-consul de Portugal et d'Haïti à Bordeaux, chevalier des ordres du Christ, de la Conception et de Charles III, à Bordeaux.

### RANCOURT DE MIMÉRAND. *Berry et Orléanais.*

D'azur, au bélier passant d'or, surmonté de deux étoiles du même.

Cette famille a sept représentants : Octave de Rancourt de Mimérand, au château de la Cour-Chalivoy (Cher); Albert de Rancourt de Mimérand, au château de la Croix-Neuilly (Cher); Achille de Rancourt de Mimérand, à la Ruchette (Cher); Hippolyte de Rancourt de Mimérand; Achille, Henry et Gabriel de Rancourt de Mimérand, ses trois fils, au château de Mimérand, commune de Cernoy (Loiret).

### RANDON. *Toulouse. Montauban.*

D'or, à un arbre d'azur et un renard d'argent brochant sur le tout.

Cette famille a deux représentants : Randon de Grolliet, au château de Pont-Perdu, par Villefort, département de la Lozère; Randon du Thil, au château de Petit-Change, par Saint-Pierre-de-Chinon, département de la Dordogne.

### RANFER DE BRETENIÈRE. *Bourgogne.*

D'azur, à une fasce d'argent, accompagnée en chef d'une fasce du même et en pointe d'un chérubin d'or.

Le baron Ranfer de Bretenière, unique représentant du nom, réside au château de Bretenière, par Genlis, département de la Côte-d'Or.

**RANFRAY DE LA BAJONNIÈRE.** *France.*

D'argent, à deux clefs en sautoir de sable et à la fleur de lis d'azur en chef.

Ranfray de la Bajonnière, unique représentant du nom, réside au château de la Bijoire, département de la Vendée.

**RANGOUSE.** *Guyenne.*

D'azur, au lion passant d'or, affronté d'un essaim d'abeilles du même ; au chef cousu de gueules, chargé de trois étoiles d'argent et de flammes mouvantes du sommet de l'écu, timbré d'une couronne de comte.

Cette famille a pour représentants : Oscar de Rangouse, chevalier de la Légion d'honneur, et ses deux frères puînés, Anatole et Séverin.

**RANST DE BERCHEM** (Berthout de). *Brabant.*

D'argent, à trois pals de gueules ; au franc-quartier de Brabant, qui est de sable, au lion d'or, armé et lampassé de gueules.

Cette maison, qui descend de l'illustre famille des sires de Berthout de Malines, l'une des sept patriciennes du Brabant, est représentée par deux frères : Louis, chevalier de Ranst de Berchem, qui a un fils, Arnould ; Henri, chevalier de Ranst de Berchem, capitaine des mobilisés du Pas-du-Calais, pendant la guerre de 1870-1871.

**RAOULX-CROZET.** *La Rochelle.*

D'or, à une croix pattée de sable.

Cette famille n'est plus représentée que par Marie- de Raoulx-Crozet, agent administrateur de la marine, à Toulon.

**RAOUSSET.** *Provence.*

D'or, à la croix pattée de sable, brochée de gueules.

Cette famille a deux représentants : le comte de Raousset-Soumabre, conseiller de préfecture, à Lons-le-Saulnier, département du Jura ; le comte de Raousset-Boulbon, ancien directeur du haras de Strasbourg, à Avignon.

**RAPINE DE SAINTE-MARIE.** *Nivernais.*

D'argent, au chevron engrêlé de gueules, accompagné de trois coquilles du même.

Rapine de Sainte-Marie, unique représentant du nom, réside au château de Saint-Martin, par Saint-Saulge, département de la Nièvre.

**RAQUET** (du). *Bourgogne, Bretagne.*

D'azur, à trois serres d'aigle d'or et un croissant du même en abîme.

Cette famille a quatre représentants : Amédée du Raquet, baron de Montjay, à Quincey (Doubs) ; Victor du Raquet de Montjay, à Montjay (Saône-et-Loire) ; Frédéric du Raquet de la Vieillevoye, à Vannes ; Louis du Raquet de la Vieillevoye, au château de Chamballan, par Rougé (Loire-Inférieure).

**RASCAS.** *Limousin, Languedoc. Provence.*

D'or, à la croix fleuronnée au pied fiché de gueules ; au chef d'azur chargé d'une étoile à huit rais du champ.

Cette famille a donné Bertrand de Rascas, gentilhomme limousin, parent des papes Clément VI et Innocent VI, siégeant à Avignon. Il était du nombre des poëtes provençaux et mourut en 1353.

De Rascas, l'un des représentants du nom, réside au

château de Moure, par Agde, département de l'Hérault ; de Rascas, autre représentant, réside au château de Tours, par Nantes, département de la Loire-Inférieure.

**RASTEL.** *Provence. Dauphiné.*

D'azur, à deux lions d'or, armés et lampassés de gueules, affrontés et soutenant de leurs pattes de devant un pal à dents de râteau de sable.

Cette famille n'est plus représentée que par Jean-Victor de Rastel, vicomte de Rocheblave, à Paris.

**RASTIGNAC.** *Limousin, Périgord.*

D'azur, au lion d'argent, lampassé et couronné d'or.

La terre et seigneurie de Rastignac, en Périgord, fut érigée en marquisat le 12 mai 1617, par brevet de Louis XIII, en faveur de Jean Chapt, connu sous le nom de comte de Rastignac, baron de Luzech, premier baron du Quercy, seigneur de Lastours, Paleyrat, Signac, le Mespoullet, Saint-Radier, etc., capitaine de cinquante hommes d'armes des ordonnances du roi, gentilhomme ordinaire de la Chambre, conseiller en son conseil d'État, maréchal de ses camps et armées. Sa descendance n'est plus représentée que par Marguerite Chapt de Rastignac, à Paris.

**RAT DE MAGNITOT** (le). *Paris.*

D'azur, à la fasce d'or, accompagnée en chef de deux étoiles du même et en pointe d'une licorne d'argent.

Cette famille a trois représentants : Paul le Rat de Magnitot, conseiller référendaire à la Cour des comptes, à Paris ; Albin le Rat de Magnitot, commandeur de la Légion d'honneur, ancien préfet de l'Orne, au château de Magnitot, par Magny, département de Seine-et-Oise ; Gaston le Rat de Magnitot, ancien auditeur au conseil d'État.

**RAUCOURT.** *Lorraine.*

D'argent, au lion de gueules couronné d'or.

L'unique représentant du nom, de Raucourt, réside au château de Raucourt, par Gy, département de la Haute-Saône.

**RAVEL.** *Provence, Auvergne, Lyonnais, Forez.*

PROVENCE. De sinople, à deux chevrons d'argent, accompagnés en chef de deux besants du même ; au chef d'or, chargé d'une étoile de gueules.

AUVERGNE. D'azur, à sept étoiles d'or posées 4 et 3, et deux croissants d'argent, l'un en chef, l'autre en pointe.

LYONNAIS, FOREZ. D'azur, au sénextrochère mouvant du flanc dextre, tenant trois épis d'or ; au chef cousu de gueules, chargé d'un soleil d'or.

Originaire de Lombardie, cette famille, qui changea son nom primitif de Rau en celui de Ravelli, plus tard Ravel, afin de se soustraire aux ressentiments de l'empereur Frédéric Barberousse, contre lequel elle avait pris part au soulèvement de Milan, compte aujourd'hui cinq représentants : le comte de Ravel, au château de Nones, par Nevers, département de la Nièvre ; Philibert de Ravel, au château de Chabestan, par Veynes, département des Hautes-Alpes ; de Ravel, maire à Cliou-Usclat, par Leriot, département de la Drôme ; de Ravel, chevalier de la Légion d'honneur, commandant supérieur, à Cherchell (Algérie) ; de Ravel de Montigny, avocat à Blidah (Algérie).

**RAVEL D'ESCLAPON.** *Provence.*

D'azur, au chevron d'or, accompagné en chef de deux roses du même et en pointe d'un chien braque d'argent.

Cette famille est représentée par Charles-François-Xavier Ravel d'Esclapon, qui a quatre enfants, et par Henri Ravel d'Esclapon, commandeur de la Légion d'honneur, général de brigade.

**RAVENEAU.** *Artois.*

De gueules, à la fasce ondée d'or, accompagnée en chef de deux coquilles d'argent et en pointe de deux roses du même.

Cette famille est représentée par de Raveneau, à Noyal, par Guise, département de l'Aisne. Elle l'est également par de Raveneau, à Versailles.

**RAVENEL.** *Bretagne, Picardie.*

D'argent, à trois quintefeuilles de gueules posées 2 et 1 ; à l'orle de six merlettes du même.

De Ravenel, unique représentant de cette famille, dont nous ne connaissons que les armes, réside à Rennes.

**RAVINEL.** *Lorraine.*

De gueules, à six croissants d'or mis en pal, surmontés chacun d'une étoile du même, et une en pointe.

Cette famille a deux représentants : le baron de Ravinel, chevalier de la Légion d'honneur, député des Vosges, au château de Ville, par Rambervilliers, qui a sa résidence d'hiver à Paris ; de Ravinel, officier de la Légion d'honneur, inspecteur en chef de la marine, à Rochefort.

**RAYE** (de la). *Poitou.*

D'azur, à un tigre d'argent, rayé et tacheté de sable.

Cette famille a deux représentants : de la Raye, au château de Rochefou, par Argenton-Château, département des Deux-Sèvres ; de la Raye, au château de Sainte-Vierge, par Thouars, même département.

**RAYMOND.** *Quercy, Agenais.*

Écartelé : au 1 d'azur à la croix alésée d'argent ; au 2 losangé d'or et d'azur ; au 3 de gueules à la cloche d'argent ; au 4 d'azur à la sphère céleste d'or, cerclée et montée du même. Couronne : de comte. Supports : deux lions.

Devise : *Are de mou no mudera.*

Le seul représentant du nom et des armes, Edmond-Florimond-Louis-Érard, comte de Raymond, réside à Paris.

**RAYMOND.** *Languedoc, Saintonge.*

Languedoc. D'or, à trois mondes de gueules posés 2 et 1 ; au chef d'azur chargé d'un croissant d'argent entre deux étoiles d'or, et losangé d'or et d'azur.

Saintonge. Écartelé : au 1 d'azur, à la croix alésée d'argent ; au 2 losangé d'or et d'azur ; au 3 de gueules, à la cloche d'argent ; au 4 d'azur, au monde d'argent cerclé et monté d'or.

D'ancienne noblesse, connue depuis l'an 1361 par le serment de fidélité que les consuls de Lasbordes prêtèrent à noble Pierre de Raymond, cette famille a donné noble Raimond de Raymond qui soutint pour le roi, en 1570, dans le château de Lasbordes, un siège contre les Huguenots. Elle a plusieurs représentants, notamment : le marquis de Raymond-Lasbordes, au château de Belaspech (département de l'Aude), le comte de Raymond, sous-inspecteur des douanes, à Bordeaux; le comte de Raymond, au château de Marmorière, par Narbonne (département de l'Aude); le comte de Raymond et l'abbé de Raymond, à Paris.

**RAYMOND.** *Languedoc.*

Ayant formé, à partir de 1621, les deux branches de la Nougarède et de Cahusac.

D'azur, à un chien d'argent passant surmonté d'un croissant du même; au chef de gueules chargé de trois étoiles d'or. Couronne de comte. Supports : deux lions.

Ancienne noblesse connue dès le commencement du XIII$^e$ siècle dans le comté de Lauraguais. Sept frères de cette maison ont été en même temps chevaliers de l'ordre militaire de saint Louis. La branche de la Nougarède, dont une partie est fixée en Espagne, ne compte actuellement en France qu'un seul représentant. Un des membres de la branche de Cahusac exerce en ce moment les fonctions de sous-préfet de l'arrondissement d'Aix (Bouches-du-Rhône); un autre est capitaine au 1$^{er}$ régiment de tirailleurs algériens; tous deux sont décorés de la Légion d'honneur.

**RAYMOND DE LACÉPÈDE.** *Provence.*

Écartelé : aux 1 et 4 d'or, à trois bandes d'azur; au chef de gueules, chargé de trois roses d'or, qui est de Raymond; au 2 et 3 parti de sinople et de gueules; à une couronne ducale brochant sur le tout.

Marc-Antoine de Raymond de Lacépède, unique représentant du nom, réside alternativement à Fréjus, département du Var, et à Marseille.

**RAYMOND DE MALRIEU.** *France.*

D'or, à trois fasces d'azur, la dernière abaissée sous trois aiglettes de sable. — D'or, à six tourteaux de gueules, posés 2, 2 et 2.

Raymond de Malrieu, unique représentant du nom, réside à son château, par Vabres, département de l'Aveyron.

**RAYMOND DE MONTJAUX.** *Languedoc.*

D'azur, à la croix de Saint-André cantonnée à dextre et à sénestre d'une flamme et en pointe d'un monde soutenant une haute croix brochante, le tout d'argent.

Une des plus anciennes de la province, cette famille a trois représentants : Louis-Étienne-Henry de Raymond de Montjaux, prêtre, à Paris ; Antoine et Benjamin de Montjaux, à Montjaux, département de l'Aveyron.

**RAYMOND DE SAINT-AMANS.** *Languedoc.*

D'or, à trois mondes de gueules posés 2 et 1 ; au chef d'azur, chargé d'un croissant d'argent, accosté de deux étoiles d'or.

Cette famille a pour unique représentant de Raymond de Saint-Amans, à Toulouse.

**RAYNAL.** *Languedoc.*

D'argent, au renard rampant de gueules sur une terrasse de sinople.

D'ancienne noblesse, cette famille, qui a donné des hommes célèbres, a trois représentants : Urbain de Raynal, officier de la Légion d'honneur, ingénieur en chef à Toulouse ; Édouard de Raynal, à Toulouse ; Bruno de Raynal, à Toulouse.

**RAYNAUD.** *Languedoc.*

D'or, à l'aigle éployée de sable; au chef d'azur, chargé de trois molettes d'argent.

Le vicomte de Raynaud, chevalier de la Légion d'honneur, ancien conseiller général, capitaine d'état-major, unique représentant du nom, réside à Toulouse.

**RAYNEVAL.** *Picardie.*

D'or, au lion de gueules. — D'or, à la croix de sable chargée de cinq coquilles d'argent.

Cette famille a deux représentants : le comte Gérard de Rayneval, officier de la Légion d'honneur, capitaine de frégate en retraite, à Paris; l'abbé de Rayneval, à Paris.

**RAYNIER.** *Provence.*

D'argent, à un pommier de sinople, fruité d'or, terrassé du même et accompagné en chef d'une étoile d'azur. Couronne : de marquis. Supports : deux lions, à dextre passant et à sénestre rampant.

Cette famille a quatre représentants : Joseph-Ferdinand de Raynier, officier de la Légion d'honneur, chef de nom et d'armes, officier supérieur en retraite, à Marseille; ses deux fils : Léopold-Ferdinand-Marie-Hercule; Édouard-Camille-Alexandre-Napoléon, avocat, et son frère; Alexandre Raynier, officier de la Légion d'honneur, colonel en retraite, à Périgueux.

**RAZILLY.** *Touraine, Bretagne.*

D'argent, à trois fleurs de lis de gueules, posées comme celles de France. Tenants : deux anges drapés de gueules.

Une des plus considérables de la Touraine par la noblesse de son origine, cette famille est représentée par le marquis de Razilly, à Paris.

### REAU DE LA GAIGNONNIÈRE (DU). *Anjou.*

D'argent, à la barre de gueules frangée de sable.

De noblesse d'épée, anoblie sous Louis XIV, pour services rendus dans les armes, cette famille a sept représentants : deux frères, Zacharie-Raoul du Reau, chef de nom et d'armes, membre du conseil général de Maine-et-Loire, et Paul du Reau ; tous les deux fils de Zacharie du Reau, officier supérieur de l'armée vendéenne, mort au combat de Rocheservière (Vendée), en juin 1815 ; Zacharie du Reau, capitaine aux zouaves pontificaux, chevalier des ordres de Pie IX et de la Légion d'honneur ; Maurice du Reau et Henri du Reau, lieutenants aux zouaves pontificaux ; le père du Reau, religieux de la compagnie de Jésus ; Raoul du Reau, fils du conseiller général, chef de la famille.

### RÉAULX DE MARIN (DES). *Nivernais, Brie, Champagne.*

Écartelé : au 1 et 4 d'or au lion monstrueux de sable, à la fasce humaine de carnation, posée de front, barbée et chevelée du second, qui est des Réaulx ; aux 2 et 3 d'argent, à trois bandes ondées de sable, qui est de Marin.

Nommée, dans les anciens titres des Ruyaulx, cette maison tire son nom d'une terre qu'elle possédait dès l'an 1040. Elle a donné des chevaliers de l'ordre de Saint-Jean de Jérusalem, entre autres Aimery des Réaulx, de la langue d'Auvergne, qui portait l'étendard du grand maître de l'Isle-Adam, au siége de Rhodes. Elle a plusieurs représentants : le marquis des Réaulx, qui habite le château de Coclois, en Champagne ; le comte des Réaulx de Marin, qui habite le château de Brantigny, en Champagne, et Paris, et le vicomte des Réaulx, qui habite Paris. Le comte des Réaulx de Marin, après la mort de la princesse de Berghe, fille unique du vicomte de Marin, fut autorisé, en 1841, par ordonnance royale, d'ajouter à son nom celui de Marin.

**REBOUL.** *Lyonnais.*

D'azur, au chevron d'or accompagné en pointe d'une écrevisse d'argent.

Cette famille est représentée par de Reboul du Chabriol, juge au tribunal de première instance, à Saint-Denis, île de la Réunion, et par de Reboul de Fontfreyde, à Paris.

**REBOUL.** *Languedoc, Provence.*

LANGUEDOC. De gueules, a trois besants d'or.

PROVENCE. D'azur, à l'ancre d'or, surmontée de trois étoiles mal ordonnées du même.

Reboul, en Languedoc et en Provence, a quatre représentants : de Reboul, à Bourg-Saint-Andéol, département de l'Ardèche ; de Reboul, receveur des domaines à Lamastre, même département ; de Reboul, juge à Paris ; de Reboul, au château de Roue, à Mouroux, département de Seine-et-Marne.

**REBOURS** (LE). *Normandie.*

De gueules, à sept losanges d'argent posées 3, 3 et 1.

Cette ancienne noblesse, dont il est parlé dans les *Mémoires de Sully et de l'Étoile*, dans l'*Histoire de France* de Mézeray et du père Daniel, dans Blanchard et le père Galand, de l'Oratoire, remonte, par titres, à Pierre le Rebours, écuyer, seigneur de Maizières, près Falaise, vivant en 1360, qu'un arrêt rendu à Rouen, le 24 janvier 1483, par les généraux, conseillers du roi, sur le fait de la justice des Aides, déclara « d'ancienne et noble « extraction, dont les ancêtres servaient dans les armées « du roi depuis un temps immémorial. »

Elle a deux représentants : le vicomte le Rebours, au château de Coolus, département de la Marne ; le Rebours, au château d'Auberville, par Cany, département de la Seine-Inférieure.

**RECHBERG-ROSENBURG.** *Alsace.*

De gueules, à la rose d'argent boutonnée d'or ; à la bordure d'or. Cimiers : Deux heaumes surmontés, l'un d'une couronne et de plumes de paon', l'autre d'un page.

Connue depuis le $x^e$ siècle dans les annales de l'Alsace, cette famille a pour seul représentant le baron de Rechberg-Rosenburg, à Stotzheim (Alsace-Lorraine).

**RECHIGNEVOISIN.** *Poitou, Berry.*

De gueules, à une fleur de lis d'argent.

Cette famille, qui a donné ou emprunté son nom à la terre de Rechignevoisin, sur les frontières du Poitou et de la Marche, et qui remonte par titres à Raimbaud de Rechignevoisin, écuyer, connu en 1321, et qui était en 1326 conseiller du roi et député par Sa Majesté dans la sénéchaussée du Poitou, de la Marche et du Limousin, au sujet des finances des fiefs et autres acquêts, est représentée par le marquis de Rechignevoisin de Guron, au château de Guron, par Couché, département de la Vienne.

**RECQ DE MALZINNE.** *Hainaut.*

D'argent, à trois pals de gueules ; au chef d'azur, chargé de trois étoiles d'or.

L'unique représentant du nom, Recq de Malzinne, réside au château de Coutant, par Avesne, département du Nord.

**RECULO.** *Franche-Comté.*

De gueules, au chevron d'argent.

Cette famille a deux représentants : le comte de Reculo, au château d'Aresches, par Salins, département du Jura ; le comte de Reculo, au château de Parthay, par Dôle, même département.

**REDON.** *Condomois, Agénois.*

D'azur, à deux tours d'argent posées l'une à côté de l'autre.

Issue d'Amalric de Redon, sénéchal du duché d'Aquitaine, le 13 octobre 1321, maintenue par deux arrêts des intendants de Guyenne et de Montauban, le 3 août 1666 et le 5 juillet 1698, cette famille, dont la généalogie est donnée dans l'*Armorial de France*, registre V, partie II, est représentée par Henri de Redon, au château de Moncel, par Conflans-en-Jarnisy, département de la Moselle.

**REDON DE BEAUPRÉAU.** *Bretagne.*

Ecartelé : aux 1 et 4, échiqueté d'or et d'azur ; au 2 d'argent à l'ancre de sable ; au 3 d'argent à l'olivier de sinople, terrassé du même.

Cette famille a deux représentants : le comte Redon de Beaupréau, commandeur de la Légion d'honneur, à Paris ; le vicomte Redon de Beaupréau, chevalier de la Légion d'honneur, à Paris.

**REDORTE** (de la). *Languedoc.*

D'or, à trois redortes feuillées de quatre pièces de sinople, rangées en pal.

Le comte de la Redorte, unique représentant du nom, réside au château de la Redorte, par Azille, département de l'Aude.

**REGEL** (de). *Franconie, Alsace.*

D'azur, au barbeau contourné d'argent.

Cette famille a trois représentants : Stanislas de Regel, conseiller général du canton d'Auberive, au château de Perrogney, par Longeau (Haute-Marne); Constantin de Regel, ancien ingénieur en chef, chevalier de la Légion d'honneur, à Lutzelhausen (Alsace-Lorraine); Hippolyte de Regel, à Aubepierre (Haute-Marne).

**REGIS.** *Provence.*

D'or, à la bande de gueules chargée d'une couronne ducale du champ.

Divisée en deux branches avant l'an 1300, cette famille n'est plus représentée que par la comtesse de Regis, à la Buffa, par Nice, département des Alpes-Maritimes.

**REGNARD DE LAGNY.** *Ile-de-France.*

Coupé : au 1 d'argent à la bande d'azur chargée du signe astronomique de l'écrevisse d'or; au 2 d'azur au renard d'or passant sur une terrasse du même, accompagné de trois étoiles d'argent rangées en chef.

L'unique représentant du nom, de Regnard de Lagny, officier de la Légion d'honneur, est chef d'escadrons au 5ᵉ régiment de hussards.

### REGNAULD D'EVRY. *Ile-de-France.*

D'azur à une tête et col de Renard, posés de profil et surmontés de deux branches de chêne, aussi d'or, posées en sautoir.

Cette famille a trois représentants : le marquis Regnauld d'Evry, au château d'Evry, par Brie-Comte-Robert, département de Seine-et-Marne ; Agilbert-François Regnauld d'Evry, chevalier de la Légion d'honneur, chevalier de Saint-Louis, à Paris, qui a un fils, Jules Regnauld d'Evry, à Paris.

### REGNAULD LE PARCIEU. *Savoie, Lyonnais.*

De gueules, à la fasce d'argent, accompagnée de deux losanges d'or, une en chef et une en pointe. Couronne : de comte. Cimier : un cœur traversé d'un serpent. Supports : deux lions.

Devise : *Ardens et æquum.*

Guillaume de Regnauld, premier du nom, en latin Reynaldi, châtelain de Maurienne en 1290, est la tige de cette famille, aujourd'hui représentée par le marquis de Regnauld le Parcieu, qui a sa résidence d'été au château de Parcieu, à Châtillon-sur-Chalaronne, et sa résidence d'hiver à Lyon.

### REGNAULD DE LA SOURDIÈRE. *Angoumois.*

D'argent, à trois fasces de pourpre, accompagnées de six merlettes de sable.

Cette famille a deux représentants : le marquis Regnauld de la Sourdière, au château de Saint-Mary, par Saint-Cloud, département de la Charente ; le comte Regnauld de la Sourdière-Saint-Mary, à Paris.

### REGNAULT DE BOUTTEMONT. *Normandie.*

D'argent, à une croix ancrée de sable.

L'unique représentant du nom, Regnault de Bouttemont, réside au château de Bouttemont, par Tessy, département de la Manche.

**REGNAULT DE PRESMENIL.** *Bretagne.*

De gueules, à une fasce d'argent, surmontée et soutenue d'une losange d'or.

Regnault de Presmenil, unique représentant du nom, est directeur de l'enregistrement à Vannes, département du Morbihan.

**REGNAULT DE SAVIGNY.** *Paris.*

D'argent à deux lévriers affrontés de gueules, rampant contre un palmier de sinople.

L'unique représentant du nom, Regnault de Savigny, est auditeur au conseil d'État, à Paris.

**REGNIER DE GRONAU.** *Picardie.*

Parti : au 1 coupé, A d'azur, au miroir d'or en pal, tortillé d'un serpent d'argent ; B de gueules, semé d'étoiles d'argent ; au 2 écartelé : au 1 d'argent, au lion de gueules ; au 2 d'or, au dextrochère armé de gueules, tenant une croix latine au pied fiché du même ; au 3 d'or, à la galère antique de sable, mâtée et voilée du même, portant flamme et pavillon de gueules ; au 4 de sinople, au saumon nageant d'argent ; sur le tout d'hermines à la fasce de sable, chargée de trois alérions d'or, qui est de Massa.

Cette famille a pour chef de nom et d'armes André-Philippe-Alfred Regnier de Gronau, duc de Massa, à Paris ; son oncle Alexandre-Philippe Regnier de Gronau, marquis de Massa, chevalier de la Légion d'honneur, est chef d'escadrons au 5e régiment de chasseurs.

**REGNIER DE GUERCHY.** *Picardie.*

D'argent, à six besants d'azur, posés 3, 2 et 1.

Cette famille dont il est parlé dans l'*Histoire des grands Officiers de la Couronne*, tome VIII, p. 839, au titre de Lubin Grenier, qualifié premier queux du roi, dans un titre du 9 novembre 1429, a deux représentants : Regnier de Guerchy, à son château, par Treigny, département de l'Yonne ; Regnier de Guerchy-Prévost, à Toulouse.

**REGUSSE.** *Provence.*

Fuselé d'argent et de gueules.

Cette famille emprunte son nom à la terre et seigneurie de Regusse, au diocèse de Riez, érigée en marquisat par lettres patentes du mois de novembre 1649. Elle est représentée par le marquis de Regusse avocat, à Marseille.

**REIFFENBERG.** *Allemagne.*

D'argent, à trois bandes de gueules.

Cette famille que Feller, dans son *Dictionnaire historique*, appelle une des plus anciennes de l'Allemagne, et qu'on fait remonter au IX$^e$ siècle, a eu des alliances avec des maisons princières et souveraines, entre autres les Nassau, les Metternich, les Hohenlohe, les Schwartzenberg, etc. Les familles françaises auxquelles elle se rattache sont les de Lierneux, de Jodanville, de Villers-le-Preud'homme, de Laittres, de Saint-Baussant, du Han de Martigny, d'Arville, Aix-sur-Cloye, de Chamissot, de Gourcy, de Marches, Senault des Seize, de Raigecourt, Maillard de Landreville, de Villeneuve, etc., etc.

Le nom de Reiffenberg se trouve dans les poésies des Minnesinger. Cette famille, comme toutes celles qui remontent à une haute antiquité, n'a qu'un nom de terre. Elle tire le sien d'un vieux manoir dont les ruines se voient encore non loin de Viesbade et qui est situé entre Francfort, Cronbert et Kœnigstein.

Le chef de cette maison est actuellement : Frédéric-Guillaume-Émeric-Philippe-Cuno-Marsile, baron de Reiffenberg et du Saint-Empire, chevalier de l'ordre de la Couronne de Chêne, né à Louvain le 28 août 1830, naturalisé français, et qui réside à Versailles.

**REIGNAC.** *Périgord.*

D'azur, au lion d'or accompagné de cinq canettes d'argent rangées en orle.

L'unique représentant du nom, de Reignac, est juge de paix à Villaréal, département de Lot-et-Garonne.

**REILHAC.** *Guyenne, Gascogne.*

D'azur, au cerf passant d'or.

L'unique représentant du nom, comte de Reilhac, réside au château de Montry, par Couilly, département de Seine-et-Marne.

**REILLE.** *Paris.*

De sinople, au sagittaire d'or décochant une flèche d'un arc.

Cette famille a trois représentants : le comte Reille, commandeur de la Légion d'honneur, chef de nom et d'armes, ancien aide de camp de Napoléon III, à Paris ; le vicomte Reille, commandeur de la Légion d'honneur, ancien conseiller général, député d'Eure-et-Loir, qui a sa résidence d'été à Bonneval, département d'Eure-et-Loir, et sa résidence d'hiver à Paris ; le baron Reille, chevalier de la Légion d'honneur, conseiller général du département du Tarn.

**REINACH.** *Alsace.*

D'or, au lion de gueules, masqué et chaperonné d'azur.

Cette famille dont était François-Guillaume, baron de Reinach et de Foussemagne, colonel du régiment d'Alsace-cavalerie, dont le fils François-Joseph-Ignace, baron de Reinach, de Foussemagne et de Montreux, obtint, en juin 1718, érection en comté de ses terres et seigneuries, a sept représentants : le baron de Reinach, commandeur de la Légion d'honneur ; de Reinach, chevalier de la Légion d'honneur, ancien député du Haut-Rhin, à Paris; le baron de Reinach, ancien sous-préfet, à Marennes, département de la Charente-Inférieure ; le baron de Reinach, ancien conseiller général, à Niedernai, Alsace-Lorraine ; le baron de Reinach, ancien conseiller de préfecture, à Metz ; de Reinach-Werth, chevalier de la Légion d'honneur, capitaine d'état-major ; de Reinach-Werth, lieutenant au 9° régiment de chasseurs à cheval.

**REINHARD.** *France.*

D'or, au renard rampant de gueules, soutenu d'une terrasse de sinople.

Éteinte dans les mâles, cette famille n'est plus représentée que par la comtesse de Reinhart, au château de la Rouge-Maison, par Vailly-sur-Aisne, département de l'Aisne.

**REISET.** *Alsace.*

D'azur, au croissant d'argent surmonté d'un trèfle d'or et soutenue d'une colline de trois coupeaux du même, mouvant de la pointe de l'écu.

Cette famille a quatre représentants : Gustave-Henri-Armand, comte de Reiset, officier de la Légion d'honneur, envoyé extraordinaire et ministre plénipotentiaire, membre du Conseil général de l'Eure, au château du Breuil, près Saint-André, département de l'Eure ; le baron de Reiset, à Paris ; de Reiset, officier de la Légion d'honneur, conservateur des peintures au musée du Louvre, à Paris ; de Reiset, ancien député, à Paris.

**RELLY.** *Flandre.*

D'or, au chevron d'azur ; au chef du même chargé de trois étoiles du champ.

De Relly, unique représentant du nom, est receveur entreposeur des contributions indirectes à Épernay, département de la Marne.

**REMOND.** *France.*

Coupé : au 1 parti A d'azur au chevron d'or, accompagné en chef de deux étoiles d'argent et en pointe d'une grenade enflammée de gueules ; B de gueules, au signe des barons tirés de l'armée ; au 2 d'or, au lion rampant de gueules, armé d'une épée d'azur posée en barre.

Le baron Remond, unique représentant du nom, réside au château d'Halaincourt, par Chaumont-en-Vexin, département de l'Oise.

**REMOND DU CHÉLAS.** *Dauphiné, Bretagne.*

D'azur, à la bande d'argent, chargée de trois demi-vols de gueules et accompagnée de deux molettes d'or.

Cette famille a trois représentants : Remond du Chélas, conservateur des hypothèques à Quimper, département du Finistère ; Remond du Chélas, commandeur de la Légion d'honneur, sous-commissaire de la marine ; Remond du Chélas, chevalier de la Légion d'honneur, à Brest.

**REMONT.** *Bourgogne, Champagne, Paris.*

De gueules, à trois roses d'argent posées 2 et 1.

Citée dans l'*Armorial de France*, registre V, partie II, divisée en sept branches, cette famille a trois représentants : le comte de Remont, au château des Sept-Fontaines, par Mézières, département des Ardennes ; de Remont, au château de Bahus, par Aire-sur-l'Adour, département des Landes ; de Remont, au château de Mandeville, département de la Moselle.

**REMUSAT.** *Provence.*

D'azur, au chevron accompagné en chef de deux roses et en pointe d'une hure de sanglier, le tout d'or.

Illustrée dans les lettres, cette famille a trois représentants : le comte Charles de Remusat, chevalier de la Légion d'honneur, ancien ministre, membre de l'Académie française, au château de Laffitte-Vigordane, par le Pousseret, département de la Haute-Garonne ; le vicomte de Remusat, à Paris ; Séraphin-Justinien de Remusat, au château de Montvert, par Saint-Zacharie, département du Var.

**REMY.** *Flandre.*

De sinople, à l'aigle essorante d'argent, fixant un soleil d'or, placé en chef à dextre.

Cette famille a trois représentants : Remy de Campeau, au château de Villers-Campeau, département du Nord, qui a deux fils, Georges et Raoul, et une fille, Gabrielle ; Edmond Remy de Campeau, frère du premier, à Douai, département du Nord, qui a deux fils, René et Félix ; Remy de Campeau, officier de la Légion d'honneur, ancien receveur général, à Paris, qui a deux filles.

**RENARD.** *Dauphiné, Orléanais.*

DAUPHINÉ. De gueules (*alias* d'azur), au renard passant d'or.

ORLÉANAIS. D'argent, à trois renards passants de sable.

Cette famille a trois représentants : de Renard, au château de Bas-Mas-Aribal, par Meyrueis, département de la Lozère; Ulysse de Renard, attaché à l'administration des lignes télégraphiques, à Saint-Tropez, département du Var; de Renard de Songuies, à Arras.

**RENAUD.** *Provence.*

De gueules, à dix losanges d'or posées 4, 4 et 2.

L'*Histoire héroïque de Provence* signale deux familles du nom de Renaud, portant les mêmes armes. La première, originaire de la ville d'Arles, citée avec éloge dans les guerres des xi$^e$, xii$^e$ et xiii$^e$ siècles, surtout pendant les croisades, a sa filiation suivie depuis Fouquet de Renaud, premier podestat de la ville d'Arles, en 1212; la seconde, originaire de Sault, où elle a exercé l'office de lieutenant général du siége, s'est depuis transplantée à Apt.

L'unique représentant du nom, le colonel comte Renaud de Falicon, réside à Nice.

**RENAUD D'AVÈNE DES MÉLOIZES** (MARQUIS DE FRESNOY) (lettres patentes d'août 1652). *Nivernais, Canada, Ile-de-France.* (Cherin, d'Hozier de Sérigny.)

Écartelé : aux 1 et 4 de gueules à l'aigle d'argent, becquée, membrée et couronnée d'azur, qui est de Coligny; aux 2 et 3 d'or au sautoir de sable, qui est de Fresnoy; sur le tout d'azur au chevron d'or, accompagné en chef de deux quintefeuilles d'argent en pointe d'une fourmi du même, qui est de Meloizes. Devise : *Droit partout.*

Cette famille a quatre représentants : Eugène Renaud d'Avène des Méloizes, marquis de Fresnoy, officier de la Légion d'honneur, ancien conservateur des forêts, à Bourges et au château de Thizay (Indre) ; Ernest Renaud d'Avène des Méloizes, comte de Fresnoy, chevalier de la Légion d'honneur, à Versailles ; Maxime, vicomte Renaud d'Avène des Méloizes Fresnoy, grand officier de la Légion d'honneur, ancien ministre plénipotentiaire, à La Rochelle ; Henri Renaud d'Avène des Méloizes, baron de Fresnoy, officier de la Légion d'honneur, lieutenant-colonel, commandant le 2$^e$ spahis, à Constantine.

**RENAULT.** *Normandie, Bretagne.*

D'azur, à une tige de lis de trois branches d'argent, surmontée d'une étoile d'or et sénestrée d'un chien assis du même ; au chef d'hermines.

Le baron Renault, grand-croix de la Légion d'honneur, général de division, sénateur, unique représentant du nom, réside à Paris.

**RENAULT.** *Bretagne, Champagne.*

Bretagne. De gueules, à la croix pattée d'or. — De sable, au lion d'or ; au chef cousu d'azur, chargé de trois demi-vols d'argent.

Champagne. D'argent, au sautoir de gueules, accompagné en chef d'une croisette de sable.

Cette famille a quatre représentants : Renault d'Alfort, avocat à Paris ; Renault de Motté, médecin à Saint-Dizier, département de la Haute-Marne ; Renault d'Ubexi, officier de la Légion d'honneur, colonel du 9$^e$

d'artillerie; Renault d'Ubexi, conseiller à la cour de cassation, à Paris.

**RENOMMIÈRE** (Gillet de la). *Bourgogne, Ile-de-France.*

D'azur, à la palme d'or, accompagnée en chef de deux étoiles d'argent et en pointe d'un croissant du même.

Gillet de la Renommière, unique représentant du nom, réside à Oncy, par Étampes, département de Seine-et-Oise.

**RENOUARD.** *Bretagne, Lyonnais, Gascogne, pays d'Aunis, Saintonge.*

D'argent, à une quintefeuille percée de gueules.

Jean-François et Guy-Michel de Renouard, officiers généraux sous le maréchal de Brissac, au xvie siècle, appartenaient à cette famille qui a quatre représentants : le baron Léon Renouard de Bussière, officier de la Légion d'honneur, conseiller d'État, à Paris ; le baron Alfred Renouard de Bussière, officier de la Légion d'honneur, ancien député du Bas-Rhin, à Paris ; le baron Edmond Renouard de Bussière, grand officier de la Légion d'honneur, à Paris ; Renouard de Laneuvais, à Sapincourt, département de la Meuse.

**RENTY.** *Artois.*

D'argent, à trois doloires de gueules, les deux du chef affrontées.

La terre et seigneurie de Renty, en Artois, a donné son nom à une illustre maison, dont la branche aînée tomba en quenouille dans le xive siècle et qui est représentée par le comte Paul de Renty, naguère à Paris.

**RESSÉGUIER.** *Rouergue.*

D'or, à un pin de sinople ; au chef d'azur chargé de trois quintefeuilles d'argent.

Bernard de Rességuier, anobli par le roi Charles V en récompense de ses services contre les Anglais, en 1372, est la tige de cette famille qui a plusieurs représentants : Edmond-Fernand, comte de Rességuier, membre de l'académie des Jeux Floraux, à Toulouse ; Albert, comte de Rességuier, député du Gers à l'Assemblée nationale ; Louis de Rességuier, chef de la branche de Juillac, actuellement sous-préfet à Moissac (Tarn-et-Garonne).

**RETZ.** *Gévaudan.*

D'azur, au chevron d'or accompagné en chef de deux étoiles du même et en pointe d'une épée renversée d'argent.

Cette famille qui subsiste depuis l'an 1420 dans le Gévaudan, où elle fut envoyée par Alain Stuart, archer de la garde écossaise de Charles VII, se divise en deux branches, Retz de Mallevielle et Retz de Serviès. La première branche a pour chef de nom et d'armes Louis-Marie-Augustin, marquis de Retz de Mallevielle ; son fils unique, Alexandre-Gaspard-Raoul, sergent aux zouaves pontificaux, ayant été tué à la bataille de Mentana, il ne lui reste que trois filles.

La seconde branche est représentée par Marie-Charles-Émile, comte de Retz de Serviès, à Paris. Il a un fils, Marie-Charles-Jean-Guy, ingénieur civil, et deux filles.

**REUMONT.** *Lorraine.*

D'or, au chevron de gueules ; écartelé aussi d'or à une

aigle à deux têtes de sable, couronnée de gueules ; sur le tout une couronne d'épines de sinople.

Le baron de Reumont, unique représentant du nom, réside au château de Flassigny, par Montmédy, département de la Meuse.

**REVEL DU PERRON.** *Dauphiné.*

Écartelé : aux 1 et 4 de gueules, à la couronne d'argent ; au chef d'azur chargé d'une aigle d'argent, membrée, becquée, couronnée de sable, qui est du Perron ; aux 2 et 3 d'or, au demi-vol de sable et une étoile d'azur en chef à dextre, qui est de Revel.

Devise : *Nil nisi a Deo.*

Falque de Revel, chevalier, témoin de Siboul, seigneur de Beaurevoir, en 1080, est la tige de cette famille qui a donné un grand maître de l'ordre de Saint-Jean de Jérusalem, des chevaliers de Malte, un mestre de camp de cavalerie, et qui est représentée par Armand de Revel du Perron, ancien sous-préfet, à Dieppe.

**RÉVÉREND DU MESNIL.** *Normandie et Bresse.*

Écartelé : aux 1 et 4 de sinople à trois mouches d'or ; aux 2 et 3 de gueules à l'aigle éployée d'argent.

Anoblie pour services militaires en septembre 1594, cette famille a pour chef de nom et d'armes Louis-Gustave Révérend du Mesnil, maire de Villy (Calvados), ancien conservateur des hypothèques, qui a deux fils : Clément-Edmond-Révérend du Mesnil, juge de paix à Meximieux (Ain), membre de la *Société Française d'Archéologie* et de plusieurs autres sociétés savantes, auteur d'un *Armorial de Bresse, Bugey, Dombes et pays de Gez*, etc., père de trois fils et de deux filles ; Louis-Henry Révérend du Mesnil, ancien receveur des domaines, demeurant actuellement à Villy, près Falaise.

**REVERSAT DE MARSAC.** *Toulouse.*

D'azur, au chevron d'or accompagné de trois lions rampants du même, posés 2 en chef et 1 en pointe.

Cette famille a trois représentants : Reversat de Marsac, au château de Marsac, par Lavis, département de Lot-et-Garonne ; Reversat de Marsac, au château de la Bastide-de-Beauvoir, département de la Haute-Garonne ; Victor Reversat de Marsac, à Toulouse.

**REVIERS DE MAUNY.** *Normandie, Beauce, Angleterre.*

D'argent, à six losanges de gueules posées 3, 2 et 1.

La paroisse de Reviers, connue en Normandie, antérieurement à l'ère chrétienne, par un camp romain, dont on voit encore les vestiges, a donné son nom à une illustre maison dont l'origine se rattache à celle des ducs de Normandie et que les généalogistes font généralement remonter à Richard, seigneur de Reviers en Bessin, baron de Nehou en Cotentin, seigneur de Montebourg, l'un des chevaliers qui accompagnèrent Guillaume, duc de Normandie, à la conquête de l'Angleterre en 1066, où il reçut le comté de Devon et l'île de Wight, avec beaucoup d'autres fiefs.

Elle a formé plusieurs branches, dont une seule, celle de Mauny, a deux représentants : le comte de Reviers de Mauny, marié à Léontine de Choiseul, au château d'Ancise, par Châteaudun, département d'Eure-et-Loir, dont postérité ; le vicomte de Reviers de Mauny, son frère, marié à Marguerite de Villeneuve-Bargemont, au château de Bois-le-Roi, par Montargis, département du Loiret, dont postérité. Richard de Reviers, fils mineur de Henri, décédé, est d'une autre branche.

**REY.** *Provence.*

D'azur, à trois arbres d'or sur une terrasse du même et un soleil aussi d'or.

Cette famille, dont d'Artefeuille décrit les armes, se divise en deux branches. L'aînée a pour chef de Rey de Foreste, administrateur du chemin de fer de Paris à Lyon-Méditerranée, qui habite Paris. La seconde branche est représentée par de Rey, au château de Prieuré-d'Ardène, par Saint-Michel, département des Basses-Alpes. Il a sa résidence d'hiver à Marseille.

**REY DE SAINT-GÉRY, DE LACROIX.** *Toulouse, Montauban.*

Écartelé : aux 1 et 4 d'or, à une rose de gueules; aux 2 et 3 d'azur plein.

Sous le nom générique de Rey, on compte encore deux représentants : Rey de Saint-Géry, au château de Saint-Géry, par Rabastens, département du Tarn; Rey de Lacroix, chevalier de le Légion d'honneur, à Montagnac, département de l'Hérault.

**REYDET DE VULPILLIÈRE.** *France.*

D'azur, à la fasce, accompagnée en chef de deux étoiles placées au canton dextre et au canton sénestre et en pointe d'un croissant, le tout d'or.

Cette famille a trois représentants : le comte Auguste de Reydet de la Vulpillière, au château de la Perrotière, par Annecy, département de la Haute-Savoie; le baron Eugène de Reydet de la Vulpillière, au château d'Allonzier, par Annecy; le chevalier Édouard de Reydet de la Vulpillière, au château d'Allonzier.

**REYNAUD.** *Auvergne.*

De gueules, au chevron d'or accompagné de trois roses d'argent.

Cette famille qui a brillé dans les armes et dans l'Église et qui fut élevée à la pairie sous la Restauration est représentée par François-Dominique de Reynaud, comte de Montlosier, baron de Roches et de Beauregard, au château des Roches, par Pontgibaud, département du Puy-de-Dôme.

**REYNAUD.** *Provence, Auvergne, Guyenne, Gascogne, Languedoc, Provence.*

PROVENCE. D'argent, au loup de gueules ; au chef d'azur chargé de trois losanges d'or.

AUVERGNE, GUYENNE, GASCOGNE. D'azur, au lion d'argent, armé et lampassé de gueules.

LANGUEDOC, PROVENCE. D'argent, au renard de gueules passant sur une terrasse de sinople ; au chef d'azur chargé de trois étoiles d'or.

Cette famille a quatre représentants : Reynaud de Barbarin, officier de la Légion d'honneur, conseiller-maître à la Cour des comptes, à Paris ; Reynaud de Fonvert, à Aix, département des Bouches-du-Rhône ; Reynaud de Launnoy, officier de la Légion d'honneur, ingénieur à Constantine (Algérie) ; Reynaud de Villevert, capitaine au 4e régiment d'artillerie.

**RIANCEY** (LE CAMUSAT DE). *Champagne, Ile-de-France.*

D'azur, au chevron d'or, accompagné de trois têtes de bélier de profil d'argent, deux en chef et une en pointe.

Le Camusat de Riancey, unique représentant du nom, est avocat à la cour d'appel, à Paris.

**RIBAIN** (FREVOL DE). *Languedoc.*

De gueules, à deux lions d'or affrontés, tenant une roue du même sur un mont aussi d'or.

Cette famille a deux représentants : Frevol de Ribain, chevalier de la Légion d'honneur, au château de Jaconas, par Pradelles, département de la Haute-Loire; Frevol de Ribain, au château de la Selle, par Autun, département de Saône-et-Loire.

**RIBAULT DE LAUGARDIÈRE.** *Normandie.*

De gueules, à la fasce cousue d'azur, chargée de trois besants d'or, accompagnée de trois croix ancrées d'argent, posées 2 et 1.

Signalée par dom Lobineau, dès les années 1003, 1189, 1302, cette famille, qui établit sa filiation depuis Jehan Ribault, vicomte de Caudebec, en 1359, a plusieurs représentants : Pierre-Henri Ribault de Laugardière, conseiller d'arrondissement, à Nontron ; Jules Ribault de Laugardière, chevalier de la Légion d'honneur, premier avocat général, à Colmar; Charles Ribault de Laugardière, substitut du procureur général, à Bourges.

**RIBAUT.** *Provence.*

D'azur, à deux palmes adossées d'or, mouvantes d'un croissant d'argent.

Éteinte dans les mâles, cette famille n'est plus représentée que par M$^{me}$ la baronne douairière de Ribaut, à Nice.

**RIBBE.** *Provence.*

D'argent, à la tête de more de sable, tortillée du champ.

Cette famille a quatre représentants : Joseph-Augustin de Ribbe, qui a deux fils : Charles de Ribbe et Augustin de Ribbe, juge suppléant à Marseille. Il a aussi une fille, Marie. De Ribbe, autre représentant du nom, est conseiller à la cour d'appel d'Aix, département des Bouches-du-Rhône. De Ribbe, autre représentant, est avocat à Aix.

**RIBEROLLES.** *Auvergne.*

D'azur, au lion d'or, rampant sur une tour d'argent maçonnée de sable.

Six représentants : Victor de Riberolles, au château de Boulhom, par Lezoux ; Paul de Riberolles, au château de Verchère, par Thiers ; Louis de Riberolles, au château d'Arconsat, par Saint-Remy ; Pierre Landrévy de Ribeyrolles, à Pont-du-Château ; Augustin de Riberolles, aux châteaux de Ravel, par Vertaison, des Hors et de la Chassagne, par Thiers, tous les cinq dans le département du Puy-de-Dôme. Le sixième représentant, Alexandre de Riberolles, est conseiller référendaire à la Cour des comptes, à Paris.

**RIBES.** *Toulouse, Montauban.*

D'argent, à une fasce de gueules, et sur le tout un écu d'azur, chargé d'une foy d'argent en bande.

Le comte de Ribes, unique représentant du nom, réside à Paris.

**RIBEYRE.** *Auvergne.*

D'azur, à la fasce ondée d'argent, accompagnée de trois canettes de même, becquées et membrées de gueules, deux en chef et une en pointe.

A cette famille appartenait Antoine de Ribeyre, seigneur d'Homme, lieutenant général en la sénéchaussée de Clermont, en Auvergne, dont le fils, Antoine de Ribeyre, deuxième du nom, né le 16 février 1632, était conseiller d'État, etc. Elle est représentée par de Ribeyre, à Paris.

**RIBEYROLS D'ENTREMAUX.** *Piémont, Languedoc.*

Écartelé : aux 1 et 4 de gueules, au cerf passant d'argent, sommé de même ; aux 2 et 3 de sable à quatre pals d'or. Couronne : de marquis. Supports : deux lions.

Originaire du Piémont, établie en Languedoc, dès le XIIe siècle, cette famille est représentée par le marquis Charles-Joseph de Ribeyrols d'Entremaux, membre du conseil général du Gard, au château du Pont, à Saint-Jean de Maruéjols, canton de Barjac, département du Gard. Il a un fils, Alfred-Joseph-Casimir, marquis de Ribeyrols d'Entremaux.

**RIBIER.** *Auvergne.*

De gueules, au lévrier rampant d'argent colleté d'or ; au chef cousu d'azur, chargé de trois étoiles d'or.

Cette famille a deux représentants : Ribier de Champagnac, au château de Champagnac, par Saignes, département du Cantal ; Ribier de Lavandès, au château de Lavandès, par Saignes.

**RIBIERS.** *Comtat-Venaissin.*

De gueules, au chevron d'or accompagné en chef de deux étoiles du même et en pointe d'un croissant d'argent, surmonté d'une palme du second.

Cette famille, qui emprunte son nom à une terre et seigneurie au diocèse de Gap, est représentée par le marquis de Ribiers, à Avignon.

**RIBOTTI DE MOLIERAS.** *Provence.*

De sinople, à une boucle d'or ; coupé d'argent à un cheval gai d'azur.

L'unique représentant du nom, Ribotti de Molieras, réside à Nice.

**RICARD.** *Provence.*

D'azur, au griffon morné d'or; au chef d'or chargé d'une étoile d'azur.

Cette famille a trois représentants à Marseille : Joseph-Amédée, Jean-Baptiste-Eugène et Louis-Adrien de Ricard.

**RICARD.** *Languedoc, Paris, Montpellier, Montauban.*

LANGUEDOC. De pourpre, à une rose d'or; au chef cousu d'azur, à une croix d'or et un croissant d'argent. *Alias:* de sable à une rose d'argent; au chef cousu d'azur chargé d'une croix d'or, accostée d'une étoile d'argent et d'un croissant contourné du même.

PARIS. De gueules, à un maillet d'or, surmonté d'une couronne du même; écartelé d'argent à trois têtes de more de sable, bouclées d'argent et posées 2 et 1.

MONTPELLIER, MONTAUBAN. Écartelé : au 1 et 4 de sable, à une rose d'argent; au chef cousu d'azur chargé d'une croix pattée d'or, adextrée d'une croix du même et senestrée d'un croissant contourné d'argent; aux 2 et 3 d'azur, à trois coqs crêtés, barbés, becqués et éperonnés de gueules; au chef d'or, chargé d'une aigle de sable.

Sous le nom générique de Ricard, on trouve cinq représentants : Louis de Ricard, à Florensac, département de l'Hérault; de Ricard, curé à Moustier, par Duras, département de Lot-et-Garonne; Ricard de Morgny, médecin, à Paris; Ricard de Villaret, au château de Villaret, par Brissac, département de l'Hérault; Ricard de Villeneuve, percepteur, à Saint-Lizier, département de l'Ariége.

**RICAUD.** *Montpellier, Montauban.*

D'argent, au chevron de gueules, accompagné de trois ancres de sable posés 2 et 1.

Cette famille a deux représentants : de Ricaud, juge à Marmande, département de Lot-et-Garonne ; de Ricaud, conseiller municipal, à Villeneuve, même département.

**RICAUDY.** *Italie, Languedoc, Provence.*

D'azur, à la fasce accompagnée en chef de trois étoiles et en pointe d'un croissant, le tout d'argent.

Originaire d'Italie, venue au XVIe siècle en Languedoc, où la branche aînée s'est éteinte vers le milieu du XVIIIe siècle, cette famille ne subsiste plus que dans la branche de Provence. Elle est représentée par trois frères : Cyprien de Ricaudy, officier de la Légion d'honneur, chef d'escadrons au 4e régiment d'artillerie ; Théodore de Ricaudy, lieutenant de vaisseau ; Louis de Ricaudy, officier de marine, démissionnaire, à Paris.

**RICAUME.** *Espagne, Poitou.*

Coupé : au 1 de gueules, à la tour d'or crénelée de deux pièces et de deux demies, maçonnées, ouvertes et ajourées de sable, accompagnée en chef de deux étoiles d'or ; au 2 parti : *A* d'hermines, à la bande de gueules ; *B* d'argent, au lion de sable, armé, lampassé et couronné d'or.

Devise : *Nomine dignus et virtute.*

Lucien-Napoléon Ricaume, chef de nom et d'armes de cette famille, réside à Poitiers. Il a un fils : Lucien-Charles-Myrtil-Ludovic-Philéas-Ernest-Paul-Émile Ricaume, avocat à la cour impériale, à Poitiers.

**RICHARD.** *France.*

Parti : au 1 d'or au lion de gueules, armé et lampassé d'azur ; au 2 d'azur à la bande d'argent, chargée de trois pensées de gueules; au franc-quartier des barons-préfets.

Cette famille a pour unique représentant Charles-Louis-Victor, baron Richard, commandeur de la Légion d'honneur, préfet du Finistère, officier de l'instruction publique, membre de plusieurs sociétés savantes, à Quimper.

**RICHARD DE SOULTRAIT** ET DE LISLE. *Comtat-Venaissin, Nivernais.*

D'argent, à deux palmes de sinople adossées, accompagnées en pointe d'une grenade de gueules, tigée et feuillée de sinople.

Reconnue noble dès le milieu du xv$^e$ siècle, cette famille, dont la filiation suivie remonte à l'an 1420, a trois représentants : Jacques-Hyacinthe-Georges, comte Richard de Soultrait, chevalier de la Légion d'honneur et de plusieurs ordres étrangers, officier de l'instruction publique, ancien membre du conseil général de la Nièvre, qui a sa résidence d'été au château de Toury-sur-Abron, département de la Nièvre, et sa résidence d'hiver à Lyon ; Henri Richard de Lisle, membre du conseil général de l'Allier, au château de Bel-Air, près Gannat, département de l'Allier ; Antoine Richard de Lisle, à Saint-Pourçain, même département.

**RICHARD D'ABNOUR.** *France.*

De sinople, au chevron d'or, accompagné de trois canettes d'argent, *alias* d'or.

Cette famille a trois représentants : le comte Richard d'Abnour et le vicomte Gaston Richard d'Abnour, à Paris ; le baron Richard d'Abnour, juge à Chartres, département d'Eure-et-Loir.

**RICHARD DE LA PRADE.** *Forez.*

Écartelé : aux 1 et 4 de gueules, au chevron d'argent, accompagné en chef de deux étoiles du même et d'un besan d'or en pointe ; aux 2 et 3 d'or à un pont de gueules maçonné de sable et terrassé de sinople de pourpre.

Le chef de nom et d'armes de cette famille, Victor Richard de la Prade, membre de l'Académie française, réside à Lyon.

**RICHARD.** *Paris, Maine, Poitou, Bretagne.*

PARIS. D'or, au chevron d'azur, accompagné de trois œillets au naturel, tigés et feuillés de sinople, posés deux en chef et un en pointe.

MAINE. De sable, au pélican avec sa piété d'or.

POITOU. D'argent, à la fasce haussée d'azur, chargée d'une céleste d'or entre deux croissants d'argent, accompagnée en pointe de trois roses de gueules à boutons d'or.

BRETAGNE. D'azur, à six mâcles d'or posés 3, 2 et 1.

Sous le nom générique de Richard on retrouve encore quatre représentants : Richard de Beauchamp, au château de Gringuenières, par la Flèche, département de la Sarthe ; Richard de la Faverie, au château de Saint-André-de-Fontenay, département du Calvados ; Richard de Jouvence, à Versailles ; Richard de Montjoyeux, chevalier de la Légion d'honneur, député de la Nièvre, qui a sa résidence d'été au château d'Annay, par Cosne, département de la Nièvre, et sa résidence d'hiver à Paris.

**RICHAUD DE SERVOULES.** *Poitou.*

De sable, au réchaud d'argent.

L'unique représentant du nom, Richaud de Servoules,

est caissier de la banque de France, à Bastia (Île de Corse.)

**RICHE DE CHÉVEIGNÉ.** *Poitou.*

De gueules, au coq d'argent, crêté, barbillonné et onglé du même, posé sur une chaîne en fasce, ayant la patte dextre levée et regardant une étoile d'or posée à l'angle dextre du chef.

Le comte Riche de Chéveigné, unique représentant du nom, réside au château de Cepay, par Montargis, département du Loiret.

**RICHEMOND** (Meschinet de). *Saintonge.*

D'or, à un pin de sinople, sénestré d'un lion de gueules.

L'unique représentant du nom, Meschinet de Richemond, est architecte à La Rochelle.

**RICHEMONT-DESBASSAYNS.** *Ile de Bourbon.*

Écartelé : d'or, à la fasce d'azur, chargée de deux pailles-en-queues, accompagnée en chef d'une main de carnation. Couronne : de comte.

Devise : *Esse quam videri.*

Originaire de l'île de Bourbon, où elle jouit d'une grande situation depuis le règne de Louis XIV, cette famille compte parmi ses membres des administrateurs distingués des possessions françaises dans l'Inde, et, parmi ses alliés, le comte de Villèle, premier ministre de Louis XVIII.

Le chef de cette famille réside à Rome. L'un de ses membres était sénateur français.

**RICHEMONT.** *Bretagne, Guadeloupe.*

D'azur, au chevron d'argent, accompagné en chef de deux étoiles d'or, et en pointe d'une étoile du même.

L'unique représentant du nom, Le Mercier de Maisoncelle, vicomte de Richemont, officier de la Légion d'honneur, ancien député de Lot-et-Garonne, conseiller général, a sa résidence d'été au château de Tombebœuf, près Tonneins et sa résidence d'hiver à Paris.

**RICHEMONT.** *Bretagne.*

D'hermine, à la bordure de gueules.

Cette famille a deux représentants : de Richemont, au château de Talhouët, par Pont-Scorff, département du Morbihan ; de Richemont, à Paris.

**RICHER DE MONTHÉARD DE BEAUCHAMPS.** *Maine.*

D'or, au chevron de gueules, chargé de trois croisettes du champ et accompagné de trois bluets au naturel, tigés et feuillés de sinople.

Emmanuel-Alexandre-Augustin, baron de Richer de Monthéard de Beauchamps, unique représentant du nom, réside au château de Beauchamps, par la Ferté-Bernard, département de la Sarthe.

**RICHET DE LA FAULONNIÈRE.** *Normandie.*

D'or, à trois chevrons d'azur, chargés chacun de cinq besants du champ.

L'unique représentant du nom, Richer de la Faulonnière, réside au château de Gérences, par Bréhal, département de la Manche.

**RICHETEAU.** *Poitou.*

D'or, à un aubier de sinople ; au chef d'azur chargé de trois étoiles du champ.

Cette famille a deux représentants : Charles de Richeteau, à Angers ; Eugène de Richeteau, également à Angers, département de Maine-et-Loire.

**RICHOUFFTZ DE MANIN.** *Artois.*

D'azur, a trois massacres de cerf d'or, posés 2 et 1. Supports ; deux licornes.

Richoufftz, ou Richoufz, comme on l'écrivait avant le xviie siècle, maison d'ancienne chevalerie, issue des princes de Montbelliart, des Gueldres, des Schlicken, des Montfort, des Savelli, fut admise aux états d'Artois depuis son établissement à Manin, et cette admission est une preuve suffisante de son antique noblesse.

Sa généalogie suivie, établie sur pièces authentiques, remonte à l'an 1450 ; mais antérieurement à cette époque on trouve de Richoufftz, évêque de Mayence, deuxième successeur de saint Boniface, en 812 ; Redigo Richoufftz, commandeur de l'ordre Teutonique, en 1194 ; Otto et Henry de Richoufftz, tous deux commandeurs de l'ordre Teutonique, de la maison de Sainte-Cunégonde, de la province de Saxe, en 1220.

1. Frédéric de Richoufftz, qualifié marquis, fils cadet du prince de Montbelliart, épousa en 1450, dame Adolphe de Gueldre, sœur du duc de Gueldre.

II. Guillaume de Richoufftz, écuyer, seigneur de Mayensbourg, sénateur et patron de Magdebourg, épousa, en 1490, Anne de Schlicken, dont le père était baron de l'empire.

III. Éric de Richoufftz, écuyer, enseigne de trois cents lansquenets, servant sous François Ier, en Italie, en 1515, blessé mortellement à Marignan, le 15 septembre 1515, fit sur le champ de bataille, un testament qui débute en ces termes :

« Testamen de noble houme Érich de Richoufz... »

Remis de ses blessures il épousa, en 1520, dame Isabeau Leclerc, fille de noble homme Jean Leclerc, seigneur de Transport et de Morinvillers.

IV. Jean de Richoufftz, écuyer, seigneur de Transport, de Morinvillers et de Beauchamp, un des cinquante gentilshommes chevau-légers dans la compagnie du seigneur de Clermont, épousa dame Marie de Laforest, fille de Robert, écuyer, seigneur de Glatigny.

V. Edme de Richoufftz, écuyer, seigneur de Beauchamp, un des cent gentilshommes d'armes dans la compagnie Clermont d'Amboise, en 1584, qu'il commanda ensuite de 1595 à 1597, épousa, en 1587, dame Louise de Montfort, de l'illustre maison de Montfort.

VI. François de Richoufftz, écuyer, seigneur de Beauchamp et de Champgontier, un des cent gentilshommes chevau-légers dans la compagnie du prince de Condé, rappela, dans la production de ses titres de noblesse à la cour des aides, en 1607, qu'il « descendait par sa mère de Jean de Montfort, le conquérant de la Bretagne sur Charles de Blois. » Il épousa, en 1609, dame Charlotte de Savelly, fille d'Horace, chevalier romain, seigneur de Champeau, de la maison des princes de Savelly.

VII. Pierre de Richoufftz, écuyer, seigneur de Beauchamp et de Champgontier, un des cent gentilshommes chevau-légers dans la compagnie du duc d'Enghien, sortit du service en 1640, se maria trois fois. Il eut d'Élisabeth Marcel, sa femme du premier lit, qu'il avait épousée en 1641, un fils, Paul, qui suit.

VIII. Paul de Richoufftz, chevalier, seigneur de Verrines et de Malanse, garde du corps du roi, jusqu'en 1674, puis premier gentilhomme du cardinal de Fustemberg, épousa, en 1679, Françoise Gillot, fille de Louis, conseiller du roi, maire de Noyon.

IX. Claude-Paul de Richoufftz, chevalier, seigneur de Vauchelles et de Porquerincourt, reçut le 26 avril 1716, par donation entre vifs, de sa tante, Élisabeth de Richoufftz, la succession du prince Jules de Savelly, grand maréchal de Rome, son cousin. Conseiller du roi, maître particulier des eaux et forêts de Noyon, Péronne et Roye, se maria deux fois. Il eut du premier lit deux filles et de dame Claude de Lafon, qu'il épousa en secondes noces en 1724, Claude-François, qui suit.

X. Claude-François de Richoufftz de Manin, chevalier, maréchal de camp d'artillerie, commandeur de l'ordre de Saint-Louis, seigneur de Manin, Vauchelles et Porquerincourt, membre de l'ordre de la noblesse aux états d'Artois, mort l'an X de la République, épousa, en 1753, dame Jeanne-Françoise des Marets de Baurains.

XI. Pierre-Louis-François, chevalier de Richoufftz de Manin, chevalier de Saint-Louis, capitaine adjudant-major au régiment d'Orléans, né en 1761, mort en 1829, émigré en 1791, maire de Manin, membre du conseil d'arrondissement de Saint-Pol, épousa, en 1804, dame Joséphine-Marie-Bénédicte Guilbert.

XII. Frédéric-François-Victor, chevalier de Richoufftz de Manin, né à Manin le 16 juillet 1805, membre du conseil général du Pas-de-Calais, de 1848 à 1867, membre du conseil d'instruction publique du même département, maire de Manin, épousa, en 1829, dame Aimée-Charlotte-Henriette Boussemont de Thiennes.

XIII. Ludovic-Aimé-Victor, chevalier de Richoufftz de Manin, docteur en droit, né à Manin le 16 avril 1831, épousa Lélia-Herminie de Coussemacker, dont un fils, Jules-Éric, né le 2 décembre 1861 et une fille, Jeanne-Louise-Françoise, née le 9 janvier 1866.

**RICQUE** (LE). *Artois.*

D'argent, au chevron de gueules chargé de trois roses du champ.

Le membre le plus illustre de cette famille fut Jean Le Ricque, qui, à un siége d'Arras, contribua largement à repousser les assiégeants. Le prince, en récompense de sa vaillance, l'autorisa à ajouter à ses armoiries une pièce honorable, un chevron, et à timbrer son écusson d'une couronne de comte. Cette dernière concession est aussi rare qu'honorable. (Extrait d'un ancien nobiliaire de Flandre et d'Artois, de la bibliothèque de Lille.)

Cette famille a deux représentants : Octave le Ricque de Rocour, au château de Ruitz, département du Pas-de-Calais ; Adolphe le Ricque de Monchy, membre titulaire de l'Académie des sciences et des lettres de Montpellier.

**RIDDER.** *Flandre.*

De gueules, à trois maillets penchés d'argent.

Ce nom fort répandu en Flandre, est représenté en France par de Ridder, au château de Mée, par Melun, département de Seine-et-Marne.

**RIENCOURT.** *Picardie, Champagne, Normandie.*

Seigneurs de Riencourt, de Franqueville ; barons de Saint-Léger ; seigneurs de Dreuil, d'Oissy, d'Orival, de Bergicourt, de Tilloloy, de Cavillon, de Vaux, de Bougainville, La Fresnoye ; seigneurs du Quesnel-en-Santerre, de Lincest, de Caix, de Hangest, des Authieux, de Morvilliers, de Gauville, de Beaucamp, d'Argies ; marquis d'Orival ; barons de Brasseuse ; seigneurs de Parfondru ou Parfonderus, de Ployart, de Dronay ;

seigneurs de Saint-Séverin, d'Interville, de Jonval, de Montelon; seigneurs du Quesnoy-les-Vauchelles; comtes de Tilloloy; marquis et comtes de Riencourt; seigneurs de Lignières, d'Escoquières, de Villers, de Haussart, d'Aumont; seigneurs et comtes d'Andechy; seigneurs de Beaucourt, de Domléger, de La Rüe et d'Ignaucourt en partie; seigneurs d'Arleux et de Boisgeffroy.

D'argent, à trois fasces de gueules, frettées d'or.

Tous les historiens de Picardie regardent la maison de Riencourt (1) comme une des plus considérables de la province, tant par son ancienneté que par l'étendue de ses possessions et l'éclat de ses alliances.

D'Hozier, dans son *Armorial général*, a écrit la généalogie de cette maison, qu'il commence en ces termes : « Le nom de Riencourt peut prétendre, sans contredit, un rang distingué parmi la plus ancienne noblesse de Picardie ; aussi, La Morlière, auteur des *Antiquités d'Amiens*, imprimées en 1642, l'a-t-il compris dans un recueil des maisons illustres de cette province. Outre l'avantage qu'elle a d'avoir eu une terre de son nom, qui paraît, avec vraisemblance, avoir donné le nom à son premier possesseur, on y découvre non-seulement des alliances avec la noblesse la plus marquée, mais encore un grand nombre de services militaires. »

Le Carpentier, dans son *Histoire de Cambrai et du Cambrésis*, dit « qu'elle est très-célèbre dans la province de Picardie, et qu'elle s'est fait connaître en Cambrésis, dès l'an 1150, en la personne d'Amaury, seigneur de Riencourt. »

(1) La maison de Riencourt, dont tous les représentants mâles sont cités dans cette généalogie, est entièrement étrangère à une famille, établie à Cherbourg, dont le nom patronymique est *Jolivet*, et qui est connue sous le nom de *Riencourt*.

Dom Villevielle, que Chérin a consulté avec fruit pour les *Preuves de cour*, faites par la maison de Riencourt, s'exprime ainsi dans un manuscrit existant à la Bibliothèque nationale, et intitulé *Trésor généalogique* : « On cite, parmi les seigneurs de cette maison, *Guy de* Riencourt, qui accompagna, en 1066, Guillaume, duc de Normandie, à la conquête de l'Angletere. Ce fut par la munificence du roi Guillaume qu'il posséda, dans ce royaume, l'honneur de Sutton, fief plus considérable qu'une baronnie, situé dans le comté de Bedfort, le manoir de Burton avec diverses autres terres. Richard de Riencourt, fils et héritier de Guy, jouit, pendant plusieurs années, de ces seigneuries. Mais, ayant beaucoup perdu dans une partie de dés qu'il avait faite avec le roi Henri I$^{er}$ d'Angleterre, et n'ayant pu payer au terme fixé, le prince l'obligea à vendre son manoir de Burton. Il ne laissa qu'une fille nommée Marguerite, son unique héritière ; laquelle épousa Robert Foliot, et le roi Henri II d'Angleterre lui restitua toutes les terres, les honneurs, etc., que Guy de Riencourt, son aïeul, avait possédés dans ce royaume (1). »

Dans les dernières années qui ont précédé la révolution, M. le comte de Riencourt-Tilloloy, écuyer de Madame Adélaïde de France, et son neveu, M. le marquis de Riencourt, ancien page du roi, ont fait les preuves pour les honneurs de la cour. Ces preuves ont été terminées avant 1789, ainsi que l'atteste le manuscrit de Chérin déposé à la Bibliothèque nationale ; mais

---

(1) Dugdale, *Baronage of England*, article *Foliot*. — Pour l'énumération des titres de Guy de Riencourt, lord Sutton, voir le *Domesday Book*, folios 191, 199, 219, 235, 336, 363 et 377. — Augustin Thierry, *Histoire de la conquête de l'Angleterre par les Normands*.

aucun membre de la famille n'en a profité. De toutes les généalogies faites par les auteurs que nous avons cités, il résulte que la *Branche-mère* de la maison de Riencourt s'est éteinte dans la *maison d'Audenfort*. Alors la *Branche des seigneurs et marquis d'Orival* est devenue l'aînée, puis s'est éteinte dans la maison de Vérac, par le mariage de la fille unique et héritière de Charles-François de Riencourt, marquis d'Orival, avec César de Saint-Georges, marquis de Vérac, lieutenant général de la province de Poitou.

Par suite de cette nouvelle extinction et de celle de la *Branche des Riencourt-Parfondru*, établie en Champagne, qui a pris fin dans les dernières années du xviiie siècle, une *quatrième branche*, — celle des *seigneurs et comtes de Tilloloy, comtes et marquis de Riencourt*, est devenue, à son tour, l'aînée; elle avait pour chef, au moment de la révolution, le marquis de Riencourt, et a pour chef actuel Anne-Honoré-Olivier, fils de Roger-Philippe-Marie-Adrien de Riencourt-Tilloloy, qui a toujours porté le titre de comte de Riencourt et a obtenu, « sur l'avis émis par le conseil du sceau des titres, » par décret du 25 juin 1860, la confirmation de ses droits « au titre héréditaire de marquis. »

La maison de Riencourt a contracté ses principales alliances avec les maisons d'Ailly, de Caix, de Caulières, de Lierres, de Rolencourt, d'Annecy, de Mailloc, de Sénemond-Monsure, Le Hochart-l'Espinoy, de l'Espinay, de Cauvelaire, de Crespy-Dronay, d'Amiens, d'Angennes, de Bertoult, de Bournel, des Frichés-Doria, de Forceville, de Fransures, de La Fontaine-Candoire, de Joyeuse, d'Hénin, de Lameth, de Landemont, de Maulde, de Montmorency, de Rouault-Gamaches, de Soissons-Moreuil, de Tiercelin de Brosses, de Flahault, de Hunolstein, de Cassini, de Vérac, de Rambures, d'Assas, etc.

FILIATION

Établie d'après la généalogie de d'Hozier et les preuves de cour de Chérin, et continuée jusqu'à nos jours, pour la branche aînée actuelle, d'après le recueil des pièces authentiques présentées au conseil du sceau des titres.

I. Amaury, sire de Riencourt, qui vivait en 1150, fut bienfaiteur des abbayes de Honnecourt, Vaucelle, Mont-Saint-Martin et d'Aroüaise. Il eut pour fils :

II. Roger, sire de Riencourt, marié à Alette de Ribemont, dont il eut trois fils.

A la même époque vivait Raoul de Riencourt, qui fit le voyage de Palestine. « Philippe, évêque de Beauvais, se trouvant à la Terre-Sainte, donna une charte, scellée de son sceau, et datée d'Acre, l'an 1191, par laquelle il se portait garant d'une somme de 150 marcs d'argent, empruntée par Hugues de Chanteloup, *Raoul de Riencourt* et autres chevaliers. » (*Armorial des salles des croisades*, tome II.)

Raoul portait *d'argent à trois fasces de gueules, frettées d'or ;* son nom et ses armes sont à Versailles.

De son mariage avec Alette de Ribemont, Roger eut trois fils.

III. Thomas de Riencourt, chevalier, troisième fils de Roger, et qui continue la descendance, souscrivit, en 1206, à la donation de plusieurs biens que fit Enguerrand de Picquigny, vidame d'Amiens, à l'église de Sainte-Marie de Moliens-Vidame.

Il paraît avoir été marié deux fois et avoir eu un fils de chaque lit.

IV. Jean, seigneur de Riencourt, chevalier, fils aîné

du précédent, est qualifié haut et puissant seigneur et messire dans le dénombrement de ses terres de Riencourt et Saint-Léger, en 1259, à Jean, baron de Picquigny. On trouve à la chambre des comptes de Paris un bref daté de Lyon (novembre 1249), du pape Innocent IV à l'évêque d'Amiens, par lequel il accorde à Jehan de Riencourt et à Hugues, son fils, les mêmes indulgences que s'ils s'étaient croisés pour la Terre-Sainte, parce qu'ils étaient disposés à aller au secours de l'Église universelle contre les habitants d'Aix-la-Chapelle (*contra Aquenses*).

Il eut un fils et une fille : 1° Hugues, qui suit; 2° Clémence de Riencourt, mariée à Jacques d'Auxy, seigneur de Saucy et de Mirvault.

V. Hugues, seigneur de Riencourt, de Franqueville, de Saint-Léger, de Dreuil, d'Orival, de Bergicourt, de Tilloloy et de Vaux, est ainsi qualifié de même que du titre de *haut et puissant et redouté seigneur messire*, dans le dénombrement de ses terres de Riencourt et de Saint-Léger, qu'il donna, en 1259, à Jean, baron de Picquigny, vidame d'Amiens. Il eut pour fils :

VI. Raoul, seigneur de Riencourt, de Franqueville et autres lieux, qui eut un fils nommé :

VII. Dracon ou Draconet, seigneur de Riencourt, etc., qui épousa Huette de Héricourt, dont il eut deux enfants : 1° Enguerrand, qui suit; 2° César de Riencourt, chevalier de Saint-Jean de Jérusalem.

VIII. Enguerrand, seigneur de Riencourt, Franqueville et autres lieux, gouverneur de Calais, épousa Mahault d'Ailly, dont il eut deux fils : 1° Antoine, qui continua la descendance; 2° Andrieu ou Adrien, tige de la seconde branche dite de *Riencourt d'Orival*, rapportée plus loin.

IX. Antoine, premier du nom, seigneur de Riencourt, est qualifié *puissant seigneur et messire* dans le contrat de mariage de Thomas, dit Flament de Riencourt, son neveu, avec Agathe de Rouault, fille de Joachim de Rouault, maréchal de France. Il eut pour fils :

X. Jean, deuxième du nom, seigneur de Riencourt, père d'Antoine II.

XI. Antoine, deuxième du nom, seigneur de Riencourt, épousa Marie d'Amiens. Il en eut :

XII. Jean, troisième du nom, seigneur de Riencourt, etc., marié, en 1500, à Marie de Montmorency, fille de Hugues de Montmorency, seigneur de Bours, et de Marguerite d'Ongnies, dont il eut un fils, Hugues, et une fille.

XIII. Hugues, deuxième du nom, seigneur de Riencourt, etc., et premier maître d'hôtel d'Antoine de Bourbon, roi de Navarre, épousa Marie de Lameth de Hénencourt, fille de Jacques de Lameth, *dit* de Hénencourt, et de Marguerite de Flandre de Drinkan, et en eut : 1° trois fils, morts sans alliance ; 2° Jacqueline, mariée et morte sans enfants ; 3° Marguerite de Riencourt, héritière de cette branche, mariée à Jean d'Audenfort, seigneur de Grandvillers, et mère de Marguerite, dame de Riencourt, mariée à Charles de Tiercelin, seigneur de Saveuse, qui devint ainsi possesseur de la terre de Riencourt, et dont la descendance, par une singulière coïncidence, est venue, à son tour, se fondre dans la *Branche des Riencourt d'Andechy* (rapportée en son lieu), par le mariage de Barbe-Simon de Riencourt d'Andechy, qualifié marquis de Riencourt, avec Marie-Antoinette de Tiercelin de Brosses, dernière héritière de sa maison.

SECONDE BRANCHE : Seigneurs et marquis d'Orival. —

La branche de Riencourt-d'Orival, devenue l'aînée à la fin du xvi⁰ siècle, par la mort, sans postérité mâle, de Hugues II, seigneur de Riencourt, formant le treizième degré, a eu pour auteur Andrieu ou Adrien qui suit.

IX. Andrieu ou Adrien de Riencourt, seigneur d'Orival, de Bergicourt, du Quesnel, de Lincest et de Tilloloy, second fils d'Enguerrand, seigneur de Riencourt, auteur du huitième degré de la première branche, épousa Marguerite de Bergicourt, dont vinrent : 1° Raoul, qui suit; 2° Thomas, dit Flament, auteur d'une *quatrième branche, dite des seigneurs et comtes de Tilloloy*, mentionnée en son lieu ; 3° Marie, abbesse de Notre-Dame-de-Bertaucourt, en Picardie.

X. Raoul de Riencourt, seigneur d'Orival, Bergicourt, du Quesnel, etc., épousa Jeanne d'Orgeau, *aliàs* d'Argeau, dont, entre autres enfants : 1° Antoine, qui suit ; 2° Jacques, auteur de la troisième branche, dite des *seigneurs de Parfondru*, mentionnée en son lieu.

XI. Antoine de Riencourt, seigneur d'Orival, eut deux fils et une fille de Marie de Sacquespée.

XII. Adrien de Riencourt, écuyer, seigneur d'Orival, fils du précédent, etc., épousa Charlotte de La Motte, dont il eut, entre autres enfants :

XIII. François de Riencourt, écuyer, seigneur d'Orival, Bergicourt, Morvilliers, Gauville, etc., gentilhomme ordinaire de la chambre du duc d'Anjou, frère du roi Henri III, qui eut de Diane de Mailloc, sa femme :

XIV. François de Riencourt, deuxième du nom, qualifié chevalier, seigneur desdits lieux d'Orival, Bergicourt, etc., marié : 1° à Catherine de Sénemond de Monsure, fille de Jean de Sénemond et de dame Gabrielle de Tiercelin de Brosses ; 2° à Marie de Moreuil, fille d'Artus de Moreuil.

Il eut, entre autres enfants, Jean-Augustin qui continue la descendance.

XV. Jean-Augustin de Riencourt, qualifié chevalier, marquis d'Orival, etc., épousa, le 4 janvier 1683, Marie-Anne des Friches-Doria, fille de Charles des Friches-Doria, baron de Brasseuse ; de ce mariage vinrent, entre autres enfants : 1° Charles-François, qui suit ; 2° Alphonse-Théodore, capitaine au régiment des gardes françaises, puis brigadier des armées du roi, mort sans postérité ; 3° Abdon-Victor, chevalier de Malte, mort commandeur de Villedieu ; 4° Ambroise-Nicolas, chevalier de Malte.

XVI. Charles-François de Riencourt, marquis d'Orival, ancien mestre de camp du régiment de la Reine-dragons, brigadier des armées du roi, chevalier de Saint-Louis, épousa, en 1716, Marie d'Angennes, fille de Charles-François d'Angennes, marquis de Maintenon, dont un fils et deux filles, morts en bas âge, — et une fille nommée : Marie-Adélaïde de Riencourt, mariée, le 2 janvier 1742, à Pierre-César de Saint-Georges, marquis de Vérac, lieutenant général de la province de Poitou, ambassadeur et chevalier du Saint-Esprit, dont un fils : Charles-Olivier de Saint-Georges, marquis de Vérac, qui de Marie-Charlotte-Joséphine de Croy, eut trois fils, entre autres : Armand-Maximilien-François-Olivier de Saint-Georges, marquis de Vérac, chevalier de Saint-Louis, pair de France, gouverneur de Versailles, mort le dernier de sa maison, le 13 août 1858.

Troisième branche : Seigneurs de Parfondru.

XI. Jacques de Riencourt, seigneur de Parfondru, fils puîné de Raoul, seigneur d'Orival, lieutenant général de la compagnie d'ordonnance des gendarmes du roi, est l'auteur de cette troisième branche, qui fut maintenue dans sa noblesse, en 1698, par M. Larcher, intendant de Champagne, dans la personne de François de Riencourt, écuyer, seigneur de Dronay, marié à Judith-Anne de Joyeuse, tante de Jean-Armand de Joyeuse, maréchal de France.

Cette branche s'est éteinte vers la fin du xviii<sup>e</sup> siècle,

QUATRIÈME BRANCHE : Seigneurs et comtes de Tilloloy, comtes et marquis de Riencourt, devenue l'aînée par l'extinction des précédentes.

X. Thomas de Riencourt, dit Flament, chevalier, seigneur de Tilloloy, de Vaux, Arleux, Saint-Séverin et d'Oisemont, second fils d'Andrieu ou Adrien de Riencourt, auteur de la deuxième branche, et de Marguerite de Bergicourt, épousa : 1° le 2 septembre 1493, Agathe Rouault, fille de Joachim Rouault, maréchal de France, seigneur de Gamaches ; 2° Marie d'Yaucourt de Vaux, de laquelle naquit :

XI. Hugues de Riencourt, écuyer, seigneur de Tilloloy, etc., qualifié noble seigneur dans le contrat de mariage de son fils ; il fut déclaré gentilhomme de nom et d'armes, et issu de noble et ancienne lignée dans une enquête faite le 25 août 1563, à l'occasion de la réception de Jean de Forceville, son petit-fils, dans l'ordre de Malte. Il fut marié deux fois.

De sa seconde femme, Catherine de Cochet, il eut deux fils.

XII. Christophe de Riencourt, chevalier, seigneur de Tilloloy, qui continue la descendance, épousa, le 11 août 1561, Claude Le Hochart, fille de Benoît Le Hochart, seigneur de l'Espinay, dont entre autres :

XIII. Nicolas de Riencourt, chevalier, seigneur de Tilloloy, etc., marié, le 9 avril 1589, à Anne d'Ailly, fille de Claude, seigneur de Mongeron, dont : 1° François, qui suit ; 2° Claude de Riencourt, chevalier, marié deux fois, et qui a formé une septième branche, dite des *seigneurs de Boisgeffroy*, en Normandie, rapportée plus loin ; 3° et cinq filles.

XIV. François de Riencourt, chevalier, seigneur de Tilloloy, etc., épousa, le 26 juin 1618, Marguerite de La Fontaine, fille de Louis de La Fontaine, seigneur de Candoire, dont plusieurs enfants, entre autres : 1° Louis, qui continue la descendance ; 2° Henry de Riencourt, auteur de la *cinquième branche*, dite des *seigneurs de Lignières*, rapportée ci-après ; 3° Léonor-René de Riencourt, tige de la *sixième branche*, dite des *seigneurs et comtes d'Andechy*, mentionnée en son lieu.

XV. Louis de Riencourt, chevalier, seigneur de Tilloloy, etc., épousa Marguerite Fortier, dont entre autres : 1° Ferdinand-Laurent, qui continue la descendance ; 2° une fille, mariée, en 1667, à François de Forceville, chevalier.

XVI. Ferdinand-Laurent de Riencourt, chevalier, seigneur de Tilloloy, de Vaux, d'Arleux, obtint une commission de capitaine d'une compagnie franche de fusiliers, « en considération des services qu'il avait rendus au roi dans toutes les occasions qui s'étaient présent!es ; et où il n'avait cessé de donner des preuves de sa valeur, de sa bonne conduite et de sa fidélité ; » fut maintenu dans son ancienne noblesse par jugement de M. Bignon, intendant de Picardie, rendu le 28 janvier 1701, et mourut avant le 5 avril 1725. Il avait épousé, le 4 décembre 1684, Marie-Anne de Gaude, fille de Jean de Gaude, seigneur de Martainneville et de Marguerite de Croze ; il en eut six fils, dont le premier et le troisième formèrent deux rameaux : 1° Louis-Ferdinand fut la tige du *premier rameau*, qui suit; 2° Léonor-Alexandre-René forma le *deuxième rameau*, mentionné à la suite.

*Rameau aîné.* — XVII. Louis-Ferdinand de Riencourt-Tilloloy, fils aîné de Ferdinand-Laurent de Riencourt, épousa, en 1725, Marguerite de Ternisien, dame de Vallée, dont il eut deux fils : 1° Henri-Louis-Ferdinand, qui suit ; 2° Jean, comte de Riencourt-Tilloloy, écuyer de Madame Adélaïde de France, mort sans postérité, le 24 mars 1799.

XVIII. Henry-Louis-Ferdinand de Riencourt, comte de Tilloloy, épousa, le 16 juillet 1767, Marie-Anne-Austrebeth Becquet de Touteauville, et eut le fils qui suit :

XIX. François-Marie-Ferdinand, comte de Riencourt-Tilloloy, chef de nom et d'armes de la maison, après l'extinction de la *Branche des seigneurs et marquis d'Orival*, et connu sous les deux qualifications de *comte* et de *marquis* de Riencourt, fut page du roi en la petite écurie, en 1774, et capitaine au régiment du Roi-cavalerie, quand il fit les preuves de cour pour monter dans les carrosses du roi. Il est décédé à Vaux (Somme), le 29 mars 1800, sans descendant mâle.

*Rameau puîné* de la branche des seigneurs et comtes de Tilloloy, comtes et marquis de Riencourt.

XVII. Léonor-Alexandre-René de Riencourt-Tilloloy, fils puîné de Ferdinand-Laurent de Riencourt, auteur de ce rameau, seul existant aujourd'hui de cette branche, était capitaine de cavalerie, et chevalier de Saint-Louis. Il épousa, en 1745, Françoise-Antoinette de Ray du Tilleuil, dont :

XVIII. Jean-Roger-Alexandre de Riencourt-Tilloloy, dit le *comte de Riencourt*, seigneur du Quesnoy-les-Vauchelles et autres lieux, né le 2 février 1748, page de la reine Leczinska, et officier au régiment de la Reine ; il est décédé à Abbeville, le 27 juin 1827, laissant de son mariage avec Madeleine-Adrienne-Thérèse Tillette de Mautort :

XIX. Roger-Philippe-Marie-Adrien de Riencourt-Tilloloy, né le 29 octobre 1782, mort en 1865, ancien lieutenant-colonel, chevalier de Saint-Louis, officier de la Légion d'honneur, qui a toujours porté le titre de *comte de Riencourt*. Il avait obtenu, comme nous l'avons dit plus haut, la confirmation de ses droits au titre héréditaire de marquis.

De son mariage avec Antoinette-Caroline de Jaquet, fille de Jean de Jaquet, ancien officier au service des Provinces-Unies (régiment suisse de May), il a eu deux fils : 1° Adrien-Roger, dit le comte Roger de Riencourt, chambellan de l'Empereur, député de la Somme, chevalier de la Légion d'honneur, né le 14 juillet 1822, mort en 1862 ; 2° Anne-Honoré-Olivier, qui suit.

XX. Anne-Honoré-Olivier, marquis de Riencourt, dit le comte de Riencourt, ancien secrétaire de légation, né le 23 février 1826, chef de nom et d'armes de sa maison.

Cinquième branche : Seigneurs de Lignières.

XV. Henry de Riencourt, qualifié chevalier, seigneur d'Escoquières, de Lignières, etc. (troisième fils de François de Riencourt, auteur du 14° degré de la 4° branche, et de Marguerite de La Fontaine), épousa Marguerite de Haussart, dont, entre autres enfants :

XVI. Louis de Riencourt, chevalier, seigneur de Lignières, etc., marié trois fois. Du second lit, il eut, entre autres enfants :

XVII. Louis-Claude de Riencourt, chevalier, seigneur de Lignières, etc., qui épousa, le 4 février 1738, Marie-Anne-Catherine Gaillard de Gapenne, et en eut six enfants, dont entre autres les deux qui suivent : 1° Louis de Riencourt, deuxième du nom, écuyer, né le 17 novembre 1738, reçu page de la reine sur les preuves de son ancienne noblesse, faites le 5 juillet 1753 ; mort à la campagne de Westphalie ; 2° Louis-Henry, qui suit :

XVIII. Louis-Henry de Riencourt, écuyer, appelé le marquis de Riencourt-Lignières, reçu aussi page de la reine en conséquence des preuves de sa noblesse faites le 5 juillet 1759, fut marié à Élisabeth-Charlotte de Cassini, dont : 1° Louis-Jean-François, père d'une fille mariée à Casimir-Marie-Louis, vicomte du Passage; 2° Claude-Dominique, tué au siége de Pampelume ; 3° Louis-Léopold qui suit ; 4° Catherine-Élisabeth, mariée à Alexandre-Henry, comte de Cassini, pair de France, membre de l'Académie des sciences, conseiller à la cour de cassation ; 5° Marie-Julie, née en 1784, morte en 1785 ; 6° Henry, mort en 1858, laissant un fils nommé Ernest.

XIX. Louis-Léopold de Riencourt-Lignières est mort en 1829, laissant de son mariage avec H. de Villers :

XX. Marie-Alexandre de Riencourt-Lignières, comte Alexandre de Riencourt, né le 1er juin 1817, épousa : 1° Anna Taylor; 2° Élisa-Ann Couche, fille de feu Thomas Couche, esquire, capitaine au service de Sa Majesté Britannique, sans postérité.

SIXIÈME BRANCHE : Seigneurs et comtes d'Andechy.

XV. Léonor-René de Riencourt, chevalier, seigneur de Montelon, d'Andechy (cinquième fils de François de Riencourt, auteur du 14e degré de la 4e branche, et de Marguerite de La Fontaine), commandant du second bataillon du régiment de Lyonnais, épousa, le 11 septembre 1674, Catherine Vinet, et fut maintenu dans son ancienne noblesse, le 28 janvier 1701.

XVI. François-Simon de Riencourt, chevalier, seigneur et comte d'Andechy, de La Neuville, etc., fils du précédent, est mort en son château d'Andechy, en Picardie, le 2 novembre 1755, âgé de 80 ans. Marié deux fois, il eut de son premier mariage, contracté le 2 mai 1695, avec Jeanne-Jules de Guérin de Tarnault : 1° François-Scipion, mort jeune ; 2° René-Léonor, qui suit ; 3° Jeanne-Julie, dame de Saint-Cyr ; 4° Anne-Françoise, dame de l'ordre de la Croix Étoilée, à la cour de l'impératrice-reine de Hongrie, mariée, le 5 mai 1728, à Pierre-Guérin de Tarnault, son oncle maternel, lieutenant général des armées de l'empereur et gouverneur du grand Varadin, en Hongrie.

XVII. René-Léonor de Riencourt, chevalier, seigneur et comte d'Andechy, qualifié marquis de Riencourt, épousa le 23 juin 1719, Jeanne de Forceville, fille de messire Charles-François, chevalier, seigneur de Forceville, dont : 1° Barbe-Simon, qui suit ; 2° Pierre-François de Riencourt, prêtre ; 3° Louis-François-Marie de Riencourt, écuyer, d'abord page de Madame la Dauphine, puis, en 1757, lieutenant au régiment d'Archiac : 4° et trois filles.

XVIII. Barbe-Simon, qualifié marquis de Riencourt, comte d'Andechy, chevalier de Saint-Louis, ancien capitaine au régiment d'Archiac, épousa, le 16 mars 1756, Marie-Antoinette de Tiercelin de Brosses, de Saveuse et de Riencourt, fille et unique héritière de messire Estienne de Tiercelin de Brosses, qualifié marquis de Riencourt (dans la maison duquel, comme on l'a vu plus haut, était passée la terre de Riencourt, par le mariage de Marguerite, dame de Riencourt, avec Charles de Tiercelin) et de Marie-Augustine-Alexandrine de Créquy-Hémont.

De ce mariage vinrent : 1° Augustin-René, qui suit : 2° Estienne-Simon-Léonard, vicomte de Riencourt, évêque nommé de Boulogne ; 3° Louis-Fortuné, auteur d'un rameau puîné, mentionné ci-après ; 4° et deux filles.

XIX. Augustin-René, comte de Riencourt, lieutenant général des armées du roi, commandeur de l'ordre royal et militaire de Saint-Louis, épousa Marie-Honorine d'Ainval de Brache, dont : 1° Marie-Ludovic-René, comte de Riencourt, page du roi, mort sans avoir été marié ; 2° Marie-Léon, qui suit.

XX. Marie-Léon, comte de Riencourt, épousa Marie-Maxime-Adrienne-Eugénie de Lameth, fille de Louis-Charles-Augustin, marquis de Lameth, et de Zoé-Ambroisine de Choiseul-Daillecourt, dont : 1° Marie-Augustine-Marthe, mariée, le 12 juin 1855, à Louis-Alfred, comte de Landemont ; 2° Marie-Augustin-Louis-Hugues, qui suit.

XXI. Marie-Augustin-Louis-Hugues, comte de Riencourt, né le 5 juillet 1838, épousa, le 21 juin 1870, Marguerite d'Assas, dont une fille, Léontine.

*Rameau puîné* des seigneurs d'Andechy.

XIX. Louis-Fortuné, vicomte de Riencourt, chevalier de Saint-Louis et de Saint-Jean-de-Jérusalem, fut marié à Marie-Victoire du Hautoy, dont : 1° Marie-Louise-Pauline de Riencourt, mariée à Marie-Ferdinand, comte de Bertier de Sauvigny ; 2° Marie-Louis, qui suit.

XX. Marie-Louis de Riencourt a épousé Désirée-Léontine de Maulde, unique héritière de sa maison, fille de Louis-Léon, comte de Maulde, marquis de la Bussière et de Marie-Victoire de Lasteyrie du Saillant. De ce mariage est né :

XXI. Léon-Louis-Marie, comte de Riencourt, marié, le 2 mai 1860, à Jeanne-Marie-Élisabeth de Bertoult, fille du baron de Bertoult et d'Octavie comtesse de Tenremonde, dont Arnoul-Charles-Louis-Marie de Riencourt, né le 7 juillet 1861.

Septième branche : Seigneurs de Boisgeffroy et d'Arleux.

XIV. Claude de Riencourt, chevalier, seigneur d'Arleux, deuxième fils de Nicolas de Riencourt et d'Anne d'Ailly, est l'auteur de cette septième branche, établie et éteinte en Normandie.

Elle avait été maintenue dans sa noblesse en la personne de François de Riencourt par M. de la Galissonnière, intendant à Rouen, le 19 mars 1669.

(Extrait de l'*Histoire généalogique du Musée des Croisades*, par M. Amédée Boudin.)

**RIEU DE MADRON.** *Languedoc.*

De gueules, à trois fasces ondées d'argent.

L'unique représentant du nom, de Rieu de Madron, réside à Toulouse.

**RIEU (du).** *Languedoc.*

D'azur, à trois fasces ondées d'argent ; au chef cousu d'azur chargé de trois fleurs de lis d'or.

Cette famille a quatre représentants : du Rieu de Lacarelle, au château de Mille, par Saint-Georges de Rencins, département du Rhône ; du Rieu de Maisonneuve, au château de Garroterie, par Saint-Herblain, département de la Loire-Inférieure ; du Rieu de Marsaguet, maire, à Vergt, département de la Dordogne ; du Rieu de Montvaillant, maire, à Anduze, département du Gard.

**RIEUX.** *Bretagne.*

D'azur, à dix besants d'or posés 3, 3, 3 et 1.

Une des plus anciennes et des plus grandes maisons de la province, elle établit sa filiation depuis Alain de Rieux qui accompagna Alain, duc de Bretagne, deuxième du nom, à la prise du château de Cambout, vers 1064. Illustre par ses alliances et par ses services, elle est représentée par le comte de Rieux, au château de Sathonay, département de l'Ain.

**RIEUX** (des). *Bretagne.*

D'argent, à trois fasces ondées d'azur.

Cette famille n'est plus représentée que par un ecclésiastique, des Rieux, vicaire général, à Rennes.

**RIFFARDEAU DE RIVIÈRE.** *Bourbonnais, Nivernais, Berry.*

Palé d'argent et d'azur ; au chevron de gueules brochant sur le tout.

Cette famille a deux représentants : le duc Riffardeau de Rivière, au château de Bel-Air, par Lignières, département du Cher; le marquis Riffardeau de Rivière, au château de Chamiliet, par Saint-Paul, département de la Drôme.

**RIFFAUDIÈRE** (du moulin de la). *Ile-de-France.*

D'argent, à la croix ancrée de sable, chargée au milieu d'une coquille d'or.

Du Moulin de la Riffaudière, unique représentant du nom, réside au château des Eaux-Vives, par Melun, département de Seine-et-Marne.

**RIFFAULT DE GALBOIS.** *Poitou.*

D'or, à une fasce d'azur chargée d'un cœur enflammé d'argent.

Cette famille qui n'a plus d'hoir mâle est représentée

par la dame douairière de Riffault de Galbois, à Blois, département de Loir-et-Cher.

**RIGAL DE LASTOURS.** *Montpellier, Montauban.*
Parti : au 1 de gueules à une fasce d'or, chargé d'une aigle de sable onglée de gueules ; au 2 d'azur à un cygne d'argent becqué et membré de gueules, accolant une croix haussée d'or.

Rigal de Lastour, unique représentant du nom, réside à son château, par Réalville, département de Tarn-et-Garonne.

**RIGAUD.** *Auvergne, Languedoc.*
AUVERGNE. D'argent, à trois têtes de more de sable, tortillées du champ.

LANGUEDOC. D'argent, au lion de gueules, couronné du même, accompagné de huit écussons de gueules, chargés chacun d'une fasce d'argent et rangés en orle.

Cette famille a deux représentants : de Rigaud, au château de Terrasse, par Maringues, département du Puy-de-Dôme ; de Rigaud, au château de Bousquets, par Lanta, département de la Haute-Garonne.

**RIGAUDIE** (DE LA). *Guyenne.*
De gueules, à cinq fasces d'argent.

L'unique représentant du nom, de la Rigaudie, réside à Périgueux, département de la Dordogne.

**RIGAULT DE GENOUILLY.** *France.*
D'argent, au rameau de deux branches de sinople, fourchu, passé en sautoir et fruité de gueules, la tige accostée de deux roses du même ; au chef d'azur chargé de trois roses d'or

L'unique représentant du nom, Charles Rigault de Genouilly, grand' croix de la Légion d'honneur, amiral, ancien sénateur et ancien ministre de la marine, à Paris.

**RIGAULT DE ROCHEFORT.** *France.*

D'or, au coq de sable; au chef de gueules, chargé de trois épées d'argent.

Cette famille a pour unique représentant Rigault de Rochefort, commandeur de la Légion d'honneur, général de brigade, à Versailles.

**RIGNON.** *France.*

Tiercé en bande : de sinople au casque taré de profil d'or ; de gueules au signe de chevalier légionnaire ; d'argent à la lance haute en pal de sable, accompagnée de deux feuilles de figuier de Barbarie de sinople.

Éteinte dans les mâles, cette famille n'est plus représentée que par la baronne douairière de Rignon, à Paris.

**RIGOLET DE SAINT-PONS.** *France.*

D'or, au chevron alésé de gueules, accompagné de trois tourteaux de sable.

Cette famille a pour unique représentant de Rigolet de Saint-Pons, juge de paix, à Marseille, département des Bouches-du-Rhône.

**RILLART DE VERNEUIL.** *Soissonnais.*

D'azur, au lion d'argent; au chef du même, chargé de trois merlettes de sable.

Les documents qui concernent cette famille sont nombreux dans les archives et les actes publics du Laonnois et du Soissonnais.

On rencontre son nom dans l'histoire de la chancellerie, dans l'art de vérifier les dates, etc., etc.

Elle a occupé les fonctions : de trésorier de France, en la généralité de Soissons, en 1580 ; de lieutenant général d'épée ; de maître d'hôtel du roi, maison et couronne de France, conseiller du roi ; de maître des eaux et forêts au comté de Marle et châtellenie de la Fère, etc., etc.

Elle a eu de nombreux représentants dans l'armée, les ordres religieux et les chapitres réservés à la noblesse.

Ses diverses branches portaient les titres de chevaliers, seigneurs de Verneuil, d'Épourdon, de Fontenay, de Monceaux, de Versigny et autres lieux.

En 1789, l'un de ses membres fut choisi dans l'ordre de la noblesse, lors de la convocation des États généraux, pour vérifier les titres du baillage de la Fère.

A la Révolution, le chevalier Antoine Rillart de Verneuil, fils du précédent et père du représentant actuel de la famille, entra dans l'armée de Condé.

Jean-Charles-Gustave Rillart de Verneuil, chef de nom et d'armes, réside au château de Verneuil-Courtonne, près Laon (Aisne).

**RILLY** (DURAND DE). *Vivarais.*

D'argent, à trois maillets de gueules.

L'unique représentant du nom, marquis Durand de Rilly, réside à Paris.

**RIMOZ DE LA ROCHETTE.** *Forez.*

D'azur, au chevron d'or, accompagné en chef de deux canettes au naturel et en pointe d'un croissant d'argent.

Cette famille, dont la filiation suivie remonte à l'an

1618, a deux représentants : Ferninand Rimoz de La Rochette, ingénieur civil, maître de forges, à Givors, département du Rhône. Il a un frère, Ludovic Rimoz de La Rochette, capitaine de dragons, à Vichy, département de l'Allier.

### RIOCOUR (DU BOYS DE). *Lorraine.*

D'azur, au chêne arraché d'or, fruité au naturel.

Riocour ou Riocourt, dans le diocèse de Toul, anciennement la Villotte, est le nom d'un village enclavé dans le Barrois et qui fut érigé en baronnie, le 29 avril 1720, en faveur d'Antoine du Boys de Riocourt, conseiller d'État, maître des requêtes ordinaire de l'hôtel du duc Léopold. Sa descendance est représentée par le comte du Boys de Riocourt, à Vitry-la-Ville, département de la Meurthe, et par Edmond du Boys de Riocourt, chevalier de la Légion d'honneur, conseiller général au château d'Aulnois, par Delme, même département.

### RIOUFFE. *France.*

D'azur, à la bande d'argent chargée de trois lions de sable ; au franc-quartier de baron-préfet.

L'unique représentant du nom, baron de Rioufe, chevalier de la Légion d'honneur, est inspecteur général des prisons, au ministère de l'intérieur, à Paris.

### RIOUFFE DE THORENC. *Provence.*

D'azur au lion d'or, lampassé d'argent ; au chef du second, chargé de trois étoiles du premier.

Riouffe de Thorenc, unique représentant du nom, est capitaine de milice, à Médéah (Algérie).

**RIOULT DE BOIS-RIOULT.** *Normandie.*

D'argent, à l'aigle éployée de sable.

Raoult de Bois-Rioult, unique représentant du nom, réside au château de Heudreville, par Thiberville, département de l'Eure.

**RIPER.** *Provence.*

Écartelé : au 1 et 4 de gueules au château de trois tours d'or, qui est d'Artaud, des comtes souverains du Diois; au 2 et 3 d'azur à trois tours d'or, qui est de Montauban; sur le tout de gueules, à la fleur de lis d'or; à la fasce d'azur brochant sur le tout, qui est de Riper-Monclar.

Substituée aux maisons d'Artaud et de Montauban, le 22 septembre 1702, cette famille, qui a donné des prélats, des magistrats, des officiers généraux de terre et de mer, et fait ses preuves devant Chérin Bertier, pour l'ordre de Malte et divers chapitres, a deux représentants : Jules-Ange, comte de Riper d'Artaud de Montauban, officier supérieur de cavalerie, en retraite ; le comte Riper de Barret, à Bourg-Saint-Andéol, département de l'Ardèche.

**RIPOUD DE LA SALLE.** *Bourbonnais*

D'azur, à la main dextre de carnation, tenant trois roses d'or mouvant à senestre, adextrée d'une étoile du même et accompagnée en pointe d'une étoile aussi d'or.

Henry Ripoud de la Salle, unique représentant du nom, est attaché à l'administration des lignes télégraphiques, à Lyon.

**RIQUET DE CARAMAN.** *Languedoc.*

D'azur, à la bande d'or, accompagnée en chef d'une

demi-fleur de lis du même et en pointe de trois roses d'argent rangées en orle.

Cette famille, dont nous avons publié un long article dans notre ouvrage, la *Belgique héraldique*, est alliée aux Crillon, Merode, Portail, Alsace, Broglie, Montessus, Rully, d'Avessons, Sourches, d'Adrisare, Baiche, Flamarens, Chaumont, Preissac, Mac-Mahon, Maupeou, etc. Sa généalogie est donnée par tous les auteurs. Elle compte quatre représentants : le duc de Caraman, chef de nom et d'armes, à Paris, qui a deux frères : Félix-Alphonse-Victor de Riquet, comte de Caraman, chevalier de la Légion d'honneur, lieutenant au 9$^e$ régiment de cuirassiers ; Maurice-Georges-Ernest de Riquet, comte de Caraman, attaché d'ambassade. Adolphe-Frédéric-Marie-Victor de Riquet, comte de Riquet, est le grand-oncle du chef de la famille.

**RITTER.** *Alsace.*

D'argent, à un lion de gueules couronné d'or.

L'unique représentant du nom, de Ritter, est receveur particulier, à Charolles, département de Saône-et-Loire.

**RIVAL DE ROUVILLE.** *Lyon.*

D'azur, au chevron d'or chargé d'une coquille de gueules à deux croix pattées d'or rangées en chef ; à une gerbe en champagne, aussi d'or.

L'unique représentant du nom, Rival de Rouville, réside à son château de Saint-Genis-Laval, département du Rhône.

**RIVALS.** *Languedoc.*

D'azur, au sautoir d'or, cantonné en chef de deux

croissants d'argent et en pointe d'un autre croissant entre deux étoiles d'or.

Cette famille a sept représentants : Rivals de Boussac, à Lavaur (Tarn) ; Rivals de Mazères, à Toulouse et au château du Fiac, par Lavaur ; Alphonse Rivals de Mazères, mêmes domiciles ; Rivals, à Toulouse ; Rivals de Langlade et Albert Rivals de Langlade, à Toulouse ; de Rivals, à Services, par Vielmur, département du Tarn.

### RIVAROL. *France.*

Coupé : au 1 d'or, à l'aigle éployée naissante de sable, couronnée du champ ; au 2 de gueules au lion d'or.

De Rivarol, unique représentant du nom, est contrôleur des contributions directes, à Paris.

### RIVAUD DE LA RAFFINIÈRE. *Poitou.*

Coupé : au 1 parti A d'azur, à l'épée d'or ; B d'argent à deux jumelles ondées de sable, posées en bande ; au 2 d'azur au lion ailé d'or, accompagné en chef de trois étoiles du même, posées 2 et 1.

Cette famille a pour seul représentant Rivaud de la Raffinière, au château de la Raffinière, par Chaunay, département de la Vienne.

### RIVÉRIEULX. *Lyonnais, Bretagne.*

D'azur, à la rivière d'argent mouvante de la pointe ; au croissant du même en chef.

De Rivérieulx, unique représentant du nom, réside au château de Trouzilit, par Ploudalmezeau, département du Finistère.

### RIVET. *Limousin.*

D'or, à l'amphystère d'azur au vol ouvert de sable ; au franc-quartier de baron-préfet.

Le baron Charles Rivet, officier de la Légion d'honneur, ancien préfet, ancien conseiller d'État, député à l'Assemblée nationale, est mort en 1872, sans laisser d'héritier mâle.

**RIVIÈRE** (DE). *Bigorre.*

D'or, à trois épées de gueules en pal, les pointes en haut, soutenant une couronne fermée du même.

Cette maison des vicomtes de Rivière, seigneurs de Labatut, dans le comté de Bigorre, tient par ses alliances à toute la noblesse de Gascogne et de Béarn, et même à de très-grandes maisons d'Espagne et de Navarre. Elle a donné des prélats à l'Église, des chevaliers à l'île de Rhodes, des sénéchaux dans l'Armagnac et à toutes les époques de valeureux officiers morts au service de l'État.

Le baron Louis de Rivière, ancien gentilhomme de la chambre du roi Charles X, à Saint-Gilles, département du Gard, mort en 1872, père de Léon, baron de Rivière, à la Grotte, près de Vienne (Isère). Ce dernier, dont le fils aîné, mort enfant, était filleul de M. le comte et de M$^{me}$ la comtesse de Chambord, a deux fils, Paul et Joseph et trois filles. Il représente la branche de cette famille, dont la belle devise : *Deo, regi, mihi*, a été composée, à Hartwel, par Louis XVIII et donnée par lui au chevalier de Rivière, oncle du baron, Louis de Rivière, mort en 1828, à l'âge de quatre-vingts ans, maréchal de camp, commandeur de Saint-Louis, écuyer cavalcadour. Le roi voulut que les funérailles de ce vénérable et fidèle serviteur fussent célébrées solennellement à ses frais.

**RIVIÈRE.** *Provence, Dauphiné, Comtat-Venaissin, Languedoc, Toulouse.*

Provence, Dauphiné, Comtat-Venaissin. De gueules, à la croix engrelée et componnée de treize pièces d'or et d'azur.

Languedoc. D'azur, à une planche de blondeau d'argent, sortant d'une rivière du même.

Toulouse. De gueules, à une cloche d'argent vidée de sable.

Sous le nom générique de Rivière on distingue cinq représentants : de Rivière, au château de Cour, par Azay-le-Rideau, département d'Indre-et-Loire ; Henri de Rivière, à Vic-Fezenzac, département du Gers ; de Rivière, chevalier de la Légion d'honneur, sous-préfet, à Cherbourg, département de la Manche ; de Rivière, à Paris; de Rivière, à la Balme, département de l'Isère.

**RIVIÈRE** (de la). *Normandie, Bretagne, Champagne, Anjou, Touraine.*

Normandie. D'argent, à deux fasces de gueules. — D'argent, à trois tourteaux de sable.

Bretagne. D'argent, à trois chevrons de gueules ; à la bordure d'azur.

Champagne. D'azur, au chevron d'or, accompagné de trois annelets du même.

Anjou. De gueules, à la croix d'or frettée d'azur. — D'argent, à cinq têtes de dauphin d'azur.

Touraine. D'azur, à trois fasces d'or.

Du ressort de Lannion, de la Rivière qui porte d'argent à trois chevrons de gueules, à la bordure d'azur, fut maintenu par arrêt du 5 avril 1669.

Sous le nom générique on retrouve neuf représentants : le comte de la Rivière, au château de Vaucelles, par Bayeux, département du Calvados ; de la Rivière, inspecteur à l'administration des lignes télégraphiques, à Rennes; P. de la Rivière, à Rennes; de la Rivière, à Rennes; autre de la Rivière, à Rennes; de la Rivière, à Rennes, également; de la Rivière, au château de Prédange, par Lisieux, département du Calvados; de la Rivière, au château de Villers, par Abbeville, département de la Somme; de la Rivière, au château d'Hourtique, par Sauveterre, département de la Gironde.

**RIVIÈRE DE LA MURE.** *Provence, Dauphiné, Comtat-Venaissin.*

De gueules, à la croix componnée de quatre pièces d'azur et de cinq pièces d'or.

Cette famille a trois représentants : Rivière de la Mure, capitaine au 42e de ligne, au château de Combeaumont, près Montélimar, département de la Drôme; Rivière de la Mure, lieutenant de vaisseau, au château de Combeaumont; Édouard Rivière de la Mure, à Embrun et à Combeaumont.

**RIVIÈRE DE VAUGUERIN.** *Bretagne.*

D'or, à deux rivières au naturel, posées en fasce.

Rivière de Vauguerin, unique représentant du nom, est inspecteur des contributions indirectes, à Lille.

**RIVIÈRE PRÉ D'AUGE.** *Normandie.*

De gueules, à deux bars adossés en pal, d'or, entravaillés dans deux fasces ondées d'azur.

Aimé, comte de la Rivière Pré d'Auge, chef de nom et d'armes de sa famille, au château de Pré d'Auge, par Lisieux, a trois fils : Georges-Clair; Christian-Théodore; Paul-Clair.

**RIVIÈRE DES HÉRAS, DE LARQUE, D'YVETOT.** *Paris, Bretagne, Languedoc.*

Paris, Bretagne. De sable, à une bande d'argent, accostée en chef d'un croissant du même. — *Alias* : d'azur, à la fasce d'or, accompagnée en chef d'une étoile du même et en pointe de deux croissants d'argent.

Languedoc. D'azur, au cygne d'argent et une épée en bande passant au-dessus du col ; le tout accompagné en chef d'un croissant d'argent entre deux étoiles d'or.

On compte encore quatre représentants du nom : Rivière des Héras, au château d'Erdurière, par la Basse-Indre, département de la Loire-Inférieure ; Rivière de Larque, au château de Combettes, par Saint-Amans, département de la Lozère ; Rivière de Larque, à Banne, par l'Argentière, département de l'Ardèche ; Rivière d'Yvetot, à Paris.

**RIVOIRE DE LA BATIE.** *Dauphiné.*

Fascé d'argent et de gueules de six pièces ; à la bande chargée de trois fleurs de lis d'or brochante sur le tout.

Le marquis de Rivoire de la Batie et ses trois fils, uniques représentants du nom, résident au château de Vernelle, près Bourgoin, département de l'Isère.

**RIVOT DES COURTILS.** *Bretagne.*

D'argent, à la fasce d'azur, surmontée d'une fleur de lis de gueules.

Cette famille a deux représentants : Rivot des Courtils, au château de Fourneau, par Vitré, département d'Ille-et-Vilaine ; Rivot des Courtils, à Rennes.

**ROBAULX DE BEAURIEUX.** *Flandre.*

D'azur, au chevron d'or accompagné de trois chausse-trapes du même.

Devise : *Quocumque ferar Erectus.*

Cette famille dont la plupart des membres appartiennent à la Belgique, sous le nom de Robaulx de Soumoy, est représentée en France par de Robaulx, comte de Beaurieux, au château de Beaurieux, par Solre-le-Château (Nord).

« Philippe II, ayant atteint la succession de son père donna le titre de marquisat à la baronnie d'Havré, et institua trois comtés de Solre, de Berlaimont et de Beaurieux. »

(*Annuaire du département du Nord*, p. 50, année 1836).

« Suivant les lettres patentes données à Madrid, par Philippe II, la création de ces comtés eut lieu le 19 octobre 1590). »

(*Nobiliaire des Pays-Bas,* Ier volume, page 86, et le supplément du même ouvrage, Ier volume, page 170).

La famille de Robaulx de Beaurieux, qui date du XIVe siècle est alliée avec les familles : d'Ath, baron de Roisin, comte de la Marche, de Beeckman de Cologne, de Maretz, de Scockart, de Hulst, de Malapert, de Ville, de Facq, de Preumonteaux, de Fains, de Montigny, de Sommaing, de la Falize, baron de Villenfaigne, baron de Stenbier, vicomte de Baillet, d'Herbais, vicomte de Cambrai, de La Chevardière de Lagrandville, de Prigny de Querieux, comte de Roucy, de Ghennard, de la Mock de Sohier.

### ROBBE DE RÉGHART. *Paris.*

D'azur, à une hermine d'argent, la tête contournée, passante sur une terrasse de sinople, en pointe ; au soleil d'or ; en chef, accosté de deux étoiles d'argent.

Robbe de Réghart, unique représentant du nom, est médecin, à Paris.

**ROBERT.** *France.*

Écartelé : au 1 d'azur, à deux chevrons d'or; au 2 des barons tirés de l'armée ; au 3 de gueules, à la tour crénelée d'or ; au 4 bondé d'azur et d'argent ; au lion de sable en abîmé, brochant sur le tout.

Le baron Robert, chevalier de la Légion d'honneur, sous-préfet honoraire, unique représentant du nom, est percepteur de 1$^{re}$ classe à la réunion du Puy, département de la Haute-Loire.

**ROBERT.** *Dauphiné, Bretagne, Béarn, Champagne, Ile-de-France, Orléanais.*

DAUPHINÉ. D'azur, au lion d'argent regardant un soleil mouvant de l'angle dextre du chef.

BRETAGNE. De gueules, à trois épées d'argent en pal, les pointes en bas, rangées en fasce. — D'argent, à la croix pattée d'azur.

BÉARN, CHAMPAGNE. De gueules, à l'aigle d'argent, le vol abaissé.

ILE-DE-FRANCE, ORLÉANAIS. D'azur, à trois pattes de griffon d'or, posées 2 et 1.

Sous le nom générique de Robert on trouve neuf représentants : le marquis Robert d'Aqueria de Rochegude, au château de Rochegude, département de la Drôme ; le comte Robert d'Aqueria de Rochegude, chevalier de la Légion d'honneur, receveur particulier, à Abbeville, département de la Somme ; Robert de Boistosse, au château de Bourandière, par Couéron, département de la Loire-Inférieure ; de Robert de Lafregeyre, maire, à Mercenac, département de l'Ariége ; Robert de Latour, médecin, à Paris ; Robert de Massy, à Rocourt, par Saint-Quentin, département de l'Aisne ; Robert des Cots, percepteur à Buzet, département de l'Ardèche; de Robert, officier de la Légion d'honneur, ingénieur des constructions navales, à Cherbourg, départemement de la Manche ; Robert de Rougemont, chevalier de la Légion d'honneur, commissaire-adjoint de la marine, à Cette.

**ROBERT DE ROBERSART.** *Flandre française, Hainaut.*

Écartelé : aux 1 et 4 de sable, au lion d'or, armé et lampassé de gueules, qui est de Robersart ; aux 2 et 3 de sable, à trois serpents d'argent, lampassés de gueules ; au chef cousu d'azur, chargé de trois pigeons d'argent, becqués de gueules.

Cette famille a pour unique représentant mâle le comte Robert de Robersart, au château de Blanchelande, par la Haye-du-Puits, département de la Manche.

**ROBERT** (DES). *Lorraine.*

D'or, à une barre de sable chargée d'une billette d'or.

Cette famille, a deux représentants : des Robert, à Metz, département de la Moselle; des Robert, chevalier de la Légion d'honneur, commissaire de la marine, à Pondichéry (Inde).

**ROBIEN** (GAUTERON DE). *Bretagne.*

D'azur, à dix billettes d'argent posées 4, 3, 2 et 1.

Cette famille a cinq représentants : le marquis Paul de Robien, au château de Robien, par Quintin, département des Côtes-du-Nord ; le comte Frédéric de Robien, à Erné, département de la Mayenne ; le comte René de Robien, au château de Beauvais, par Rennes, département d'Ille-et-Vilaine ; de Robien, au château de Marie, par Andouillé, département de la Mayenne ; Paul de Robien, au château de Barre, par Bierné, même département.

**ROBILLARD DE BEAUREPAIRE.** *Normandie.*

D'azur, à trois fasces d'argent.

Cette famille a deux représentants : Charles Robillard de Beaurepaire, archiviste, à la préfecture, à Rouen, département de la Seine-Inférieure ; Robillard de Beaurepaire, au château de Lande-Randet, par Saint-Hilaire de Harcourt, département de la Manche.

**ROBILLARD DE MAGNANVILLE.** *Versailles.*

D'argent, au chevron d'azur accompagné en chef de deux roses de gueules tigées et feuillées de sinople et en pointe d'une montagne d'azur ; au chef de gueules, chargé de trois étoiles d'or.

Le baron Robillard de Magnanville, unique représentant du nom, réside au château de Magnanville, par Mantes, département de Seine-et-Oise.

**ROBIN.** *Poitou, Bretagne.*

De gueules, à trois fers de pique d'argent, les pointes en bas, posés 2 et 1.

Du ressort de Nantes, cette famille remonte par titres à Pierre Robin, écuyer, issu d'une des plus anciennes familles du Poitou. Il fut fondateur de la chapelle de Saint-Jean d'Hérisson, en Poitou, en l'an 1360. Sa descendance a deux représentants : Édouard Robin de la Cotardière, au château de Chaillou, par Châtillon-sur-Indre, département de l'Indre ; Alexandre Robin du Parc, à Lorient, département du Morbihan.

**ROBIN DE COULOGNE.** *Bretagne, Berry.*

D'or, au chevron de gueules, accompagné de trois palmes de sinople.

Citée par Moréri, blasonnée par Rietstap, sous le

nom de Coulogne, originaire de la principauté de Liége, cette famille est représentée par Jules Robin de Chateaufer de La Tremblaye, vicomte de Coulogne, ancien officier de cavalerie, qui a un fils, Charles, et deux filles, Ève et Constance.

### ROBINEAU. *Poitou, Bretagne.*

De gueules, à la croix ancrée d'argent, au chef du même chargé de cinq tourteaux de gueules rangés en fasce.

D'ancienne noblesse du Bas-Poitou, cette famille tire son nom de la maison noble et fief du Plessis-Robineau, paroisse de Venansault, sous le ressort et dans la mouvance de la principauté-pairie de la Roche-sur-Yon, d'où elle relevait à foi et hommage et à devoir de rachat. Connue par un acte du dernier jour de décembre 1090, elle produit sa généalogie suivie depuis Jean Robineau, premier du nom, qualifié noble et écuyer, seigneur du Plessis-Robineau, vivant vers 1350 et elle est représentée par : le marquis Robineau de la Rochequairie, au château de la Motte-Glain, par Saint-Julien de Vouvantes, département de la Loire-Inférieure.

### ROBINEAU DE LA BURLIÈRE. *Poitou, Bretagne.*

D'azur, à deux pals d'argent, chargés chacun de trois étoiles de sinople. Couronne : de comte.

De même souche que la précédente et conservant avec elle des traditions de parenté, bien que les armes soient différentes, à cause du fief de la Burlière dont le nom distingue la famille qui nous occupe, celle-ci a donné dans les temps modernes un chevalier de Saint-Louis, mousquetaire du roi, dont le fils, officier du génie, fut chevalier de la Légion d'honneur.

Robineau de la Burlière, chef de nom et d'armes, fut officier d'artillerie. Père d'un fils unique, il réside à son château patrimonial de la Burlière, à Cornuaille, par Candé, département de Maine-et-Loire.

**ROBINEAU D'ENNEMONT.** *Paris.*

D'or, au chevron d'azur, accompagné en chef de deux roses de gueules et en pointe d'un arbre de sinople.

Cette famille a pour seul représentant Robineau d'Ennemon, colonel en retraite, officier de la Légion d'honneur, au château de Benainvillers, département de Seine-et-Oise.

**ROBINET DE CLÉRY.** *Clermontois (Dun-sur-Meuse).*

D'azur, au chevron d'or, accompagné en pointe d'une rose tigée d'argent ; au chef cousu de gueules chargé de trois étoiles d'argent.

Cette famille a quatre représentants : Robinet de Cléry (Alexandre-Joseph-Eugène), premier président honoraire de la cour de Besançon, officier de la Légion d'honneur, chevalier de Saint-Grégoire-le-Grand.

Robinet de Cléry (Félix-Louis-Angélique), officier supérieur en retraite, officier de la Légion d'honneur, chevalier de l'ordre militaire de Saint-Georges de Naples.

Robinet de Cléry (Gabriel-Adrien), procureur général près la cour de Dijon, chevalier de la Légion d'honneur, décoré de la médaille militaire.

Robinet de Cléry (Joseph-Félix), ancien magistrat, à Besançon.

**ROBINET DE PLAS.** *Bourgogne.*

D'argent, au chevron de gueules, accompagné en chef

de deux étoiles d'azur, et en pointe d'un arbre de sinople, mouvant d'un croissant de gueules.

Cette famille a deux représentants : François Robinet de Plas, commandeur de la Légion d'honneur, capitaine de vaisseau ; Robinet de Plas, chevalier de la Légion d'honneur, payeur, à Beauvais, département de l'Oise.

**ROBIOU.** *Bretagne.*

De gueules, à la fasce d'or, accompagnée de six croisettes pattées du même, trois en chef, trois en pointe.

D'ancienne extraction, maintenue par arrêt du parlement de Bretagne en date du 11 août 1720, cette famille, qui a possédé les seigneuries de la Bussardière, de la Tréhonnais, du Pont, de Lupin, a donné Olivier, gentilhomme de pied dans une montre de l'évêché de Saint-Malo, reçue en 1543 ; René, seigneur de Lupin, référendaire à la Chancellerie, en 1719 ; un évêque de Coutances, en 1836.

Elle a deux représentants : Robiou du Pont, à Rennes ; Monseigneur Robiou de la Tréhonnais, évêque, à Rennes.

**ROBINOT DE BEAULIEU.** *Paris, Provence.*

D'or, au cor de chasse enguiché de sable.

Robinot de Beaulieu, unique représentant du nom, réside au château de Grand-Fay, par Saint-Martin-de-Crau, département des Bouches-du-Rhône.

**ROBUSTE DE LAUBARIÈRE.** *Angoumois.*

De gueules, à deux lions d'or affrontés en chef et à un rocher du même en pointe.

Devise : *Arduis superiores.*

Cette famille a trois représentants : Robuste de Laubarière, membre du Conseil général de la Charente, au château de Bernac, par Villebois-Lavalette ; Robuste de Laubarière, avocat à Angoulême ; Auguste de Laubarière, lieutenant-colonel en retraite, officier de la Légion d'honneur, à Angoulême.

**ROCHAS D'AIGLUN.** *France.*

D'or, à la croix bourdonnée de gueules ; au chef d'azur, chargé d'une étoile d'or.

Eugène Rochas d'Aiglun, chef de nom et d'armes, est juge au tribunal civil, à Privas, département de l'Ardèche ; Rochas d'Aiglun, autre représentant du nom, est capitaine du génie.

**ROCHE** (DE LA). *Bourbonnais, Languedoc, Lorraine, Languedoc, Limousin, Auvergne, Bretagne, Bourgogne, Lyonnais.*

BOURBONNAIS, LANGUEDOC, LORRAINE. D'azur, à la bande d'or chargée d'un lion de sable, armé et lampassé de gueules, la bande accostée de deux rochers d'argent ; au chef d'or chargé de trois étoiles du champ.

LANGUEDOC. De gueules, à trois roses d'or.

LIMOUSIN, AUVERGNE. D'azur, à trois bandes d'or et une filière du même.

BRETAGNE. D'or, au rocher de sable. — D'argent, au chevron de gueules ; à la fasce du même, brochant sur le tout.

BOURGOGNE, LYONNAIS. De gueules, au rencontre de bœuf d'or chargé d'une roche d'argent avec cette devise : *Lassus firmius figet fidem.*

De la Roche, en Bourbonnais, remonte à Antoine de la Roche, qualifié noble homme, *nobilis vir*, dans son testament du 4 octobre 1531.

De la Roche, proprement dit, a dix représentants : le marquis de la Roche, au château de Montmarault, département de l'Allier ; le marquis de la Roche, au château de la Lande, par Saint-Amand, département du Cher ; le comte de la Roche, au château de la Grassière, par la Motte-Achard, département de la Vendée ; le vicomte de la Roche, à Paris ; de la Roche, au château d'Estillac, par Agen, département de Lot-et-Garonne ; de la Roche, percepteur, à Montaigu, même département ; de la Roche, au château de Pistrac, par Lectoure, département du Gers ; de la Roche, au château de Lardière, par Lège, département de la Loire-Inférieure ; de la Roche, au château de Périal, par Dompierre, département de l'Allier ; de la Roche, peintre, à Paris.

### ROCHE-AYMON (DE LA). *Bourbonnais.*

De sable, semé d'étoiles ou de trèfles d'or ; au lion du même, armé et lampassé du même, brochant sur le tout.

Cette famille a deux représentants : le marquis de la Roche-Aymon, à Mainsat, départemert de la Creuse ; de la Roche-Aymon, à Versailles.

### ROCHEBRUNE (BRUGNIER DE). *Auvergne.*

D'azur, à quatre burelles d'argent ; au chef cousu de gueules, chargé de deux roses d'or.

Brugnier de Rochebrune, unique représentant du nom, réside à Saint-Étienne, département des Basses-Alpes.

### ROCHECHOUART. *Poitou.*

Fascé-ondé d'argent et de gueules, de six pièces.

Sortie des vicomtes de Limoges, la maison de Rochechouart emprunte son nom à une ancienne vicomté, près de la Vienne et de la source de la Charente. Aimery, premier du nom, surnommé Ostrofrancus, fut le premier comte de Rochechouart. Il est connu par la donation d'une moitié de l'église de Nioil, à l'abbaye d'Uzerches, en mars 1018. Sa postérité a donné un maréchal de France, deux cardinaux, dix chevaliers du Saint-Esprit, un grand nombre d'officiers de la couronne. Sa branche de Mortemart fut érigée en duché-pairie en 1650.

Rochechouart, proprement dit, a deux représentants : Aimery-Louis-Victurnien, comte de Rochechouart, au château de Vallery, département de l'Yonne ; Louis-Jules-Emilien, comte de Rochechouart, secrétaire d'ambassade, en Chine.

Rochechouart de Mortemart a cinq représentants : le duc Casimir Rochechouart de Mortemart, grand cordon de la Légion d'honneur, général de division, ancien sénateur, ancien ambassadeur, à Paris ; le marquis René Rochechouart de Mortemart, chevalier de la Légion d'honneur, ancien officier de la garde royale, à Paris ; le comte Henri Rochechouart de Mortemart, à Paris ; le comte Louis Rochechouart de Mortemart, à Paris ; le vicomte François Rochechouart de Mortemart, à Paris.

**ROCHE DE LA CARELLE** (Poncié-Nully de la). *Beaujolais.*
Écartelé : aux 1 et 4 d'argent, à trois fasces de gueules ; aux 2 et 3 d'or, au chevron d'azur, accompagné de trois croisettes aussi d'azur, posées 2 et 1.

Différentes branches de même souche et d'un point de départ commun : on compte sous le nom de la Roche cinq représentants : le baron de la Roche de la Carelle, au château de Sassangy, par Buxy, Saône-et-Loire, qui a sa résidence d'hiver à Paris ; le vicomte de la Roche-Poncié, à Paris ; le baron de la Roche-Poncié, officier de la Légion d'honneur, ingénieur, à Paris; le baron de la Roche-Nully, au château de Saint-Germain, par Buxy, département de Saône-et-Loire; de la Roche-Nully, à Paris.

**ROCHE-FONTENILLES** (DE LA). *Gascogne, Bigorre, Quercy, Picardie.*

D'azur, à trois rocs d'échiquier d'or, posés 2 et 1.

Cette famille, dont était François de la Roche, marquis de Fontenilles, qui, de son mariage avec Marie-Thérèse de Mesmes, morte à Paris le 6 janvier 1755, laissa deux enfants, a trois représentants : le marquis de la Roche-Fontenilles, au château de Bremieu, par Nonancourt, département de l'Eure;

Le comte Henry de la Roche-Fontenilles, son frère, au château d'Olendon, par Falaise, département du Calvados et luï, forment tous deux la branche aînée.

La branche cadette est représentée par le marquis de la Roche-Fontenilles, à Paris et Charles de la Roche-Fontenilles, marquis de Rambures, au château de Rambures, par Abbeville, département de la Somme (1).

**ROCHEFORT.** *Auvergne, Lyonnais, Bretagne, Paris.*

AUVERGNE. De gueules, à la bande ondée d'argent, accompagnée de six merlettes du même rangées en orle. — D'azur, au rocher d'or, surmonté d'une tour donjonnée du même, maçonnée de sable. — D'or, à une tour de gueules sur un mont de sable. — D'or, à trois rochers de sable.

---

(1) C'est contre [le nom de Rambures, porté par le propriétaire du château de ce nom, en vertu d'un titre donné sous le règne de Napoléon III, que proteste le chef de nom et d'armes de cette ancienne maison. (Voir p. 173.)

Lyonnais. D'or, au pin de sinople terrassé du même, fruité du champ.

Bretagne. D'azur, au lion d'or accompagné en chef de deux fleurs de lis et en pointe d'une étoile, le tout d'or. — Vairé d'or et d'azur.

Paris. D'azur, au chevron, accompagné en chef d'une fleur de lis accostée de deux branches de chêne et en pointe d'une étoile, le tout d'or.

Sous le nom générique de Rochefort, en noblesse, on trouve en France douze représentants : le comte de Rochefort, chevalier de la Légion d'honneur, officier de l'instruction publique, commandeur de plusieurs ordres, préfet des Côtes-du-Nord ; le vicomte Gaston de Rochefort, au château de Muchet, département de l'Allier ; de Rochefort, au château de Chazal, par Pont-du-Château, département du Puy-de-Dôme ; le baron de Rochefort, au château de Rochefort, par Sornac, département de la Corrèze ; le vicomte de Rochefort, au château de Rivière, par le Port-Saint-Père, département de la Loire-Inférieure ; le baron de Rochefort, au château de Chamerande, par Moulins, département de l'Allier ; de Rochefort, au château de Larroque, par Lussac, département de la Gironde ; de Rochefort, au château de Belhade, par Pissos, département des Landes ; de Rochefort, à Saint-Maurice-Châteauneuf, département de Saône-et-Loire ; de Rochefort, avocat, à Paris ; de Rochefort, receveur particulier des contributions indirectes, à Saint-Brieuc, département des Côtes-du-Nord ; de Rochefort, procureur de la République, à Issoire, département du Puy-de-Dôme.

**ROCHEFOUCAULD** (de la). *Angoumois, Bretagne, Poitou, Saintonge, Touraine, Anjou, Guyenne, Périgord, Auvergne,*

*Picardie, Berry, Champagne, Normandie, Ile-de-France.*

Burelé d'argent et d'azur ; à trois chevrons de gueules, le premier écimé, brochant sur le tout.

Devise : *C'est mon plaisir.*

Foucaud, premier du nom, seigneur de la Roche, en Angoumois, cadet des sires de Lusignan, vivant en 1019, est la souche de cette grande maison des barons de la Rochefoucauld, dans le principe, et successivement élevée au rang de comte en 1525, de duc et pair le 4 avril 1622, de duc d'Anville à brevet en 1732-1746, de duc d'Estissac en 1737, héréditaire dans la branche aînée en 1758 et accordé à la seconde branche en 1839. Duc de Liancouat en 1765, le nom de Liancourt, substitué à celui d'Estissac en 1828, est porté héréditairement par le fils aîné du chef de la maison. La branche de Doudeauville fut élevée à la grandesse d'Espagne et au titre de duc de Doudeauville en 1780, et enfin à la pairie le 4 juin 1814.

Ce beau nom a de nombreux représentants, divisés en trois branches, celle des ducs de la Rochefoucauld, des ducs d'Estissac, des ducs de Doudeauville.

I. François-Marie-Auguste-Emilien, duc de la Rochefoucauld et de la Rocheguyon, prince de Marcillac, chef de nom et d'armes, épousa Zénaïde-Sabine de Chapt de Rastignac, dont deux fils, savoir :

A. François-Auguste-Ernest de la Rochefoucauld, duc de Liancourt, commandeur de la Légion d'honneur, colonel commandant le 8ᵉ régiment de cuirassiers, épousa Radegonde-Euphrasie Bouvery, dont deux fils et une fille : François-Alfred-Gaston ; Marie-François-Gabriel ; Françoise-Marie-Marguerite.

B. Pierre-Marie-René-Alfred, comte Alfred de la Rochefoucauld, épousa Isabelle Nivière, dont quatre fils :

Antoine-François-Marie-Pierre ; Augustin-Léon-Marie-Hubert ; Mathieu ; Antoine.

Le chef de la famille précité a trois frères et une sœur :

*a.* Olivier, comte Olivier de la Rochefoucauld, épousa : 1° Rosine Perron ; 2° Euphrosine-Augustine Montgomery. Il a du second lit un fils, Guy.

*b.* Charles-Frédéric, comte Frédéric de la Rochefoucauld, épousa Anne-Charlotte Perron, sœur de Rosine ci-dessus, dont une fille, Charlotte-Victorine-Marie-Françoise, qui épousa Pietro Aldobrandini, prince de Sarsina.

*c.* Hippolyte, comte Hippolyte de la Rochefoucauld, commandeur de la Légion d'honneur, ancien ministre plénipotentiaire, épousa Isabelle du Roux, dont deux fils : Gaston, attaché d'ambassade ; Aimery.

*d.* Sophie-Blanche-Charlotte, épousa le marquis de Castelbajac, dont elle est veuve.

II. Roger-Paul-Louis-Alexandre de la Rochefoucauld, duc d'Estissac, épousa Juliette, fille du comte Paul de Ségur, dont deux fils et une fille : Alexandre-Jules-François-Philippe, N... ; Marie-Brigitte-Hélène-Geneviève.

Il a un frère, deux sœurs, deux oncles et une tante, savoir :

*a.* Arthur de la Rochefoucauld, épousa Luce de Montbel, dont trois fils et deux filles : Jules-Louis-Charles, Jean ; Xavier ; Solange ; Louise.

*b.* Thérèse-Louise-Alexandrine-Françoise, épousa Marc-Antoine, prince de Borghèse, son cousin germain.

*c.* Félicité-Pauline-Marie, épousa Louis-Charles, comte de Greffulhe, pair de France.

*d.* Wilfrid-Marie-François, comte de la Rochefoucauld.

*e.* François-Joseph-Polydor, comte de la Rochefoucauld, officier de la Légion d'honneur, décédé, épousa : 1° Rosemonde de Bussche-Hunnefeld ; 2° Marie-Christine, des comtes de Pracontal. Il eut du premier lit un fils : François-Marie-Clément-Ernest-Jules Aymar, attaché d'ambassade, qui épousa Adrienne-Marie de Morgan de Belloy.

*f.* Adèle-Marie-Hortense-Françoise, épousa François, prince de Borghèse.

III. Augustin-Marie-Mathieu-Stanislas de la Rochefoucauld, duc de Doudeauville, épousa Marie-Adolphine-Sophie de Colbert, dont deux fils : Sosthènes et Mathieu.

Il a un frère, Marie - Charles - Gabriel - Sosthènes, comte de la Rochefoucauld, duc de Bisaccia, membre de l'Assemblée nationale, qui épousa : 1° Yolande, sœur du duc de Polignac ; 2° Marie-Georgine-Sophie-Hedwige-Eugénie, des princes de Ligne.

Il a du premier lit un fils, Louis, et une fille, Yolande qui épousa le duc de Luynes.

Il a du second lit deux fils et trois filles.

**ROCHELAMBERT.** *Auvergne.*

D'argent, au chevron d'azur ; au chef de gueules. Tenants : deux sauvages.

Devises : *Vale me dios ; Amour en guerre ; Ni crainte ni envie.*

Cette famille, qui remonte à Pierre de la Rochelambert, nommé dans un titre du xie siècle, *Nobilis miles Petrus de Rupelamberta*, premier du nom, chevalier, seigneur de la Rochelambert, Marcillac et autres lieux, se divise en trois branches : la première a pour chef Marie-Aymé, marquis de la Rochelambert, receveur des finances, au château de la Rochelambert (Haute Loire), à celui de Thévolle, par Chéméré-le-Roi (Mayenne), et à Paris ; la deuxième par Henry-Gabriel, marquis de la Rochelambert, au château d'Esternay (Marne) ; la troisième branche par Joseph de la Rochelambert, percepteur, à Saint-Pierre-Ville (Ardèche), qui a un frère, Jacques de la Rochelambert, officier de la Légion d'honneur, capitaine au 3ᵉ régiment d'infanterie indigène (tirailleurs algériens).

**ROCHEMACÉ (DE LA) MACÉ DE LA ROCHE.** *Bretagne.*

De gueules, à trois rencontres de cerf d'or. *Aliàs,* daims ; au chef cousu d'azur, chargé d'une croix engrêlée d'argent, timbré d'une couronne de comte (1).

Devise : *Inter aspera mitis.*

Déclaré noble d'extraction, réformation de 1669, 16 février (2).

Trois auditeurs des comptes depuis 1593 ; un maire de Nantes de 1662 à 1664, deux conseillers au parlement de Bretagne depuis 1687 (3).

Un chef royaliste dans les guerres de l'Ouest en 1815, commandant la rive droite de la Loire à la prise d'armes de 1832 : combats de Pannecé et de Riaillé.

Un sous-officier aux volontaires de l'Ouest (zouaves de Charette), combat de Brou, bataille de Patay.

Le maire de Nantes en 1663 institua les premiers prix

---

(1) La Couronne est au livre doré de l'hôtel de ville de Nantes, p. 238, vieille édition, 1721.

La devise est portée sur les jetons de la mairie de Nantes, argent et cuivre, année 1663.

(2) Par arrêt rendu en la chambre de la réformation le 16 février 1669, au rapport de M. le Jacobin (Rennes).

(3) *Nobiliaire de Bretagne,* par Potier de Courcy, 2ᵉ édition, 1862 Auguste Aubry, rue Dauphine, page 122.

scolaires ; l'un de ces livres timbré à ses armes et à celles de la ville est au mains de la famille (4).

MM. de la Rochemacé, uniques représentants du nom, résident au château de la Roche, par Oudon, département de la Loire-Inférieure.

**ROCHEMORE** ou **ROCHEMAURE**. *Languedoc, Provence, Pays d'Aunis.*

D'azur, à trois rocs d'échiquier d'argent.

Devise : *Rupibus firmior.*

Une des plus anciennes du Languedoc, en très-grande considération à la cour des comtes de Toulouse, divisée en deux branches dès le xi<sup>e</sup> siècle, cette maison remonte par filiation suivie à Pierre-Huillaume de Rochemore, un des principaux témoins dans l'acte de 1084, par lequel Raimond, comte de Toulouse, abandonna le droit qu'il avait dans la dépouille des évêques de Béziers. Elle a deux représentants : le marquis de Rochemore, chevalier de la Légion d'honneur, au château de Marcilly-sur-Maulne, par Château-la-Vallière, département d'Indre-et-Loire; le comte de Rochemore, à Tours, même département.

**ROCHER.** *Comtat-Venaissin.*

D'azur, au sautoir d'or, cantonné de quatre roses du même ; au chef d'argent, chargé d'une croix tréflée de gueules.

Cette famille, qui reçut le titre de comte palatin en 1692, est représentée par de Rocher, à Bollène, département de Vaucluse.

---

(4) *Dictionnaire historique de Bretagne* d'Ogée, article *Nantes*, année 1663, paragraphe se terminant par ces mots : « de là l'origine des prix qui se distribuent tous les ans. »

**ROCHER** (du). *Bretagne.*

De gueules, à trois écussons d'or.—D'azur, à la bande d'argent, accompagnée de deux molettes du même.

L'unique représentant du nom du Rocher, est substitut du procureur de la République, à Saint-Brieuc, département des Côtes-du-Nord.

**ROCHES DE CHASSAY** (des). *France.*

D'argent, à la bande fuselée de gueules.

L'unique représentant du nom, des Roches de Chassay, réside au château de Signac, par Saint-Claud, département de la Charente.

**ROCHETAILLÉE.** *France.*

De gueules, à la bande d'argent chargée de trois dauphins d'or.

Cette famille a trois représentants : de Rochetaillée, au château de Saint-Hilaire, par Bourbon-l'Archambault, département de l'Allier ; de Rochetaillée, au château de Nanta, par Terre-Noire, département de la Loire ; de Rochetaillée, au château d'Echenoz-le-Sec, par Montbozon, département de la Haute-Saône.

**ROCHETTE** (de la). *Lyonnais, Champagne.*

Lyonnais. D'azur, au rocher de six coupeaux d'argent posé sur une terrasse de sinople et surmonté d'un croissant d'or.

Champagne. De gueules, à trois quintefeuilles d'argent.

Le nom de la Rochette a dix représentants : le comte de la Rochette, chevalier de la Légion d'honneur, à Paris ; le comte de la Rochette, au château de Clerdan, par Châtillon-sur-Chalaronne, département de l'Ain ; le comte de la Rochette, au château de Moulin-Neuf, par

Uzès, département du Gard ; le comte de la Rochette, au château du Lac, par Marcigny, département de Saône-et-Loire ; le baron de la Rochette, qui a sa résidence d'été au château d'Aviernoz, par Annecy, département de la Haute-Savoie, et sa résidence d'hiver à Paris ; le baron de la Rochette, au château de Saint-Maurice, par Buxy, département de Saône-et-Loire ; de la Rochette, au château de Jalière, par Nantes, département de la Loire-Inférieure ; de la Rochette, à Lyon.

### ROCHE-VAUNAC (DE LA). *France.*

Écartelé d'argent et de gueules ; à l'aigle éployée de l'un en l'autre.

Cette famtlle est représentée par deux frères : l'aîné Charles de la Roche-Vaunac, chef de nom et d'armes, réside au château de Vaunac, par Issingeaux, département de la Haute-Loire.

### ROCHOU D'AUBERT (DU). *Bretagne.*

D'argent, à trois fasces de gueules accompagnées de dix merlettes de sable posés 4, 3, 2 et 1.

L'unique représentant du nom, du Rochou d'Aubert, est juge honoraire à Guéret, département de la Creuse.

### ROCQUE DE CHAMPFROY. *Ile-de-France.*

D'azur, à une molette d'or, accompagnée de trois fers de pique d'argent.

Cette famille a pour unique représentant de Rocque de Champfroy, au château de Gournay, par Villejuif, département de la Seine.

### ROCQUES. *Tournaisis.*

De gueules, au lion d'argent.

De Rocques, unique représentant du nom, est juge d'instruction au tribunal civil d'Alençon, département de l'Orne.

**RODDE DE LA MARCHE.** *Auvergne.*

De gueules, à la bande d'argent.

Cette famille n'est plus représentée que par de Rodde de la Marche, au château de Bou, par Vichy, département de l'Allier.

**RODELLEC (LE).** *Bretagne.*

D'argent, à deux flèches tombantes d'azur, posées en pal.

Le comte Antoine le Rodellec, chef de nom et d'armes de cette famille, réside à son château de Saint-Pol-de-Léon; le comte Olivier le Rodellec du Porzic, réside au château de Kerouzien, près Saint-Renan; le vicomte le Rodellec du Porzic, au château du Porzic, rade de Brest; le Rodellec du Porzic, autre représentant, a sa résidence au château de Kerandraon, par Landerneau, tous quatre dans le département du Finistère.

**RODEZ.** *Rouergue.*

Écartelé : aux 1 et 4 de gueules, au lion léopardé d'or, armé et lampassé d'azur; au 2 et 3 d'argent, à trois bandes de gueules; au chef d'azur, chargé d'un lambel d'or, qui est de Bénavent.

Cette famille a deux représentants : le comte de Rodez, au château de Saint-Bauzille-de-Putois, département de l'Hérault; le comte de Rodez-Bénavent, à Ganges, même département.

**RODIER.** *Toulouse, Montauban.*

D'azur, à un chevron d'argent, surmonté d'une aigle d'or regardant un soleil du même.

De Rodier, unique représentant du nom, réside à Toulouse.

**RŒDERER.** *France.*

Écartelé : au 1 d'argent, à l'arbre arraché de sinople ; au 2 d'or, à la tour de sable ouverte et ajourée du champ ; au 3 de gueules, à une tête de lion d'argent ; au 4 échiqueté d'or et d'azur.

Le nom de Rœderer a trois représentants : le comte de Rœderer et le vicomte de Rœderer, à Paris ; le baron de Rœderer, à Bemécourt, par Breteuil, département de l'Eure.

**ROFFIGNAC.** *Limousin, Nivernais.*

D'or, au lion de gueules.

Qualifiés *premiers seigneurs du Limousin*, en mémoire de l'hospitalité qu'ils accordèrent à saint Martial, lorsque cet évêque évangélisait les Gaules et les convertit les premiers à la foi chrétienne, ceux du nom de Roffignac ont pris part à la première croisade et à celle de saint Louis, en 1248, ce qu'atteste un titre souscrit devant Saint-Jean-d'Acre, en 1250, qui leur vaut les honneurs du musée de Versailles.

René-Joseph Astier, comte de Roffignac, chef de nom et d'armes, au château de Mazeix, par le Dorat, département de la Haute-Vienne, a de son mariage avec Marie-Théodule de Villehune, sept enfants, trois fils et quatre filles.

**ROGER DE LA LANDE.** *Quercy.*

D'azur, au chevron d'argent, chargé à la pointe d'un

croissant de gueules, surmonté d'une fasce en devise aussi d'argent, chargée de trois roses de gueules.

Devise : *En avant, toujours en avant.*

D'ancienne noblesse d'épée, cette famille est représentée par Joseph-Raymond-Ferdinand-Maistre, chevalier de Roger de la Lande, à Paris.

**ROGER DE SIVRY.** *Ile-de-France.*

Écartelé : au 1 de sable, au casque d'argent taré de profil; au 2 de sable, au rempart d'argent, surmonté de trois tours du même; au 3 d'azur, au chevron d'or accompagné de trois étoiles du même; au 4 d'azur, au lion d'argent traversé d'une flèche du même.

Devise : *Utrumque.*

Octave, baron Roger de Sivry, unique représentant du nom, réside au château de Villeneuve, par Molac, département du Morbihan.

**ROGER.** *Ile-de-France.*

Écartelé : au 1 de sable, au casque taré de profil d'argent, panaché de trois plumes du même; au 2 de gueules, à la muraille crénelée d'argent; au 3 d'azur, au chevron d'or, accompagné en chef de deux étoiles et en pointe d'une quintefeuille, le tout d'argent; au 4 d'azur, au lion d'or, percé d'une flèche d'argent en barre.

Cette famille a deux représentants : le comte Roger, qui a son domicile d'été au château de Chesnay, par Gagny, département de Seine-et-Oise, et son domicile d'hiver à Paris; le baron de Roger, qui a son domicile d'été au château de Châtillon, département du Loiret, et son domicile d'hiver à Paris.

**ROGER.** *Bretagne, Picardie, Maine, Normandie.*

Bretagne, Picardie. D'argent, à la bande d'azur, cotoyée en chef de deux étoiles et en pointe d'une rose, le tout de gueules.

MAINE. D'azur, au phénix d'argent regardant un soleil d'or.

NORMANDIE. D'argent, à trois léopards de sable posés 2 et 1; au chef aussi de sable, chargé de trois roses d'argent. — D'azur, au sautoir d'or, cantonné de quatre rocs d'échiquier du même.

Sous le nom générique de Roger, on retrouve encore cinq représentants : Roger de Bellegarde, à Nice; Roger de Bellehoguet, à Paris; Roger de Cevins, au château de Cevins, à Reignier, département de la Haute-Savoie ; Roger de Monclain, à Paris; Roger de Villers, juge au tribunal civil, à Versailles.

**ROGIER.** *Poitou.*

D'argent, au léopard de sable armé de gueules, accompagné en chef de deux roses du même et en pointe d'un fer de roquet de sable. *Aliàs*, d'azur à trois roues d'or.

L'unique représentant du nom, de Rogier, réside à Poitiers.

**ROGNIAT.** *Dauphiné.*

D'azur, à la fasce palissée d'argent, soutenue de trois têtes de more rangées en fasce et soutenue d'un lion d'or, armé et lampassé de gueules, la tête brochante sur la fasce.

Le baron de Rogniat, unique représentant du nom, réside à Paris.

**ROGUES DE FURSAC.** *France.*

De gueules, à la fasce d'argent.

Rogues de Fursac, unique représentant du nom, est avocat, à Limoges, département de la Haute-Vienne.

**ROGUET.** *France.*

Écartelé d'or et de gueules, chargés : aux 1 et 4 d'une branche de sinople ; au 2 d'une épée d'argent ; au 3 d'une croix potencée aussi d'argent.

Le comte Roguet, grand officier de la Légion d'honneur, général de division, ancien sénateur, était aide de camp de l'empereur et réside à Paris.

**ROHAN.** *Poitou.*

Écartelé : aux 1 et 4 de gueules, à neuf mâcles d'or, qui est de Rohan ; aux 2 et trois d'or, à trois chabots de gueules, qui est de Chabot.

Devises : *Concussus surgo; Potius mori quam fœdari.*

Duché-pairie en Bretagne, au diocèse de Vannes, Rohan, dès le xi$^e$ siècle, était une vicomté et un dénombrement de celle de Porhoët ; elle fut donnée en apanage à Alain, quatrième fils d'Eudon, vicomte de Porhoët et de Rennes.

Le nom de Rohan est, en France, celui d'une des plus anciennes et des plus grandes maisons, dit Lachenaye-Desbois. Par sa descendance prouvée des anciens souverains de Bretagne et par ses alliances avec toutes les maisons souveraines de l'Europe régnant au siècle dernier, elle occupe un rang distingué dans le tableau généalogique des princes issus de maison souveraine.

Princes reconnus de la maison de Bretagne, jouissant en France du titre et rang de princes de naissance, princes par définition d'état, la filiation suivie des Rohan remonte à Guillaume Chabot, vivant en 1040, appelé fils de Pierre, qui était, d'après des titres des années 1008, 1018, 1020, 1030, le troisième enfant de Guillaume IV, duc d'Aquitaine.

Charles-Louis Josselin, duc de Rohan, chef de nom et

d'armes de sa maison, épousa Octavie Rouillé de Boissy, dont deux fils et une fille : Alain-Charles-Louis; Henri-Marie-Roger; Agnès-Joséphine-Marie.

Il a deux frères et deux sœurs, savoir :

A. Charles-Guy-Fernand, prince de Rohan, épousa Augusta Baudon de Mony, dont trois fils et deux filles : Auguste-Fernand; François-Marie-Pierre; Guillaume-Joseph-Marie; Louise-Anne-Marie; Marie-Alice.

B. Henri-Léonor, prince de Rohan, épousa Aline-Berthe de Chabrol-Tournoelle, dont trois fils : Philippe-Marie-Ferdinand; Sébran-Marie-Gaspard-Henri; Louis.

C. Alexandrine-Amélie-Marie, épousa le comte Henri de Beurges.

D. Jeanne-Charlotte-Clémentine épousa Arthur d'Anthoine, baron de Saint-Joseph.

Il a un oncle et une tante, savoir :

*a.* Louis-Charles-Philippe-Henri-Girard, comte de Rohan-Chabot, épousa Caroline-Raymonde-Marie-Sidonie de Riencourt, dont un fils et quatre filles : Guy, capitaine aux chasseurs à cheval; Anne-Marie-Thibaut; Élisabeth-Marie-Sidonie-Léontine, qui épousa le comte Fernand de Villeneuve-Bargemont; Anne-Marie-Marguerite-Catherine, qui épousa le vicomte de Pins; Anne-Marie-Josèphe-Radegonde.

*b.* Adélaïde-Henriette-Antoinette-Stéphanie, épousa Charles, comte de Gontaut-Biron.

Il a un cousin et une cousine :

*a.* Philippe-Ferdinand-Auguste de Chabot, comte de Jarnac, ancien secrétaire d'ambassade, qui épousa Géraldine-Augusta, nièce du duc de Leinster.

*b.* Olivia, épousa Jules de Lasteyrie, député de Seine-et-Marne.

**ROHAULT DE FLEURY.** *Picardie.*

D'argent, à trois pals fleurdelisés de sable.

Cette famille a deux représentants à Paris : Rohault de Fleury, officier de la Légion d'honneur; Félix Rohault de Fleury, chevalier de la Légion d'honneur.

**ROISSY** (MICHEL DE). *France.*

D'azur, au griffon d'argent; au chef d'argent, chargé de trois roses de gueules.

Alfred-Félix-Michel de Roissy, chevalier de la Légion d'honneur, chef de nom et d'armes, ancien sous-préfet, réside au château de Dennemont, par Mantes, département de Seine-et-Oise. Il a un frère, Anselme-Olivier-Félix Michel de Roissy, au château de Longueval, près Dozulé, département du Calvados.

**ROLLAND.** *Lyonnais, Provence, Toulouse.*

LYONNAIS. De gueules — ou d'azur, au lion d'or rampant contre un mont d'argent.

PROVENCE. D'azur, à un chevron d'or, surmonté de trois étoiles du même rangées en chef, accompagnées en pointe d'une levrette courante d'or, accolée d'argent, bouclée de sable.

TOULOUSE. De gueules, à la lance antique de chevalier d'or, posée en bande ; au chef cousu d'azur, accosté de deux étoiles d'or.

Sous le nom de Rolland on trouve neuf représentants : le marquis de Rolland, au château de Rochers, par Preignac, département de la Gironde ; de Rolland, commandeur de la Légion d'honneur, général de brigade ; Paul de Rolland, au château de Granges, par Prémery, département de la Nièvre ; de Rolland, receveur particulier à Saint-Jean-de-Maurienne, département de la

Haute-Savoie; de Rolland, à Mizerolles, par Dun-le-Roy, département du Cher ; de Rolland de Blomac, au château de Blomac, à Peyriac-Minervois, département de l'Aude ; Rolland de Bussy, à Alger ; de Rolland de Ravel, officier de la Légion d'honneur, lieutenant-colonel d'artillerie ; de Rolland du Roquan, au château de Saint-Félix, par Alzonne, département de l'Aude.

### ROLLAND DU NODAY. *Bretagne*.

Écartelé : au 1 et 4 d'argent, au chevron de gueules, accompagné de trois étoiles du même ; au 2 et 3 d'argent, à l'épervier de gueules, tenant une molette du même.

Cette famille a deux représentants : Sévère Rolland, comte du Noday, au château de Villedavy, par Mauron, département du Morbihan ; Rolland, vicomte du Noday, au château de Penhoët, par Josselin, département du Morbihan.

### ROLLAND DE RENGERVÉ. *Bretagne*.

D'argent, au chevron de gueules, accompagné de trois molettes de même.

Cette famille noble, d'ancienne extraction, constatée par arrêt du 10 novembre 1668, rendu par la chambre des réformations de Rennes, remonte, par titres, à Jean, qui suit :

I. Jean Rolland, vivant en 1385, échanson d'Arthur, fils aîné du duc de Bretagne, laissa un fils, Alain, qui suit :

II. Alain Rolland, partage en 1415, avec sa sœur Isabelle Rolland. Il eut un fils, Bertrand, qui suit :

III. Bertrand Rolland, seigneur du Marlanday, laisse un fils, Jean-Normand, qui suit :

IV. Jean-Normand Rolland, seigneur du Marlanday, épouse, en 1515, Catherine de Rosmar et laisse Jean Tanneguy, qui suit :

V. Jean-Tanneguy Rolland, seigneur du Chênegour, épouse Catherine Hingant, veuve en 1550 et laisse un fils, Bertrand, qui suit :

VI. Bertrand Rolland, seigneur du Chênegour, vivant en 1572, épouse Gilde Grignon, dont Jean-François, qui suit :

VII. Jean-François Rolland, seigneur des Aunays, épouse Anne Habel, dont Antoine, qui suit :

VIII. Antoine Rolland, seigneur des Aunays, épouse Bertrande Guihou, dont Julien, qui suit :

IX. Julien Rolland, seigneur des Aunays et du Rocher, partage avec ses frères et sœurs en 1698, épouse Marquise le Mintier et laisse deux enfants, savoir :

A. René-Hyérome, qui suit X ;

B. Julien Rolland, écuyer, seigneur de la Motte, fils cadet, épouse, par contrat du 19 juillet 1703, Jeanne Brunet, dame de Fontenio, dont un fils :

*a*. Charles-René Rolland, seigneur du Fresche, épouse, par contrat du 15 août 1733, Anne-Marie Hyacinthe du Bouexic de Campel, dont une fille,

Anne-Jeanne Rolland, dame du Fresche, épouse, en 1750, François-Marie Rolland de Rengervé, son cousin, ci-après.

X. René-Hyérome Rolland, fils aîné, épouse Françoise de la Bourdonnaye, dame de la Villeneuve et de Rengervé, dont un fils, Jean-Baptiste-Julien, qui suit :

XI. Jean-Baptiste-Julien Rolland de Rengervé, épouse, par contrat du 4 février 1717, Marguerite Drouet, dont un fils, François-Marie, qui suit :

XII. François-Marie Rolland de Rengervé, épouse,

par contrat du 17 juin 1750, Anne-Jeanne Rolland, dame du Fresche, sa parente, ci-dessus, dont trois enfants, savoir :

A. Pierre-Marie, qui suit :

B. Julienne-Anne-Marie Rolland de Rengervé, épousa René-Florian le Mintier.

C. François-Marie, qui suivra, après son frère aîné.

XIII. Pierre-Marie Rolland de Rengervé, né le 13 mars 1759, épousa, par contrat du 3 juillet 1789, Jeanne Chaillou de L'étang, dont deux enfants, savoir :

A. Ambroise-François-Marie-Désiré, qui suit, XIV.

B. Fidèle-Louis-François-Marie Rolland de Rengervé, épousa, en 1834, Joséphine de Tredern, dont trois enfants :

*a.* Gabriel Rolland de Rengervé.

*b.* Louis Rolland de Rengervé, épousa Anne Hardy de Beauvais, dont deux fils : Christian et Alain Rolland de Rengervé.

*c.* Augustin Rolland de Rengervé, épouse, en 1871, Marie de la Grandière.

XIV. Ambroise-François-Marie-Désiré Rolland de Rengervé, épouse, par contrat du 6 août 1813, Anne-Marie de Bruc, dont un fils, Ambroise-François-Marie, qui suit :

XV. Ambroise-François-Marie Rolland de Rengervé, épouse, par contrat du 9 janvier 1853, Amélie-Louise Cebert de la Salle, dont trois enfants :

Ambroise-Pierre-Marie Rolland de Rengervé ;

Pierre-Hyacinthe-Marie Rolland de Rengervé ;

Louis-Augustin-Marie Rolland de Rengervé.

XIII. François-Marie Rolland de Rengervé, né le 10 octobre 1774, épouse Jeanne Picaud de la Pommeraye, dont deux fils, savoir :

A. Eugène, qui suit, XIV.

B. Frédéric, qui suit, XIV *bis*.

XIV. Eugène Rolland de Rengervé, épouse Julie-Héloïse du Gaspern, sans enfants.

XIV *bis*. Frédéric Rolland de Rengervé, épouse, le 6 septembre 1836, Louise Le Bastard de Villeneuve, dont trois enfants, savoir :

A. Amédée Rolland de Rengervé, épouse Louise d'Erouville, dont plusieurs enfants :

B. Roger Rolland de Rengervé.

C. Armand Rolland de Rengervé.

**ROLLAND DU ROSCOÄT.** *Bretagne.*

D'argent, à trois aiglettes éployées d'azur, le vol abaissé.

Cette famille a deux représentants : le comte Rolland du Roscoät, au château de Consul, par Plouho, département des Côtes-du-Nord ; le comte Rolland du Roscoät, consul général de France.

**ROLLANDY.** *Bourgogne, Dauphiné, Provence.*

D'azur, à trois pals retraits d'or ; au corps de chasse du même en pointe, rattaché d'argent.

Anciennement en Bourgogne, cette famille est représentée par Bienvenu de Rollandy, médecin et maire à Saint-Julien-de-Montagnier, département du Var.

**ROLLEAU.** *Poitou.*

De sable, à un rouleau de pâtissier d'argent.

L'abbé de Rolleau, chevalier de la Légion d'honneur, unique représentant du nom, est curé de Notre-Dame-de-Lorette, à Paris.

**ROLLET DE L'ISLE.** *Bourgogne.*

De gueules, à la bande d'or chargée d'un ours de

sable, lampassé de gueules, accompagné en chef d'une épée d'argent et en pointe d'une molette du même.

Rollet de l'Isle, unique représentant du nom, est greffier en chef, à Dic, département de la Drôme.

**ROMAIN.** *Bretagne*.

D'azur, à deux faisceaux consulaires d'or, posés en sautoir, accompagnés de quatre cygnes d'argent.

Félix, comte de Romain, unique représentant du nom, réside à Angers, département de Maine-et-Loire.

**ROMANCE.** *Champagne*.

D'argent, au lion de sable, écartelé d'azur, semé de fleurs de lis d'or; au franc canton d'argent chargé d'une merlette de sable; au 4 de gueules, à une quintefeuille d'argent.

L'unique représentant du nom, de Romance, est juge à Laon, département de l'Aisne.

**ROMAND.** *Orléanais*.

D'azur, à cinq besants d'or posés 2 et 3.

De Romand, unique représentant du nom, vit éloigné des fonctions publiques, à son château de la Saussaye, à Chilleurs, département du Loiret.

**ROMANET.** *Poitou, Limousin*.

D'argent, au chevron de gueules, chargé en chef d'une étoile d'or; surmonté d'un lambel à trois pendants de gueules et accompagné de trois branches de romarin de sinople.

Cette famille, qui possédait anciennement le château et fief de Beaune, près de la ville d'Eymoutiers, a plusieurs représentants, entre autres : Louis-Pierre-Augustin, comte de Romanet, qui a sa résidence d'été au château des Aubiers, par Vierzon, et sa résidence d'hiver à Paris; Louis-René-Raymond, comte de Romanet, qui a sa résidence d'été au château de Gevraise, département de l'Orne, et sa résidence d'hiver à Paris; Prosper-Gaston, vicomte de Romanet, au château des Guillets, département de l'Orne.

**ROMANET DE CAILLAUD.** *Limousin.*

D'or, à un chevron de gueules accompagné de trois palmes de sinople, celle de la pointe posée en pal.

Romanet de Caillaud, unique représentant du nom, est maire à Isle, par Limoges, département de la Haute-Vienne.

**ROMANS.** *Touraine.*

D'azur, au chef d'argent, chargé de trois croix pattées de gueules.

Cette famille a trois représentants : de Romans, à Paris; de Romans, au château de Fenêtre, par Montecoulant, département des Deux-Sèvres; Fernand de Romans, à Angers, département de Maine-et-Loire.

**ROME.** *Provence.*

D'argent, à la bande de gueules, chargée de trois fleurs de lis d'or et accompagnée de deux roses de gueules, l'une en chef et l'autre en pointe.

L'unique représentant du nom, de Rome, réside à Toulouse.

**ROMEUF.** *France.*

D'azur, à l'orle d'or; à deux épées en sautoir, cantonnées de quatre coquilles d'argent.

Cette famille a pour chef de nom et d'armes le baron de Romeuf, au château de Saint-Maurice, par Lavoulte-

Chillac (Haute-Loire). Il a un fils, Maurice, ancien auditeur au conseil d'État. La seconde branche a pour chef Louis de Romeuf, ancien président de la cour d'appel, à Pau. Il a un fils, Amédée, receveur général à Riom. La troisième branche est représentée par Jean-Charles, baron de Romeuf.

**RONCHAUX.** *Bourgogne.*

D'azur, à deux croissants accolés d'argent, accompagnés de quatre besants d'or rangés en croix.

Louis de Ronchaux, unique représentant du nom, homme de lettres, réside à Paris.

**RONCHEROLLES.** *Normandie.*

D'argent, à deux fasces de gueules; couronne ducale; cimier : une aigle gissante.

Devise : *Honor et virtus.*

Ces armes sont connues depuis l'an 1197.

Roncherolles, noble maison de Normandie, où elle a possédé un château de ce nom dans le Vexin français ; un membre de cette maison, qualifié *Miles* en 800, accompagna l'empereur Charlemagne à Rome, lors de son couronnement.

En 845, un autre Roncherolles défendit l'entrée de la Seine contre les pirates danois, commandés par Éric.

La filiation authentique de cette illustre maison est connue depuis 990. En 1120, on trouva une tombe avec cette inscription : *Sigillum Rogeriis de Roncherolles.*

Dans La Chesnaye-Desbois, volume XII, pages 295, 296, on trouve jusqu'à Michel de Roncherolles, né en 1669, marié le 25 février 1702 à Anne-Dorothée Érard-le-Gris, marquise de Montreuil, d'Echauffon, comtesse de Cizay, morte le 28 février 1739, mort le 19 février 1739, laissant :

I. Michel-Charles-Dorothée de Roncherolles, comte du Pont-Saint-Pierre, né le 19 avril 1703, marié le 11 mai 1728, à Charlotte-Marguerite de Rommilley de la Chesnelaye, dont il n'eut que deux filles mortes en bas âge :

1º Marie-Charlotte, née le 12 septembre 1733, morte le 27 juillet 1737 ;

2º Louise-Marie, née le 9 avril 1738, morte le 28 mars 1742.

II. Claude-Thomas-Sibylle-Gaspard-Nicolas-Dorothée, dit le chevalier de Roncherolles, né le 1er décembre 1704 ; chevalier de Malte de minorité du 1er août 1742 : lieutenant général des armées en 1748, chef de brigade des gardes du corps du roi, compagnie d'Harcourt ; marié, le 7 mars 1752, à Marie-Louise Amelot, fille de Jean-Jacques, marquis Amelot de Chaillon et d'Anne de Vougny.

Leurs enfants suivent après ses frères et sœurs.

III. Michel-Marie-François, dit le chevalier de Roncherolles, né le 3 octobre 1719, chevalier de minorité le 17 janvier 1719, tué à la bataille d'Huningue le 27 juin 1848.

IV. Marie-Catherine-Dorothée de Roncherolles, née le 27 septembre 1707 ; mariée : 1º le 13 mai 1728, à François de Rivoire, marquis du Palais, mort sans enfants le 11 juin 1737 ; 2º le 25 mars 1739, à Alexandre d'Orléans, marquis du Rothelin, comte des Deux-Moncy, vicomte de Lavedan, gouverneur du Port-Louis, lieutenant général, mort en 1754, laissant plusieurs enfants, entre autres Marie-Henriette-Dorothée, née le 25 août 1744, mariée, le 24 mai 1762, à Charles-

Armand-Jules, prince de Rohan-Rochefort, né le 29 avril 1729. Elle fut présentée le 30 mai 1762. (La Chesnaye-Desbois, tome XII, page 271.) Dont :

1° Anne-Michelle-Dorothée de Roncherolles, née en avril 1753, mariée, le 28 avril 1772, à Ignace, comte de Montboissier-Beaufort-Canillac, morte en octobre 1844.

2° Gaspard-Michel-Dorothée de Roncherolles, chevalier de Malte de minorité, né le 12 avril 1755, mort sans postérité le 7 août 1812.

III. Anne-Michel-Louis, marquis de Roncherolles, né le 28 septembre 1737, chevalier de Malte de minorité, lieutenant général, chevalier de Saint-Louis et de la Légion d'honneur, mort le 19 septembre 1830. Le 17 juin 1783, il avait épousé Sophie-Élisabeth Daine, née le 13 juin 1763, et morte le 13 juin 1853, dont il eut Théodore-Gaspard-Louis, marquis de Roncherolles, né le 20 mars 1784, chevalier de la Légion d'honneur, colonel d'infanterie. Il avait épousé, le 2 avril 1806, Delphine-Céleste-Adélaïde de Levis-Mirepoix, veuve de Gaspard, comte de Vichy-Saint-Georges, née le 27 janvier 1703, morte le 31 décembre 1861, dont :

1° Berthe, née le 7 février 1807, mariée, le 26 janvier 1829, à Charles-Pierre-Louis de Salignac, marquis de la Mothe-Fénelon; 2° le 23 janvier 1851, à Victor-Auguste, comte du Hamel, préfet, mort le 6 septembre 1870.

2° Aimar-Anne de Roncherolles, né le 25 mars 1808, mort le 13 mai 1809; Alix-Adélaïde, née le 11 avril 1810, mariée, le 17 mai 1838, à Henri-André, comte du Hamel.

3° Enguerrand-Godefroid-Thibault, comte de Roncherolles, né le 21 mai 1813, mort sans postérité le 25 mai 1835.

Cette maison est la seule qui fut conseiller d'honneur de l'échiquier de Normandie.

**RONCIÈRE (CLÉMENT DE LA).** *France.*

D'azur, au chevron d'or, accompagné en chef de deux étoiles d'argent et en pointe d'une colombe du même, tenant en son bec une branche d'olivier de sinople; au chef d'or, chargé d'un dextrochère de gueules et au canton sénestre de gueules, chargé d'un casque de dragon d'or, à la visière de sable.

Cette famille a deux représentants : le comte Émile Clément de la Roncière, chevalier de la Légion d'honneur, commandant et commissaire de la République à Taïti, îles de la Société (Océanie); le baron Adalbert Clément de la Roncière Le Noury, vice-amiral, grand officier de la Légion d'honneur, membre du conseil d'amirauté, à Paris.

Ce dernier a dû ajouter à son nom patronymique celui de Le Noury, par suite de l'adoption que lui a conférée son oncle, le général de division, baron Le Noury.

**RONDET D'AFFIEUX.** *Lyonnais.*

D'azur, au chevron d'or, accompagné en chef de deux étoiles d'argent et en pointe d'une tour d'or.

L'unique représentant du nom, de Rondet d'Affieux, réside au château d'Affieux, par Teignac, département de la Corrèze.

**ROQUANCOURT DE QUERAVEL.** *Bretagne.*

D'azur, à trois pommes de pin d'or.

L'unique représentant du nom, Joseph de Roquancourt de Keravel, officier de la Légion d'honneur, est commissaire adjoint de la marine, à Lorient.

**ROQUE** (de la), *Alias* **ROCQUE** (de la). *Auvergne.*

Haute Auvergne : de la Rocque Cos-Cornut.

Basse Auvergne : de la Rocque de Sévérac.

D'azur, à deux lévriers affrontés d'argent, colletés et bouclés de gueules ; au chef d'argent, à deux *alias*, à trois rocs d'échiquier de sable.

Devise : *Vero Deo et honori.*

Famille jadis puissante par ses possessions en haute et basse Auvergne. Elle a fourni à l'armée un très-grand nombre d'officiers de tous grades, a donné son nom à l'un des régiments et compté neuf comtes admis au chapitre de Brioude, de 1200 à 1667. (Il fallait faire preuve de seize quartiers de noblesse de père et de mère.)

Représentée à ce jour par : Jean-Pierre-Eugène-Édouard, comte de la Roque de Sévérac, fils unique de Jean-François Rolland, chevalier de la Rocque de Sévérac et de dame Eugénie de Genestet de Planhol. Ce dernier, frère de Jean-Pierre, comte de Sévérac, mort à Brioude en 1822, sans autre enfant que Augusta de la Rocque de Sévérac, devenue comtesse de Montgon par son mariage avec Amédée Cordebœuf, comte de Montgon (1830).

Du mariage d'Édouard, comte de la Rocque, avec Jeanne-Ernestine Denier-Malroux (1834), sont nés : Félix, capitaine d'artillerie détaché à Gavres, marié à Joséphine Villesseaux, en 1868 ; Raymond, lieutenant d'artillerie de marine, en station à Taïti ; Emma, fille de Saint-Vincent de Paul ; Marguerite, Eugénie.

**ROQUE** (de la). *France. Languedoc.*

France. D'or, au cœur de gueules ; à deux pommes de pin de sinople, mouvantes du cœur par deux cordons de gueules ; au chef cousu d'argent chargé de trois abeilles de sable.

LANGUEDOC. D'azur, à deux rochers d'argent rangés en fasce.

Sous le nom de la Roque proprement dit on retrouve cinq représentants : le baron Gabriel de la Roque, ancien sous-préfet, au château des Prés, par Saint-Vallier, département de la Drôme ; le baron Joseph de la Roque, à Marseille ; de la Roque, capitaine au 1er de hussards ; l'abbé Adrien de la Roque, chanoine à Autun ; de la Roque, avocat à la cour d'appel, à Paris.

**ROQUE** (DE LA). *Armagnac, Languedoc, Bretagne, Quercy, Anjou, Normandie.*

ARMAGNAC. D'azur, à un sautoir d'or.

LANGUEDOC. D'azur, à trois rocs d'or.

BRETAGNE. D'or, à trois épis de sinople, posés sur une terrasse du même.

QUERCY. De gueules, à trois rocs d'échiquier d'argent.

ANJOU. Écartelé : aux 1 et 4 de gueules, à la tour d'argent ; aux 2 et 3 d'azur, à trois fasces d'or.

NORMANDIE. D'azur, à trois rochers d'argent et une étoile du même en cœur.

Sous le nom générique de la Roque on trouve dix représentants : le comte de la Roque-Ordant, chevalier de la Légion d'honneur, à Jegun, département du Gers ; le vicomte de la Roque-Ordant, à Paris ; le baron de la Roque de Saint-Pregnan, à Paris ; le baron de la Roque, au château de Prés, par Tournon, département de l'Ardèche ; de la Roque, au château de Raterie, par Domfront, département de l'Orne ; de la Roque, chevalier de la Légion d'honneur, à Paris ; de la Roque, à Versailles ; de la Roque, à Paris; de la Roque, officier ministériel, à Gorée, Sénégal.

**ROQUEBEAU.** *France.*
De sable, à trois coquilles d'argent.
Éteinte dans les mâles, cette famille n'est plus représentée que par M<sup>me</sup> la douairière de Roquebeau, à Vendôme, département de Loir-et-Cher.

**ROQUEFEUIL.** *Rouergue.*
Fascé et contre-fascé d'or et de gueules de quatre pièces, chacune des trois premières chargée d'une cordelière posée de l'une en l'autre, et à la pointe de l'écu d'une autre cordelière aussi de l'une en l'autre.
Cette maison qui remonte à Raymond de Roquefeuil, vivant en 1169, est divisée en cinq branches : du Bousquet, de la Salle, de Cahuzac, du Brusquet, de Bars. Cette famille compte un grand nombre de représentants : le marquis Marie-Joseph de Roquefeuil du Bousquet, au château du Bousquet, département de l'Aveyron ; Marie-Joseph-Auguste de Roquefeuil du Bousquet, chevalier de la Légion d'honneur, ancien capitaine aux tirailleurs algériens; Jean-Guillaume-Aymar de Roquefeuil du Bousquet, chevalier de Légion d'honneur, capitaine au 18<sup>e</sup> dragons ; Frédéric de Roquefeuil du Bousquet, chevalier de la Légion d'honneur, inspecteur des eaux et forêts, à Clermont, département du Puy-de-Dôme ; Aymar de Roquefeuil du Bousquet, au château du Bilo, par Tréguier, département des Côtes-du-Nord; Alphonse de Roquefeuil du Bousquet, à Nancy, département de la Meurthe ; Antony de Roquefeuil du Bousquet, au château de Keralio, près Tréguier; Paul-Fulcrand de Roquefeuil de la Salle ; Gaston de Roquefeuil

de la Salle; Gustave de Roquefeuil de Cahuzac, ancien capitaine d'infanterie, à Nancy, département de la Meurthe; Casimir de Roquefeuil de Cahuzac, chevalier de la Légion d'honneur, ancien capitaine au 84ᵉ de ligne; Louis-Félix de Roquefeuil de Cahuzac, chevalier de la Légion d'honneur, conseiller référendaire à la cour des comptes, à Paris; Aymar-Yves de Roquefeuil de Cahuzac, chevalier de la Légion d'honneur, capitaine au 8ᵉ dragons; Aymar de Roquefeuil de Cahuzac, officier de la Légion d'honneur, chevalier de Saint-Louis, ancien colonel d'infanterie, au château de Kergré, près Tréguier; Edmond de Roquefeuil de Cahuzac, au château de Kergré; François de Roquefeuil du Brusquet, élève à l'École militaire de Saint-Cyr; Edmond de Roquefeuil du Brusquet, à Toulouse; Amédée de Roquefeuil de Bars, ancien lieutenant de vaisseau, au château de Kerbiriou, près Morlaix; Ernest de Roquefeuil de Bars, au château de Kerbiriou; François de Roquefeuil de Bars, à Vannes; François de Roquefeuil de Bars, vicaire de Saint-Roch, à Paris.

**ROQUEMAUREL.** *Toulouse.*

D'azur, au chevron d'or; à trois rocs d'échiquier du même mis en pointe; au chef d'argent chargé d'un lévrier de sable, colleté d'argent:

Cette famille a quatre représentants : de Roquemaurel, à Villeneuve-d'Agen; de Roquemaurel, à Toulouse; de Roquemaurel, à Oust, département de l'Ariége; de Roquemaurel, commandeur de la Légion d'honneur, capitaine de frégate, en retraite, à Toulouse.

**ROQUEMONT.** *Montpellier, Montauban.*

Écartelé : au 1 de gueules, à trois fasces d'or; au chef

de gueules chargé d'une roue d'or ; au 2 d'azur, au lion d'or et une bande du même brochante sur le tout ; au 3 de sable, à une ancre d'or ; au 4 d'or, à trois fasces de gueules.

L'unique représentant du nom, de Roquemont, réside à Besançon, département du Doubs.

**ROQUES.** *Toulouse.*

D'azur, à deux rochers d'argent, surmontés en chef d'une étoile d'or.

Cette famille a deux représentants : de Roques de Conques, au château de Buzet, par Bessières, département de la Haute-Garonne ; de Roques d'Orbcastel, médecin, à Toulouse.

**ROQUETTE-BUISSON.** *Toulouse.*

Écartelé : au 1 et 4 coupé : en chef coupé d'argent et d'or, au buisson de sinople en pointe ; au lion issant de sable en chef ; en pointe, d'azur, à trois coquilles d'or, posées deux et une, qui est de Buisson de Beauvoir ; au 2 et 3, de gueules, à la croix cléchée, vidée, pommetée et alezée d'or, qui est de Toulouse, *comme près-parents des feux comtes de Toulouse* (lettres patentes du roi François I$^{er}$ du 11 février 1518, enregistrées en la sénéchaussée de Toulouse, le 25 mai 1519). Sur le tout d'azur, au roc d'échiquier d'or, écartelé d'or, à deux fasces de gueules, qui est de Roquette.

Devise : *Iames arre.*

Cette famille est la descendance directe de Guillaume de Roquette-Buisson, du Languedoc, chevalier, faisant partie de la septième croisade (charte de Damiette 1249), et d'Antoine de Roquette-Buisson, chevalier de Malte, arrière-petit-neveu de Bernard de Roquette-Buisson, bailli de Manosque. Elle est représentée : 1° par Maxime, comte de Roquette-Buisson, baron de Beauville, d'Auriac, de Labastide-Beauvoir, Beauteville, etc., marquis de Bournazel (érection de 1624), ancien représentant à l'Assemblée législative du conseil général de la Haute-Garonne, administrateur des hospices de Toulouse, délégué de la commission des chevaliers de l'ordre de Malte, pour l'exécution de l'obit fondé en l'église de la Dalbade de Toulouse en 1841. (Son père, chevalier de Malte également, était colonel commandant le régiment des chasseurs maltais, député de la Haute-Garonne sous la Restauration et l'un des derniers survivants des chevaliers-présidents de la commission.) Résidence Toulouse, et les châteaux de Varaigne (Aude), Tarabel, Labastide-Beauvoir, les Maurices (Haute-Garonne), Ozon, Ourout-Argelez (Hautes-Pyrénées). 2° Par son fils, le comte Georges de Roquette-Buisson, secrétaire général de la préfecture des Basses-Pyrénées), et par Pierre de Roquette-Buisson, fils du comte Georges. 3° Par son neveu Henri, baron de Roquette-Buisson, Toulouse, château de Magrens, et par Bernard de Roquette-Buisson, fils de ce dernier.

**ROQUIGNY.** *Normandie.*

D'argent, à trois fers de lance émoussés de sable.

De Roquigny, unique représentant du nom, réside au château de Neuf-Châtel, par Samer, département du Pas-de-Calais.

**RORTHAYS.** *Poitou, Bretagne.*

D'argent, à trois fleurs de lis de gueules; à la bordure de sable, chargée de dix besants d'or.

Cette famille a deux représentants : le comte de Rorthays, au château de Hallay, par Montaigu, département de la Vendée; de Rorthays, au château de Beauchère, par Chalonnes-sur-Loire, département de Maine-et-Loire.

**ROSA.** *Alsace.*

D'argent, à un jeune homme de carnation vêtu d'une veste de pourpre, ceint d'une ceinture de gueules, tenant de sa main dextre une rose du même, tigée et feuillée de sinople, la tête couverte d'un bonnet de pourpre, doublé de gueules et posant les pieds sur une terrasse de sinople.

De Rosa, unique représentant du nom, réside à Paris.

**ROSEL DE SAINT-GERMAIN.** *France.*

De gueules, à trois roses d'argent.

Rosel de Saint-Germain, unique représentant du nom, réside au château de Pierres, près Vassy, département du Calvados. Il a deux fils : Théodore et Charles et trois filles.

**ROSELLY DE LORGUES.** *Provence.*

D'azur, au cœur d'or, percé d'une flèche du même ; au chef d'argent, chargé de trois roses de gueules. Couronne : de comte.

Devise : *Vulnerasti cor meum ros cœli.*

Originaire d'Arezzo, en Toscane, venue de Naples en Provence, vers 1442, cette famille est représentée par Antoine-François-Félix, comte de Roselly de Lorgues, officier de la Légion d'honneur, à Paris.

**ROSIÈRES.** *Touraine, Lorraine.*

D'or, à deux léopards d'azur l'un sur l'autre, armés

et lampassés de gueules, celui de la pointe contourné ;
à la bordure engrêlée de gueules.

D'ancienne noblesse, cette famille qui remonte à
Alphonse de Rosières, qualifié chevalier dans une transaction de l'an 1260, est représentée par de Rosières,
receveur particulier à Châteaubriant, département de
la Loire-Inférieure.

**ROSIERS.** *Auvergne.*

D'argent, à une fasce de gueules.

Établie en Provence, cette famille est représentée
par de Rosiers, à Aix, département des Bouches-du-Rhône.

**ROSLIN DE FOUROLLES.** *Normandie.*

D'azur, au lion d'or, lampassé et armé de gueules ;
écartelé d'argent au chevron de gueules, accompagné
en chef de deux trèfles de sinople, et en pointe d'une
étoile de gueules.

Roslin de Fourolles, unique représentant du nom,
est notaire à Saint-Sauveur-en-Puisaye, département
de l'Yonne.

**ROSMORDUC** (LE GENTIL DE). *Bretagne, Normandie.*

D'azur, au serpent ailé d'or.

Le Gentil de Rosmorduc, officier de la Légion d'honneur, est chef d'escadron d'état-major.

**ROSNY.** *Ile-de-France.*

D'or, à deux fasces de gueules.

Léon de Rosny, unique représentant du nom, sans
fonctions et sans titre, réside à Paris.

**ROSNYVINEN DE PIRÉ.** *Bretagne.*

D'or, à la hure de sanglier de sable, arrachée de gueules, défendue d'argent. *Alias*, à la bordure engrêlée de gueules.

Le marquis de Rosnyvinen de Piré, chevalier de la Légion d'honneur, unique représentant du nom, député de l'Ille-et-Vilaine, a sa résidence à Paris.

**ROSSARD DE MIANVILLE.** *Orléanais.*

D'azur, au chevron d'or, accompagné de trois glands du même, posés 2 et 1.

Rossard de Mianville, unique représentant du nom, était substitut du procureur de la République, à Paris.

**ROSSET DE TOURS.** *Provence.*

De gueules, diapré d'or, à la bande d'azur, chargée d'un barbeau d'or, tenant dans sa gueule une croix recroisetée, au pied fiché du même.

Rosset de Tours, chevalier de la Légion d'honneur, unique représentant du nom, était conseiller de cour impériale, à Chambéry, département de la Savoie.

**ROSSET.** *Dauphiné.*

D'azur, à trois trèfles d'or.

De Rosset, comte de Létourville, chef de nom et d'armes, à Paris, a, de son mariage avec Noémi d'Osnoy, trois fils et une fille.

**ROSSI.** *Bretagne.*

D'or, à l'aigle impériale de sable, chargée sur la poitrine d'un écu d'azur; au lion d'or, couronné du même, tenant de la patte dextre une rose d'argent, tigée et feuillée de sinople.

Cette famille a pour unique représentant le comte de Rossi, à Passy, près de Paris.

**ROSTAING.** *Forez*.

D'azur, à une fasce en devise d'or; à une roue de huit rais du même en pointe.

Cette famille a deux représentants : le marquis de Rostaing, chef de nom et d'armes, à Montbrison, département de la Loire, qui a un fils.

**ROSTAING.** *Vivarais, Dauphiné*.

D'or, au lion de gueules ; au chef d'azur, chargé d'une roue d'or.

Originaire de Liviers, paroisse de Lias, mandement de Tournon-les-Privas, en Vivarais, cette famille remonte par titres à Pierre de Rostaing, qui obtint, en 1304, une sentence confirmative de sa noblesse et des priviléges dont ses ancêtres et lui avaient joui.

Le représentant du nom, marquis Henri de Rostaing, réside à Paris.

**ROSTAING.** *Bugey*.

De gueules, au lion d'or; au chef cousu d'azur, à une roue d'or.

Cette famille a trois représentants : le baron Alphonse de Rostaing, au château d'Ameyzieu, près Talissieu, département de l'Ain ; Édouard de Rostaing, commandeur de la Légion d'honneur, ancien capitaine de vaisseau, et son fils, Hugues de Rostaing, à Montbrison.

**ROSTAING.** *Vivarais, Dauphiné*.

D'or, à la bande de sinople, chargée de trois merlettes du champ, accompagnée de deux croissants de gueules, l'un en chef, l'autre en pointe ; au chef de gueules chargé d'une roue d'or.

Charles de Rostaing et son fils, représentants du nom, résident à Valence, département de la Drôme.

**ROSTAING DE LA VALUSE.** *Dauphiné, Viennois.*

Coupé : au 1 d'or, au lion naissant de gueules; au 2, de pourpre.

Victor Rostaing de la Valuse et ses deux fils, représentants du nom, résident au château de Jarcieu, par Beaurepaire, département de l'Isère.

**ROSTAING DE RIVAS.** *Bretagne.*

D'azur, à la roue d'or, surmontée d'une fasce du même.

Rostaing de Rivas, représentant du nom, est médecin, à Nantes, département de la Loire-Inférieure.

**ROSTANG.** *Provence.*

De gueules, à l'étoile à seize rais d'or.

L'unique représentant du nom, de Rostang, commandeur de la Légion d'honneur, est intendant militaire, à Paris.

**ROTH DE PONGILOCK.** *France.*

Parti : de gueules et d'argent, à une colonne d'argent brochant sur le parti, adextrée à une licorne rampante et contournée d'argent, sénestrée d'un lion d'or, couronné du même, le col de la licorne percé d'une flèche d'or, en fasce, contournée ; le tout soutenu d'une terrasse de sinople, brochant sur le parti.

Le baron de Roth de Pongilock, unique représentant du nom, réside au château de Thillombois, par Pierrefitte, département de la Meuse.

**ROTHIACOB.** *Touraine.*

Écartelé de gueules et d'argent.

L'unique représentant du nom, baron de Rothiacob, est directeur des contributions indirectes, à Laon, département de l'Aisne.

**ROTHSCHILD.** *France.*

Écartelé : au 1 d'or, à l'aigle éployée de sable ; au 2 et 3 d'azur, au bras de carnation issant de sénestre et tenant cinq flèches d'argent ; au 4 d'or, au lion de gueules ; sur le tout de gueules, au bouclier arrondi d'argent et ayant une pointe au centre.

Les titres de noblesse de cette famille sont la juste récompense de son génie et de son labeur. Elle a donné l'impulsion et la vie aux branches les plus fécondes et les plus utiles de l'activité humaine, dans les temps modernes. On lui doit cette justice de dire qu'elle a puissamment contribué aux progrès de la civilisation.

Elle a trois représentants : le baron James de Rothschild, grand officier de la Légion d'honneur ; le baron Gustave de Rothschild ; le baron Alphonse de Rothschild, tous trois à Paris.

**ROTON.** *Lorraine.*

D'azur, à deux cotices d'argent, accompagnées en chef, à dextre, de trois coquilles du même rangées en pal.

Cette famille a deux représentants : de Roton, chevalier de la Légion d'honneur, capitaine en retraite, à Verdun, département de la Meuse ; de Roton, juge à Épinal, département des Vosges.

**ROTOURS** (DES). *Normandie.*

D'azur, à trois besants d'argent, posés 2 et 1.

Alliée aux plus belles familles de Flandre, cette famille a deux représentants : le baron des Rotours de Chaulieu, chef de nom et d'armes, ancien député, au château de Chaulieu, par Sourdeval, et au château de Montbray, par Saint-Sever (Manche) ; le baron Robert-Eugène des Rotours, chevalier de la Légion d'honneur, député du Nord, au château d'Avelin, département du Nord, qui a un fils, Raoul-Gabriel des Rotours.

**ROTROU.** *Ile-de-France.*

De gueules, au chevron d'or, accompagné en chef de deux molettes à six rais d'argent, et en pointe d'une rose aussi d'argent.

Très-ancienne et citée dans l'*Histoire du Perche*, qui fait mention de trois seigneurs du nom de Rotrou, princes souverains aux XI$^e$ et XII$^e$ siècles, de ce pays et de quelques provinces voisines, cette famille a deux représentants : de Rotrou, chevalier de la Légion d'honneur, maire à Montreuil-sur-Bois, département de la Seine ; Léon de Rotrou, agent consulaire, à Chieti-et-Pascara, Italie.

**ROUALLE.** *Normandie.*

D'azur, à trois croix d'argent, posées 2 et 1.

L'unique représentant du nom, de Roualle, réside au château de Saint-Crepin, près Soissons, département de l'Ain.

**ROUAULT.** *Bretagne.*

D'argent, au croissant de sable, accompagné de trois macles du même.

L'unique représentant mâle du nom est Rouault de Coesquelan, médecin à Rennes. La famille est également représentée par M^me la douairière de Rouault de Livoudray, à Rennes.

**ROUBIN.** *Anjou, Provence et Languedoc.*

D'azur, à trois coquilles d'or, posées 2 et 1 ; au soleil naissant, cantonné à dextre.

Ancienne famille originaire de l'Anjou, venue en Provence au xv$^e$ siècle avec le roi Renée et établie en Languedoc au xvii$^e$ siècle.

Cette famille descend en ligne directe du poëte Gilles de Roubin, qui vivait au xvii$^e$ siècle.

Elle se compose aujourd'hui de trois branches, dont les représentants sont : le baron Raphaël de Roubin, chevalier de la Légion d'honneur, ancien membre du conseil général du Gard, résidant au château de Montalivet, près Villeneuve-les-Avignon (Gard) ;

La baronne de Roubin, née de Sommery, veuve du baron Henri de Roubin, officier de la Légion d'honneur, chevalier de Saint-Louis et ancien officier supérieur dans les dragons de la garde royale. Elle réside actuellement à Versailles ;

Jules de Roubin, ancien garde d'honneur, ancien officier d'infanterie, résidant actuellement à Villeneuve-les-Avignon (Gard).

*Provence.*

D'argent, au chevron de gueules, accompagné en chef de deux étoiles d'azur et en pointe d'une canette de sable.

Le comte de Roubion, unique représentant du nom, réside à Nice.

**ROUCHER D'AUBANEL.** *Poitou.*

De gueules, au besant d'or, accompagné de quatre merlettes d'argent, deux en chef et deux en pointe.

Cette famille a deux représentants : Roucher d'Aubanel, médecin à la Fère-en-Tardenois, département de l'Aisne; Adolphe Roucher d'Aubanel, chevalier de la Légion d'honneur, lieutenant de vaisseau.

**ROUCHET DE CHAZOTTE-CARRIÈRE** (du). *Vivarais.*

D'azur, à la croix d'or, bordée de sable, cantonnée de quatre étoiles d'argent.

Le chef de nom et d'armes, Louis du Rouchet de Chazotte-Carrière, au château de Chazotte, par Arlebosc, département de l'Ardèche, a épousé le 28 septembre 1834, Marie-Charlotte-Alix de Plantin de Villeperdrix, dont il a eu deux enfants, Ferdinand et Louise. Un autre représentant du nom, Paul, réside au château de Romanceau, par Saint-Félicien, département de l'Ardèche.

**ROUCOUS.** *Toulouse.*

De gueules, au mont componé d'argent et de sinople, sommé de deux colombes se becquetant d'argent; au chef cousu d'azur, chargé d'un croissant d'argent, accosté de deux étoiles d'or.

Cette famille a trois représentants : Roucous de Saint-Amans, baron d'Is, à Toulouse; Roucous de Saint-Amans, curé de l'Ardenne, près Toulouse; Roucous de Saint-Amans, au château de Saint-Amans, département de l'Aude.

**ROUCY.** *Picardie, Champagne.*

D'or, au lion d'azur.

Cette famille a trois représentants : Albert de Roucy, chevalier des ordres de la Légion d'honneur et des saints Maurice et Lazare, président du tribunal civil de Compiègne, département de l'Oise ; Paul de Roucy, au château d'Abbaye, à Monchy-Humières, département de l'Oise ; Adrien de Roucy, au château de Morlincourt, département de l'Oise.

**ROUGANE.** *Auvergne, Bourbonnais.*

Tranché d'or et de gueules ; à deux roues de l'un en l'autre, posées l'une sur l'autre.

Représentée par Félix Rougane, colonel du génie à Clermont-Ferrand, département du Puy-de-Dôme ; Martial Rougane, au château de Lempdes, département du Puy-de-Dôme ; Léon Rougane, au château de Gléné, département de l'Allier ; Honoré-Camille Rougane de Bel-Esbat, au château de Bel-Esbat, par Aigueperse, département du Puy-de-Dôme.

La branche de Bel-Esbat porte écartelé : aux 1 et 4 tranché d'or et de gueules, à deux roues de l'un en l'autre et posées l'une sur l'autre ; au 2 et 3 d'or, à la croix d'azur, cantonnée de quatre ombres de soleil de gueules.

**ROUGÉ.** *Bretagne, Anjou.*

De gueules, à la croix pattée d'argent.

Convoquée aux États de la Bretagne, cette famille a sept représentants : Henri-Victurnien, marquis de Rougé, au château de Moreuil, département de la Somme ; le marquis de Rougé du Plessis-Bellière, à Paris ; le comte Armel de Rougé, à Paris ; le comte Adolphe de Rougé, officier de la Légion d'honneur, qui a son domicile d'été au château de Bois-Dauphin, à

Precigné, département de la Sarthe, et son domicile d'hiver à Paris; le comte Félix de Rougé, à Paris; le vicomte de Rougé, chevalier de la Légion d'honneur, membre de l'Institut, auditeur au conseil d'État, à Paris.

**ROUGÉ** (Bonabès de). *France.*

De gueules, à la croix pattée d'argent; au bâton d'azur brochant sur le tout.

Le comte Bonabès de Rougé et le vicomte de Bonabès de Rougé, résident à Paris.

**ROUGEMONT.** *Franche-Comté, Champagne, Bugey, Bourbonnais.*

Franche-Comté, Champagne. D'or, à l'aigle de gueules, becquée, membrée et couronnée d'azur.

Bugey, Bourgogne. De gueules, au lion d'or.

Cette famille a trois représentants : Alfred de Rougemont, à Paris; Robert de Rougemont, chevalier de la Légion d'honneur, commissaire de l'inscription maritime, à Cette, département de l'Hérault; de Rougemont, chevalier de la Légion d'honneur, ingénieur, à Alger.

**ROUGET.** *Guyenne, Gascogne.*

D'or, à trois rougets de gueules en pal, posés 2 et 1.

L'unique représentant du nom réside au château de Nievale, par Villeneuve, département de l'Aveyron.

**ROUGRAVE.** *Lorraine.*

D'or, parti de gueules.

Le comte de Rougrave, unique représentant du nom, vit éloigné de toute fonction publique, à Paris.

**ROUHER DE JULLIAC.** *Soissonnais.*

D'azur, à l'agneau pascal d'argent, accompagné de trois coquilles du même, deux en chef et un en pointe.

Rouher de Julliac, unique représentant du nom, sans fonctions et sans titre, réside au château de Cerbué, par Perreux, département de la Loire.

**ROUIL (DU).** *Normandie.*

De gueules, à une demi-fasce d'argent mouvante de dextre, chargée de trois mouchetures de sable, et un demi-chevron du second émail à sénestre ; le tout accompagné de trois fers à cheval d'or.

Éteinte dans les mâles, cette famille est représentée par M$^{me}$ la douairière du Rouil, au château de Saint-Agnan, par Courtomer, département de l'Orne.

**ROUILLAC DU VIC.** *France.*

D'or, à trois fasces de gueules.

Rouillac du Vic, unique représentant du nom, réside au château de Mardaloux, par Aixe, département de la Haute-Vienne.

**ROUILLÉ.** *Gascogne.*

D'azur, au chevron d'argent.

L'unique représentant du nom de cette famille, originaire de Normandie, de Rouillé, vit éloigné de toute fonction publique, à Auch, département du Gers.

**ROUILLÉ D'ORFEUIL.** *Normandie, Ile-de-France.*

D'azur, au chevron d'or, accompagné en chef de deux roses naturelles d'argent, tigées et feuillées du même, et en pointe d'un croissant d'argent.

Naguère encore représentée en Belgique par le comte

de Rouillé, officier de l'ordre de Léopold, officier supérieur de cavalerie sous Napoléon Iᵉʳ, sénateur, mort à Bruxelles, cette famille a pour unique représentant de Rouillé d'Orfeuil, chevalier de la Légion d'honneur, qui a sa résidence d'été au château de Voisenon, département de Seine-et-Marne, et sa résidence d'hiver à Paris.

**ROUJOUX.** *Bretagne.*
D'argent, à l'écrevisse de gueules.
Cette famille a trois représentants : le baron de Roujoux, commandeur de la Légion d'honneur, inspecteur en chef de la marine, à Paris, qui a un fils, André de Roujoux ; Constant-Calixte de Roujoux, commandeur de la Légion d'honneur, général de brigade ; Hippolyte de Roujoux, officier de la Légion d'honneur, capitaine de frégate.

**ROULHAC.** *Guyenne.*
D'azur, au chevron d'or, accompagné en chef de trois étoiles mal ordonnées du même, et en pointe d'un croissant d'argent.
Cette famille a quatre représentants : de Roulhac, au château de Puy-Faucher, par Saint-Léonard ; de Roulhac, ancien sous-préfet, à Brives, département de la Corrèze ; Laurent Roulhac de Rochebrune, chevalier de la Légion d'honneur, lieutenant de vaisseau ; Charles Roulhac de Rochebrune, commis de marine.

**ROULIN.** *Normandie.*
D'argent, à une bande de gueules, chargée d'une licorne d'or.
Cete famille a deux représentants : Roulin de Ral-

laye, à Rennes ; Roulin de Comarques, receveur des douanes, à Sarre, département des Basses-Pyrénées.

**ROUP DE VARICOURT.** *Bourgogne.*
D'or, à un rabot de menuisier de sable.
Cette famille, dont nous n'avons que les armes, est représentée par Roup de Varicourt, au château de Verseguin, par Fernay, département de l'Ain.

**ROUQUAIROL.** *Languedoc.*
D'azur, au rocher d'argent, surmonté d'un soleil issant de la dextre et dardant ses rayons sur le rocher ; au chef d'argent, chargé de trois rosaces de gueules ; l'écu sommé d'une couronne de comte.
Cette famille a deux représentants : Maxime-Paul de Rouquairol, président du tribunal civil de Bastia, à Narbonne ; Charles-Louis-Joseph de Rouquairol.

**ROURE** (DU). *Bourgogne, Vivarais, Languedoc, Provence.*
D'argent, au chêne de sinople, englanté d'or.
Devise : *Ferme en tout temps.*
Claude du Roure, vivant au commencement du XVIᵉ siècle, possédait dans le Vivarais un château de son nom. Sa descendance est représentée par le marquis du Roure, au château de Mas, par Brioude, département de la Haute-Liore. Elle est également représentée par le baron du Roure, au château de Barbegal, par Arles, département des Bouches-du-Rhône.

**ROUS DE LA MAZELIÈRE.** *Dauphiné.*
D'azur, au lion d'argent.
Originaire du duché de Parme, connue dès le XIVᵉ siècle et titrée de marquis de la Mazelière, cette

famille est représentée par deux frères : Antoine, né en 1864; Olivier, né en 1865. Résidences : Paris et Embrun.

### ROUSSEAU (DU). *Angoumois.*

De gueules, au chevron d'argent, accompagné de trois besants du même. — De gueules, au chevron d'or, accompagné de trois besants du même ; au chef d'argent, chargé de trois losanges du champ.

Divisée en deux branches, cette famille a neuf représentants : du Rousseau, marquis de Fayolle, au château de Fayolle-Dordogne, par Trocagne-Saint-Apre, département de la Dordogne ; du Rousseau, comte de Fayolle, trésorier de la Société hippique, à Périgueux, même département ; Louis du Rousseau de Fayolle, officier de la Légion d'honneur, lieutenant de vaisseau; du Rousseau de Fayolle, chevalier de la Légion d'honneur, chef d'escadron d'artillerie ; du Rousseau de Fayolle, au château de Colombiers, par Lusignan, département de la Vienne ; du Rousseau de Fayolle, juge de paix à Saint-Haon-le-Châtel, département de la Loire ; du Rousseau de Fayolle, médecin à Rauzan, département de la Gironde ; Alain-Thibault du Rousseau de Ferrières et Léon-Pierre du Rousseau de Ferrières, frères.

### ROUSSEAU DE LA BROSSE. *France.*

Écartelé : au 1 d'or, au lion d'azur, armé, lampassé et couronné de gueules, qui est de Rousseau ; aux 2 et 3 d'azur, à trois canettes d'argent, nageantes sur une rivière de sinople, accompagnées de cinq étoiles d'argent posées en chef 3 et 2, qui est de Jaunay ; au 4 d'or, à la fasce d'azur, chargée de trois gerbes d'or, qui est de Vernon.

Cette famille a quatre représentants : Charles-Joseph-Édouard Rousseau de la Brosse, chef de nom et d'armes, au château de Varennes, par Saint-Georges-sur-Loire, département de Maine-et-Loire ; Lionel, James et Edgar du Rousseau de la Brosse.

**ROUSSEL.** *Bretagne.*

D'argent, au lion de gueules ; au chef de sable, chargé de trois coquilles d'argent.

De Roussel, officier de la Légion d'honneur, unique représentant du nom, est ingénieur de la marine.

**ROUSSELIÈRE.** *France.*

D'argent, au sautoir dentelé de gueules, cantonné de quatre roses du même, barbées de sinople.

De la Rousselière, officier de la Légion d'honneur, unique représentant du nom, est ancien préfet de l'Ariége, à Foix.

**ROUSSELIÈRE** (MAJOU DE LA). *Poitou.*

La notice que nous avons publiée sur la famille Majou de la Débutrie, tome VI, page 24, ne mentionne point l'origine de sa noblesse, et nous devons la compléter, afin qu'il n'y ait pas d'erreur sur son importance et son ancienneté.

La généalogie de la famille Majou de la Débutrie remonte, sur pièces authentiques et sans interruption, à René Majou de la Morinière, seigneur de Sigournay (en Poitou), marié en 1570.

En 1690, on trouve dans l'*Armorial* manuscrit, volume traitant des généralités du Poitou, sur la liste des feuilles armoriées, faite par ordre de Louis XIV (en 1698), Samuel Majou de Grandchamp, à Sigournay en Poitou, arrière-petit-fils de René Majou de la Morinière. Il porte pour armes : de gueules à une rose d'or accompagnée, en chef, de deux rocs d'échiquier d'argent.

Il en ressort que les titres de noblesse reçus en 1817 par la famille Majou de la Débutrie ne sont venus que remplacer ceux qu'elle avait perdus.

**ROUSSELIN.** *France.*

D'or, à trois fasces de sable. Supports : deux corbeaux.

Devise : *Nil nisi virtute.*

Marie-Philibert-Hortensius Rousselin, comte de Corbeau de Saint-Albin, conseiller à la cour d'appel, à Paris, chef de nom et d'armes de sa famille, a sa résidence d'été au château de Chevain, département de la Sarthe. Il a un frère, Louis-Philippe Rousseau, vicomte de Corbeau de Saint-Albin.

**ROUSSET** (DU). *France.*

D'azur, à deux chevrons d'or, accompagnés de trois étoiles du même.

L'unique représentant du nom, du Rousset, est notaire à Paris.

**ROUSSILLON.** *France.*

De gueules, à l'aigle d'argent. — Échiqueté d'or et d'azur.

L'unique représentant du nom, de Roussillon, réside au château de Vergne, par Aubusson, département de la Creuse.

**ROUSSY.** *France.*

D'azur, à la licorne d'or ; au chef de gueules.

Cette famille a deux représentants : de Roussy, officier de la Légion d'honneur, directeur de la comptabilité aux finances, à Paris ; de Roussy, à Paris.

**ROUSSY DE SALLES.** *France.*

Écartelé : aux 1 et 4 d'azur, à la licorne d'argent sur une terrasse de sinople ; au chef d'or ; aux 2 et 3 d'azur, à deux fasces d'or, bordées d'une trangle de gueules chacune ; l'azur chargé en chef d'un croissant montant et en abîme, et en pointe d'une étoile, le tout d'argent.

Cette famille a deux représentants : le marquis François de Roussy de Salles, à Tours ; le comte de Roussy de Salles, officier de la Légion d'honneur, conseiller général, à Thorens, département de la Haute-Savoie.

**ROUVERAYE** (DE LA). *Normandie.*

D'azur, à trois mains sénestres d'argent.

Cette famille a trois représentants : de la Rouveraye, au château de Lortier, par Livarot, département du Calvados ; de la Rouveraye, chevalier de la Légion d'honneur, au château d'Andeville, par Meru, département de l'Oise ; de la Rouveraye, maire de Saint-Nicolas-de-Sommaire, par la Ferté-Frenel, département de l'Orne.

**ROUVES.** *France.*

De sable, à deux fasces d'or, celle du chef surmontée de deux coquilles du même.

De Rouves, unique représentant du nom, réside à Chartres, département d'Eure-et-Loir.

**ROUVIERES.** *Lyonnais.*

D'azur, à la colombe d'argent, s'essorant sur une

rivière du même ; au chef d'or, chargé de trois étoiles de gueules.

De Rouvières, unique représentant du nom, ancien colonel du génie, réside à Avignon.

**ROUVILLE.** *Lyonnais.*

D'azur, au chevron d'or, chargé sur la pointe d'une coquille de gueules ; accompagné en chef de deux croix ancrées d'or, et en pointe d'une gerbe du même.

Issue de Pierre Fierra, comte d'empire, l'un des généraux de l'empereur contre le roi de Bohême, lequel vint s'établir à Mantoue, en 1293, cette famille, naturalisée en France et qui emprunte son nom au château fort, avec tour crénelée, donjon, fossé et pont-levis, et droits de haute, moyenne et basse justice, situé sur une côte qui termine la Beauce du côté du Gâtinais, a trois représentants : le comte de Rouville, à Paris; de Rouville, professeur à la Faculté des sciences, à Montpellier, département de l'Hérault; de Rouville, payeur aux finances, à Clermont-Ferrand, département du Puy-de-Dôme.

**ROUX.** *Provence.*

D'azur, à trois lis de jardin au naturel, sortant d'une terrasse de sinople, mouvants de la pointe de l'écu et surmontés d'un soleil d'or. Couronne : de comte.

Devise : *Illustrat nos sola fides.*

Issue de Pierre de Roux, qui suivit Charles d'Anjou à la conquête du royaume de Naples, cette famille, qui se divise en deux branches, a plusieurs représentants : Jean-Baptiste-Antoine-Albert-Marie, baron de Roux, au château de Servières-Saint-Joseph, près Marseille, chef de nom et d'armes. Il a trois frères et une sœur : Ignace-Henri; Ernest-Raymond-Marie;

Maxence-Charles-Marie ; Marie-Eulalie-Nathalie, à Marseille et à Paris.

La seconde branche a trois représentants : François, Héliodore et Thomas de Roux, à Marseille.

**ROUX** (DE ou LE). *Picardie, Bourgogne, Bretagne, Normandie, Lyonnais, Paris, Provence, Languedoc.*

PICARDIE. D'or, au lion de sable, armé et lampassé de gueules, adextré de trois roses aussi de gueules, posées entre les jambes.

BOURGOGNE. D'or, à quatre pals de sinople.

BRETAGNE. D'argent, à trois coquilles de sable. — D'argent à une channe ou marmite de sable, accompagnée en chef d'un lambel de gueules.

NORMANDIE. D'azur, au chevron d'argent, accompagné de trois têtes de léopard d'or, deux en chef, une en pointe.

LYONNAIS. D'argent, au chevron d'azur, accompagné de trois roses de gueules.

PARIS. D'azur, au chevron d'argent, soutenant un croissant de gueules et accompagné de trois roues de gueules.

PROVENCE. Coupé : au 1 d'azur, à deux chevrons d'or, accompagnés de trois besants d'argent ; au 2 d'or, à un arbre de sinople, mouvant de la pointe. — D'argent, à la bande d'azur, appuyée sur une terrasse de sable et soutenant un lion passant de gueules ; au chef d'azur chargé de trois molettes d'or.

LANGUEDOC. D'azur, à deux triangles d'argent, mouvants des flancs et appointés en cœur.

Sous le nom générique de le Roux ou de Roux, on trouve en France quinze représentants : de Roux, au château de Chambrun, par Montembeuf, département de la Charente ; de Roux de Clansayes, à Paris ; le Roux de Commeguiers, au château de Grilland, par Nantes, département de la Loire-Inférieure ; le Roux de Frayssinet, au château de Reynarde, par Marseille ; le Roux de Joffrenot de Montlebert, chevalier de la Légion d'honneur, chef d'escadron au 9e d'artillerie ; le Roux de Lincy, chevalier de la Légion d'honneur, archiviste, à Paris ; le Roux de Montagnères, maire à Étoile, département de la Drôme ; le Roux de Puisieux, au château de Puisieux, par Bucquoy, département du Pas-de-Calais ; le Roux, marquis de Puyvert, à Paris ; le Roux de Reillac, à Piégut-Pluviers, département de la Dordogne ; le Roux de Reillac, au château de Château-Rocher, à Saint-Mathieu, département de la Haute-Vienne ; Alcide le Roux de Reillac, à Larochefoucault, département de la Charente ; Alcide le Roux de Reillac ; le Roux des Marrans, à Issoire, département du Puy-de-Dôme ; le Roux de Salvert, au château de Barre, par Lusignan, département de la Vienne.

**ROUX DE BRETAGNE (LE).** *France.*

De gueules, au lion d'or, armé et lampassé du même ; à la bande d'azur chargée de trois étoiles d'argent, brochant sur le tout.

Cette famille a cinq représentants : Auguste le Roux de Bretagne, officier de la Légion d'honneur, conseiller à la cour de cassation, à Paris ; Auguste-Joseph le Roux de Bretagne, procureur de la République à Béthune, département du Pas-de-Calais ; Paul le Roux de Bretagne, sous-chef au département de l'intérieur, à Paris ; le Roux de Bretagne, au château de Mortagne, département du Nord ; l'abbé le Roux de Bretagne, vicaire de la paroisse de Sainte-Clotilde, à Paris.

**ROUX DE MONBEL.** *Languedoc.*

De gueules, à six mouchetures d'hermines d'argent.

Le baron de Monbel, unique représentant du nom, vit éloigné de toute fonction publique, à Toulouse.

**ROUXEL DE LESCOUET.** *Bretagne.*

D'azur, à trois roussettes ou chiens de mer d'argent.

Cette famille a deux représentants : Rouxel de Lescouet, chevalier de la Légion d'honneur, au château de Tronjoly, par Gourin, département du Morbihan ; Rouxel de Lescouet, à Napoléonville, même département.

**ROUXEAU** ou **ROUSSEAU DE ROSENCOAT** (LE). *Bretagne.*

D'azur, à trois soleils d'or : au croissant du même en abîme.

Cette famille a deux représentants : le Rouxeau de Rosencoat, officier de la Légion d'honneur, capitaine de vaisseau ; le Rouxeau de Rosencoat, conseiller général, à Rosparden, département du Finistère.

**ROUXELIN.** *Normandie.*

Parti : au 1 d'or, au sauvage de sable, tenant une massue de gueules, qui est de Rouxelin ; au 2 d'azur, chargé d'une plante de lis à trois tiges d'or, mouvante d'une terrasse de sinople ; au chien braque couché, d'argent, accolé d'or, brochant sur le tout.

L'unique représentant du nom, de Rouxelin de Formigny de la Londe, membre de plusieurs sociétés savantes, réside à Caen.

**ROUYER DE LA ROCHETTE.** *Lorraine.*

Parti : au 1 de gueules, à la voilure d'or, attachée à son antenne en bande ; au 2 d'azur, à trois tentes d'or, ouvertes de gueules, accompagnées de huit croisettes, posées trois en chef, deux au milieu, trois en pointe ; à la rose de quatre feuilles d'or, brochante en cœur sur le parti.

Cette famille a pour unique représentant le Rouyer de la Rochette, attaché à l'administration des lignes télégraphiques, à Paris.

**ROUZIER**, aujourd'hui **ROUSIERS**. *Limousin.*

D'argent à trois roses de gueules, tigées et feuillées de sinople.

Ce nom ayant été altéré lors de la Révolution et s'écrivant Rouzier, a été rétabli dans son orthographe véritable, Rousiers, par jugement du tribunal civil de Confolens, en date du 15 juillet 1859.

La famille a trois représentants : de Rousiers, ancien directeur des contributions directes ; de Rousiers, officier de la Légion d'honneur, ancien capitaine de frégate ; Gaston de Rousiers, docteur en droit. — Différentes résidences, toutes par Confolens, département de la Charente.

**ROVIRA.** *France.*

D'azur, au pal d'argent, accosté de deux lions opposés d'or.

L'unique représentant du nom, Henri de Rovira, réside à Perpignan.

**ROY DE BOISEAUMARIÉ** (le). *Normandie.*

D'azur, au chevron de gueules, accompagné en chef, à dextre, d'une tour crénelée et démantelée ; à sénestre, d'une balance ; en pointe, d'un livre ouvert ; au canton tiré du Sénat.

Ernest, baron Le Roy de Boiseaumarié, grand officier de la Légion d'honneur, et d'autres ordres étrangers, unique représentant du nom, ancien sénateur, ancien préfet des Landes, préfet de la Seine-Inférieure, réside à Paris.

**ROY** (LE). *Normandie, Poitou, Paris, Languedoc.*

NORMANDIE. D'argent, à trois merlettes de sable, posées 2 et 1. — De sable, à trois chevrons d'argent ; à la fasce de gueules brochant sur le tout.

POITOU. D'azur, à un sceptre d'or.

PARIS. Écartelé : aux 1 et 4 d'argent, à la croix de Jérusalem d'or ; aux 2 et 3 de sinople, à l'écusson de gueules en abîme, chargé d'une feuille de houx d'argent et renfermé dans une orle d'or.

LANGUEDOC. De gueules, au roc d'échiquier d'or ; au chef cousu d'azur, chargé de trois trèfles du second.

Sous le nom générique de le Roy, on trouve treize représentants : le marquis Le Roy-Dubourg, au château de Prie, à la Fermeté, par Saint-Benin-d'Azy, département de la Nièvre ; le Roy-Dubourg, à Courtonne, département de l'Orne ; le Roy des Acres, médecin à Domfront, département de l'Orne ; le Roy des Barres, percepteur à la Roï, par Saint-Aignan, département de la Mayenne ; le Roy des Barres, chirurgien à Saint-Denis, département de la Seine ; le Roy de la Brière, chevalier de la Légion d'honneur, receveur général à Napoléon-Vendée, département de la Vendée ; le Roy de Curzon, au château de Presles, par Contres, département de Loir-et-Cher ; le Roy d'Étiolles, médecin à Paris ; le Roy de Keraniou, commissaire de police à Paris ; le Roy de Lanauze, maire à Montignac, par Lauzun, département de Lot-et-Garonne ; le Roy de Lanauze, officier de la Légion d'honneur, lieutenant-colonel au 13ᵉ dragons ; le Roy de Mouville, à Cognac, département de la Charente ; le Roy de Saint-Arnaud, commandeur de la Légion d'honneur, ancien sénateur, à Paris.

### ROY DE BRÉE (LE). *Normandie.*

D'azur, à trois roses de gueules, boutonnées d'or.

Le Roy de Brée, unique représentant du nom, est receveur général des douanes à Granville, département de la Manche.

### ROY DE CHAVIGNY (LE). *Touraine.*

Écartelé : aux 1 et 4 d'argent, à la bande de gueules ; aux 2 et 3 échiqueté d'or et d'azur ; à la bordure de gueules.

Cette famille a trois représentants : Charles le Roy de Chavigny, au château de Villeneuve, département de l'Allier ; Ernest le Roy de Chavigny, à Moulins, même département ; Frédéric le Roy de Chavigny, à Moulins.

### ROY DE LEUCHÈRES (LE). *Angoumois.*

D'argent, à la bande de gueules.

Le Roy de Leuchères, unique représentant du nom, réside au château de Breuil, par Châteauneuf, département de la Charente.

### ROY DE VILLE (LE). *Brabant.*

Écartelé : aux 1 et 4 d'azur, au chevron d'argent, accompagné en chef de deux fleurs de lis du même, et en pointe d'un râteau d'or penché à dextre ; aux 2 et 3 d'azur, à trois brosses d'or.

Cette famille a pour unique représentant le comte le Roy de Ville, à Paris.

**ROY** (LE). *France, Provence, Bourgogne.*

FRANCE. D'azur, à la croix alésée d'or, accompagnée de deux merlettes d'argent, l'une en chef du côté dextre, l'autre en pointe du côté sénestre.

PROVENCE. D'azur, à l'aigle essorante d'or, posée sur un rocher du même issant de la pointe.

BOURGOGNE. D'azur, à deux fasces d'or. — D'azur, à un chevron d'argent, accompagné de trois roses d'or, posées 2 et 1.—D'azur, à trois étoiles d'argent posées 2 et 1.

Cette famille a quatre représentants : le Roy du Closeau, à Paris ; le Roy de Clotte, au château de Clotte, par Libourne, département de la Gironde ; le Roy de Pierrefitte, procureur de la république, à Montluçon, département de l'Allier ; le Roy de Pierrefitte, à Metz, en Lorraine.

**ROY** (LE). *Bourbonnais.*

D'azur, au chevron d'or, accompagné de trois rencontres de bœuf, posées 2 et 1.

Cette famille a deux représentants : le Roy de la Chaise, au château de la Chaise (Allier) ; le Roy de l'Écluse, au château de l'Écluse, par Neuilly-le-Réal, département de l'Allier.

**ROY** (DU). *Guyenne, Gascogne.*

D'argent, à trois mouchetures d'hermines de sable, posées 2 et 1.

Cette famille a cinq représentants : le baron Alfred du Roy de Suduirant, à Bordeaux ; Adolphe du Roy de Suduirant, chevalier de la Légion d'honneur, capitaine au 15e de ligne ; Gustave du Roy de Suduirant, à Bordeaux ; le baron Albert du Roy de Bruignac, à Paris et à Versailles, qui a deux fils, Fernand et Charles ; le chevalier Aurélien du Roy de Bruignac, avocat, à Paris et à Versailles.

**ROYER DE CAHUZAC DE CAUX.** *Languedoc.*

D'azur, à trois pals ondulés d'or.

Louis-Sébastien-Henri, marquis de Royer de Cahuzac de Caux, unique représentant du nom, réside à Paris.

**ROYER DE LA TOURNERIE (LE).** *Normandie.*

D'or, à une fleur de lis de gueules, abaissée sous deux merlettes affrontées de sable.

Cette famille a trois représentants à Domfront, département de l'Orne : le Royer de la Tournerie, chevalier de la Légion d'honneur, ingénieur des ponts et chaussées ; le Royer de la Tournerie, chevalier de la Légion d'honneur, procureur de la république ; le Royer de la Tournerie, avocat.

**ROYON.** *Bourges.*

D'azur, à deux étoiles d'argent en chef, et un croissant du même en pointe.

De Royon, unique représentant du nom, est architecte à Paris.

**ROYS.** *Languedoc.*

D'azur, à l'aigle éployée de sable. Tenants : deux anges. Cimier : une étoile.

Devise : *Monstrant astra viam regibus.*

Cité dans l'*Armorial du Languedoc*, de la Roque et Barthélemy, cette famille est représentée par Jérôme-Joseph, marquis de Roys, à Paris.

**ROYS.** *Auvergne.*

D'azur, à la bande d'or, chargée de trois étoiles de gueules.

Cette famille a deux représentants : le comte des Roys, au château d'Avilly, par Moulins, département de l'Allier; le vicomte des Roys, auditeur au conseil d'État, à Paris.

**ROZE** (DE LA). *France.*

D'argent, au pal d'azur, chargé d'une rose d'argent et de deux besants d'or.

L'unique représentant du nom, de la Roze, est ingénieur au canal de Suez.

**ROZÉE D'INFREVILLE.** *Rouen.*

D'argent, à un rosier de sinople, fleuri de trois roses de gueules sur un terrain de sinople.

Rozée d'Infreville, unique représentant du nom, conseiller général, est maire à Lieury, par Saint-Pierre-sur-Dives, département du Calvados.

**ROZET.** *Lyonnais.*

D'azur, à la fasce d'argent, chargée de trois roses de gueules.

Le vicomte du Rozet, unique représentant du nom, est conseiller général à la préfecture de Mâcon, département de Saône-et-Loire.

**ROZET DE JUSSIEU.** *Poitou.*

D'or, à trois couronnes d'épine de sinople fleuries d'argent, posées deux en chef, une en pointe, et une rose de gueules posée en abîme.

L'unique représentant du nom, Rozet de Jussieu, réside à Paris.

**ROZIER.** *Dauphiné.*

D'azur, au chevron brisé d'or, accompagné de trois étoiles d'argent.

Sous le nom de Rozier, on rencontre en France sept représentants : le comte Amédée Rozier de Linage, officier de la Légion d'honneur, lieutenant-colonel d'état-major, commandant en second l'école nationale d'état-major, à Paris ; Rozier de Linage, chevalier de la Légion d'honneur, colonel, commandant de place, à Arras ; Rozier de Linage, chevalier de la Légion d'honneur, chef de bataillon au 95ᵉ de ligne ; Rozier de Linage, inspecteur de l'enregistrement et des domaines, à Châteauroux, département de l'Indre ; Rozier de Linage, propriétaire à Voreppe, département de l'Isère ; Henri Rozier de Linage, à Grenoble, département de l'Isère ; Rozier de Linage, à Paris.

**ROZIÈRE.** *Lorraine, Gévaudan.*

D'argent, à une bande de sable, chargée d'un lion léopardé d'or et accompagnée de deux roses de gueules ; au chef d'azur, chargé de trois étoiles d'argent.

Devise : *Spinas habent rosæ.*

Établie depuis le xvıᵉ siècle dans le Gévaudan, cette famille est représentée par deux frères : Eugène de Rozière, chevalier de la Légion d'honneur, officier de l'ordre des saints Maurice et Lazare, inspecteur général des archives, qui a sa résidence d'été au Malzieu, département de la Lozère, et sa résidence d'hiver à Paris ; Marie-Ernest de Rozière, ancien attaché d'ambassade, au château de Rimpeneau, par Blois, département de Loir-et-Cher. De son mariage avec Léontine-Marie des Isnards, il a un fils, Guillaume, et deux filles.

**RUBEMPRÉ.** *Brabant.*
D'argent, à trois jumelles de gueules.
Éteinte dans les mâles, ce beau nom n'est plus représenté que par la baronne de Rubempré, à Paris.

**RUBIN DE LA GRIMAUDIÈRE.** *Bretagne.*
De sable, à six coquilles d'argent.
L'unique représentant du nom, Rubin de la Grimaudière, réside à son château, par Janzé, département d'Ille-et-Vilaine.

**RUBLE.** *Toulouse, Montauban.*
De sable, à trois truelles d'or, posées 2 et 1.
Cette famille a deux représentants : le baron de Ruble, au château de Bruquo, par Gimont, département du Gers; de Ruble, au château de Ruble, par Beaumont, département de Tarn-et-Garonne.

**RUDDER.** *Flandre.*
D'azur, au chevron d'or, accompagné de trois molettes d'argent.
Cette famille a pour unique représentant de Rudder, chevalier de la Légion d'honneur, à Paris.

**RUDELLE.** *Toulouse, Montauban.*
D'azur, à trois roues et trois étoiles d'or.
Cette famille a deux représentants : de Rudelle, au château de Camalières, par Cassagnes, département de l'Aveyron; de Rudelle, professeur de langues étrangères, à Paris.

**RUD'HOMME.** *France.*
D'azur, à deux épis d'or posés en sautoir et accompa-

gnés de trois merlettes du même, deux aux flancs de l'écu et une en pointe.

Évariste-Emmanuel Rud'homme, unique représentant du nom, est attaché à l'administration des lignes télégraphiques, à Paris.

**RUE** (DE LA). *Flandre, Ile-de-France.*

FLANDRE. D'argent, à l'arbre de sinople ; au chef d'azur chargé de trois étoiles du champ.

ILE-DE-FRANCE. D'azur, au chevron d'or accompagné de trois têtes d'aigle d'argent.

Cette famille a trois représentants : de la Rue, à Paris ; de la Rue, à Lyon ; de la Rue de Villaret, ancien consul, à Paris.

**RUE DU CAN** (DE LA). *Touraine.*

D'azur, au chevron d'or, accompagné en chef de deux roses d'argent et en pointe d'un chevreuil courant du même.

On compte en France trois représentants du nom : Amable de la Rue du Can, membre du conseil général et maire de Saint-Amand, département de Loir-et-Cher ; de la Rue du Can, au château de Castel-Launay, par Château-la-Vallière, département d'Indre - et - Loire ; l'abbé de la Rue du Can, curé, à Orvault, même département.

**RUÉE** (DE LA). *Bretagne.*

D'argent, à trois branches de feuilles de rue de sinople.

De la Ruée, unique représentant du nom, réside au château de Castellan, par la Gacilly, département du Morbihan.

**RUEL (DU).** *Normandie.*

D'or, au lion naissant de gueules.

Cette famille a deux représentants : le comte du Ruel, au château de Perruel, par Fleury, département de l'Eure ; le baron du Ruel.

**RUEL DE BELLE-ISLE.** *Normandie.*

D'or, à quatre aiglettes au vol abaissé de gueules.

C'est encore dans la contrée dont cette famille est originaire que réside l'unique représentant de cette famille. Ruel de Belle-Isle habite Alençon.

**RUELLE (DE LA).** *Lyonnais.*

Fascé d'or et d'azur ; au chef d'argent, chargé d'une demi-roue de gueules.

Lachesnaye-Desbois mentionne une autre famille du nom. Celle qui nous occupe a pour unique représentant de la Ruelle, à Lyon.

**RUFFI DE PONTEVEZ-GÉVAUDAN.** *Provence, Comtat-Venaissin.*

Provence. Coupé-endenté d'argent sur sable.

Comtat-Venaissin. D'or, à trois branches de laurier de sinople ; au chef de gueules chargé de trois roses d'argent.

Ruffi de Pontevez-Gevaudan, chef de la famille, réside à Aix. Il a deux fils, officiers d'infanterie.

**RUFFO DE BONNEVAL.** *Provence.*

D'argent, à trois pals de gueules ; à la bande d'azur chargée de trois besants d'or.

Quatre représentants : le marquis Edmond, le comte Scipion, le comte Roger et le vicomte Joseph Ruffo de Bonneval, à Marseille.

**RUFFRAY.** *Vendée.*

D'azur, à deux aiglettes d'or, abaissées sous six étoiles rangées du même.

L'unique représentant du nom, de Ruffray, est adjoint au maire, à Rancogne, département de la Charente.

**RUILLÉ.** *Maine.*

D'argent, à cinq burelles ondées de sable.

Cette famille a quatre représentants : le comte de Ruillé, au château de Guillerande, par le Lude, département de la Sarthe; le vicomte Geoffroy de Ruillé ; le vicomte Ernest de Ruillé, à Angers, département de Maine-et-Loire ; de Ruillé, au château de Maurepart, par Martigné, même département.

**RUINART DE BRIMONT.** *Champagne.*

D'azur, au chevron d'or, accompagné en chef de deux étoiles d'argent et en pointe d'un cœur du même ; au chef d'or, chargé d'une rose de gueules.

Cette famille est représentée par six frères, dont cinq mariés ayant nombreuse postérité : le vicomte de Brimont, à Versailles ; le baron Tony de Brimont, ancien consul général en Russie, à Paris ; Edmond de Brimont, à Reims (Marne) ; le vicomte Arthur de Brimont, conseiller honoraire à la cour des comptes, à Paris ; le comte Henry de Brimont, ancien gentilhomme de la chambre du roi Charles X, au château de Brimont, par Bourgogne (Marne) ; Mgr de Brimont, prélat de Sa Sainteté Pie IX, chanoine de Saint-Pierre-de-Rome, à Rome.

**RULLY** (Montessus de). *Bourgogne.*

D'azur, au chevron d'or, accompagné de trois étoiles d'argent, deux en chef, une en pointe.

Le nom de Rully est porté par la branche aînée de la famille Bernard de Montessus.

L'unique représentant, comte de Montessus, réside au château de Rully, par Chagny, département de Saône-et-Loire.

**RUMIGNY.** *Champagne, Lorraine.*

De gueules, au lion d'argent, armé, lampassé, couronné d'or.

Le marquis de Rumigny, unique représentant du nom, a sa résidence d'été au château de son nom, par Sains, département de la Somme, et sa résidence d'hiver à Paris.

**RUMILLY** (GAULTIER DE). *Picardie.*

De gueules, à deux lions léopardés d'argent, l'un sur l'autre, chargés chacun sur l'épaule d'un croissant du même.

Cette famille a deux représentants : Gaultier de Rumilly, au château de Fleury, par Conty, département de la Somme; Gaultier de Rumilly, au château de Pierrefontaine, par Regnier, département de la Haute-Savoie.

**RUNE.** *Picardie, Artois.*

D'argent, au sautoir d'azur, cantonné de quatre aiglettes de gueules, le vol abaissé.

L'unique représentant du nom, de Rune, est maire à Ayencourt, par Montdidier, département de la Somme.

**RUOLZ.** *Vivarais* et *Lyonnais.*

Écartelé : aux 1 et 4 d'azur, à trois fusées d'or accolées en fasce, qui est de Ruolz; aux 2 et 3 de gueules, au chef d'or, chargé de trois molettes d'azur qui est de Montchal.

Les principaux représentants actuels de cette famille sont :

Le marquis de Ruolz-Montchal, ancien officier d'état-major, chevalier de la Légion d'honneur, au château d'Alleret, près Paulhagnet (Haute-Loire) ;

Le comte Léopold de Ruolz-Montchal, membre de l'Académie des sciences et arts de Lyon, au château de Francheville près Lyon ;

Le vicomte Camille de Ruolz-Montchal, ancien officier d'infanterie, à Trévoux (Ain).

Le baron Ferdinand de Ruolz-Montchal, ancien capitaine du génie, chevalier de la Légion d'honneur, au château du Vernay (Isère) ;

Le vicomte Octave de Ruolz-Montchal, à Lyon ;

Le comte Henri de Ruolz-Montchal, inspecteur général des chemins de fer, officier de la Légion d'honneur, commandeur des ordres de Sainte-Anne de Russie et de Charles III d'Espagne, à Paris ;

La comtesse Aimée de Ruolz-Montchal, chanoinesse de Sainte-Anne de Munich, à Lyon.

**RUPPE.** *Lorraine.*

D'argent à trois écussons de gueules.

L'unique représentant du nom, de Ruppe, sans fonctions et sans titre, réside à Paris.

**RUSQUEC** (du). *Bretagne.*

Losangé d'argent et de sable. — D'azur, au chef d'or, chargé de trois pommes de pin de gueules.

Cette famille a deux représentants dans le département du Finistère : du Rusquec, au château de Kereselec, par Landernau ; du Rusquec de l'Étang, au château de Kerouzeré, par Saint-Pol-de-Léon.

**RUSSE.** *Flandre.*

Coupé : au 1 d'argent, à deux palmes de sinople passées en sautoir ; au 2 de gueules, au chevron d'argent, accompagné de trois canettes du même.

L'unique représentant du nom, de Russe, réside au château de Varsy, par Moreuil, département de la Somme.

**RUSSON.** *Touraine.*

D'azur, à trois chevrons d'or ; au chef d'argent chargé de six fusées rangées de gueules.

Cette famille n'a qu'un représentant : de Russon, au château de Belles-Ruries, par Monnaie, département d'Indre-et-Loire.

**RUSUNAN.** *Bretagne.*

Losangé d'argent et de sable ; à la fasce en devise de gueules, chargée d'un oiseau de sinople.

L'unique représentant du nom, de Rusunan, réside au château de Ruplouenan, par Saint-Pol-de-Léon, département du Finistère.

**RUTANT.** *Lorraine.*

D'azur, à la fasce d'argent, chargée de trois têtes de lion arrachées de gueules, lampassées du même, accompagnée en chef de deux étoiles d'or, et en pointe de trois besants du même posés 2 et 1. Cimier : un lion naissant de gueules tenant dans ses deux pattes une étoile d'or.

Éteinte dans les mâles, cette famille est représentée par la comtesse douairière de Rutant, née de Saint-Souplet.

**RUTTY.** *France.*

Parti : au 1 coupé, *A* de gueules, à l'épée d'argent

garnie d'or; B d'azur au chevron d'or, accompagné en pointe d'une étoile d'argent; au 2 d'argent, au palmier au naturel.

Le comte de Rutty, unique représentant du nom, a sa résidence d'été au château de Nerville, par Beaumont, département de Seine-et-Oise, et sa résidence d'hiver à Paris.

### RUYT. *Flandre.*

De sable, à deux fasces ondées d'argent, accompagnées de trois losanges d'or; à la bordure de gueules.

L'unique représentant du nom, de Ruyt, sans fonctions et sans titre, réside à Paris.

### RUZÉ. *Touraine.*

De gueules, au chevron ondé d'argent et d'azur de six pièces, accompagné de trois lionceaux d'or.

Cette famille a quatre représentants : le marquis Ruzé d'Effiat, au château de Courconé, par Richelieu, département d'Indre-et-Loire; de Ruzé d'Effiat, au château de Fontenailles, par Ecommoy, département de la Sarthe; de Ruzé, au château de Vaugouard, par Fontenay, département de la Loire; de Ruzé, à Paris.

# DÉVELOPPEMENTS.

## TOME IV.

Page 98.

**FROGER DE L'ÉGUILLE DE LA RIGAUDIÈRE.** *Normandie, Pays d'Aunis. Saintonge.*

D'azur, au chevron d'or, surmonté d'une étoile du même, et accompagné en pointe de trois dards ou flèches de gueules, posés 2 et 1. Supports : deux lévriers de sable colletés d'or. L'écu sommé d'une couronne de marquis. Cimier : un casque de profil, orné de ses lambrequins d'or, d'azur et de gueules.

Une des plus anciennes de France, la famille de Froger, originaire de Normandie, alliée aux ducs de cette province et aux comtes d'Alençon, s'est illustrée dès l'an 1100 par un évêque, comte de Séez, conseiller d'État, aumônier du roi d'Angleterre. Ses donations à l'abbaye de Sainte-Barbe en Auge sont rapportées dans Arthur de Moustier, dans l'*Histoire ecclésiastique* de Fleury, ainsi que dans l'*Histoire de saint Thomas*, archevêque de Cantorbéry, contemporain dudit seigneur de Froger.

Maintenue dans sa noblesse en 1670 par un arrêt du conseil d'État du roi, ayant pu justifier sa filiation jusqu'à nos jours, cette maison est mentionnée dans le *Dictionnaire de la Noblesse* de Lachenaye-Desbois, et sa généalogie est rapportée dans le tome VI de cet ouvrage. Elle se divisait en trois branches : l'une, sous le nom de du Mesnil, s'est éteinte aux environs de Falaise, en 1600 ; la seconde, qui portait le nom de sa seigneurie d'Ignaucourt, en Picardie, n'a pas laissé de descendants, et la troisième, celle de Froger du Val, quitta la province de Normandie au XIVe siècle pour s'établir dans le pays d'Aunis et la Saintonge, où elle a fait souche sous les noms de Froger de l'Éguille de la Rigaudière, seigneur du Breuil-Dupas en Saintonge, d'Ardillière et du Duplessis, en Aunis.

Depuis cette époque, les de Froger, cités parmi les officiers de marine les plus célèbres de l'Europe, n'ont cessé de rendre des services signalés au pays. Joseph de Froger de l'Éguille, chef d'escadre, lieutenant général de l'armée navale, commandeur de l'ordre royal et militaire de Saint-Louis, fit deux fois la campagne de l'Inde, où il maintint l'honneur du pavillon français ; ses deux fils, capitaines de vaisseau, célèbres par leur bravoure, se distinguèrent dans les grades de major et d'intendant de l'armée navale pendant la guerre d'Amérique. Après avoir fait la campagne des princes en 1791, ils tombèrent en héros chrétiens, à Quiberon, au cri de Vive le Roi !

De cette famille est sorti en ligne directe, par les femmes, le duc de Coigny. Elle est alliée aux de Lescure, La Roche-Jaquelein, Clermont-Tonnerre, etc.

Le château de la Boulaye, quartier général de l'armée vendéenne, a été une des dernières résidences et la propriété de cette illustre maison, également alliée à Sa Sainteté le pape Pie IX, par les Rigaud de Vaudreuil.

Les représentants du nom et des armes sont aujourd'hui : le comte de Froger de l'Éguille de la Rigaudière, près Bordeaux; le marquis de Froger de l'Éguille de la Rigaudière, en Béarn, officier de cavalerie et ses deux sœurs, M$^{lles}$ Marie et Marguerite de Froger de l'Éguille de la Rigaudière, dont le père, inspecteur des forêts, membre de plusieurs sociétés savantes, a laissé dans la Haute-Loire (au Puy) des travaux considérables. Les éloges les plus précieux, les regrets les plus sympathiques furent consacrés à sa mémoire, dans les journaux, en 1857, par M. Calemard de la Fayette, président de la Société d'agriculture, député à l'Assemblée nationale, qui fut son collaborateur dans les œuvres de bienfaisance et d'utilité publique, où M. le marquis de Froger de l'Éguille ne cessa de se distinguer.

## TOME VI.

**MONTBOURCHER.** *Bretagne.*

P. 160, ligne 17, lisez : d'or, à trois channes de gueules.

Ligne 24, au lieu de Hénoques, lisez : Ynoguen de Fougères.

Ligne 27, après lignée, lisez : La famille de Montbourcher s'est éteinte dans la personne du marquis René-Marie de Montbourcher, député d'Ille-et-Vilaine, sous la Restauration. Il n'a laissé de son mariage avec M$^{lle}$ de Caradeuc de la Chalotais qu'une fille, M$^{lle}$ Isidore de Montbourcher, mariée au comte Charles Hay des Nétumières; elle habite Rennes, ou le château de la Magnonne, par Saint-Aubin-d'Aubigné, département d'Ille-et-Vilaine.

## TOME VII.

P. 156, ligne 16, lisez :
**QUATRESOLZ DE MAROLLES.** *Brie.*

D'azur, au lion accompagné en chef d'une étoile et en pointe d'une palme posée en bande, le tout d'or.

Cette famille a pour représentants : Quatresolz de Marolles et ses deux fils, au château de Marolles, près Coulommiers.

FIN DU TOME SEPTIÈME.

IMPRIMERIE EUGÈNE HEUTTE ET Cie, A SAINT-GERMAIN.

www.ingramcontent.com/pod-product-compliance
Lightning Source LLC
Chambersburg PA
CBHW060452170426
43199CB00011B/1173